给教师的建议

Сто советов
учителю

[苏] 苏霍姆林斯基

著

王颖

译

长江出版社
CHANGJIANGPRESS

图书在版编目（C I P）数据

给教师的建议 /（苏）苏霍姆林斯基著 ；王颖译 .
— 武汉 ：长江出版社，2022.1
ISBN 978-7-5492-8031-5

Ⅰ . ①给… Ⅱ . ①苏… ②王… Ⅲ . ①苏霍姆林斯基
(Suhomlinskii, Vasilii Aleksanlrovich 1918-1970) —
教育思想 Ⅳ . ① G40-095.12

中国版本图书馆 CIP 数据核字 (2021) 第 212025 号

给教师的建议 /（苏）苏霍姆林斯基　著　王颖　译

出　　版	长江出版社
	（武汉市解放大道 1863 号　邮政编码：430010）
选题策划	天河世纪
市场发行	长江出版社发行部
网　　址	http://www.cjpress.com.cn
责任编辑	钟一丹
印　　刷	三河市腾飞印务有限公司
版　　次	2022 年 1 月第 1 版
印　　次	2022 年 2 月第 1 次印刷
开　　本	710 mm×1000mm　1/16
印　　张	21.25
字　　数	340 千字
书　　号	ISBN 978-7-5492-8031-5
定　　价	46.00 元

前　言

　　瓦·阿·苏霍姆林斯基（1918—1970年），全名瓦西里·亚历山德罗维奇·苏霍姆林斯基，他是苏联著名的教育实践家和教育理论家。

　　苏霍姆林斯基出生在乌克兰共和国一个农民家庭，1936年至1939年就读于波尔塔瓦师范学院函授部，毕业后获得中学教师证书。他从17岁开始从事教育工作，1948年担任家乡一所农村中学的校长，从事一线教育和教学工作长达22年。苏霍姆林斯基一生持之以恒地探索教育问题，孜孜不倦地进行写作，共写出40部专著、600多篇论文、约1200篇儿童小故事。他的全部著作都围绕教育理论和实践，面向教师、教育工作者、教育家、父母和孩子们。他将一生的思想、精力、见解全部倾注在教育当中，深入研究并探讨怎样培养"真正的人"，他的教育理念符合教育学的深层逻辑、符合学生成长的心理规律。他给教师和父母提出许多建议，指出应当经历多少艰辛，要对孩子付出多少真情实意，才能让孩子健康成长，并将他们培养成上进好学、聪颖善良、品格高尚的好公民。

苏霍姆林斯基的教育学著作在乌克兰人尽皆知，受到读者们的喜爱，他对教育理论问题进行深入研究，著有《给教师的100个建议》《把整个心灵献给孩子》《帕夫雷什中学》《公民的诞生》《失去的一天》和《学生的精神世界》《致女儿的信》《妈妈，我不是最弱小的》等专著。其中《给教师的100个建议》成为师范院校学生的必读书。

1957年，苏霍姆林斯基成为俄罗斯联邦教育科学院通讯院士，1968年担任苏联教育科学院通讯院士，1969年获乌克兰社会主义加盟共和国功勋教师称号，并荣获两枚列宁勋章、一枚红星勋章、多枚乌申斯基和马卡连柯奖章等。

苏霍姆林斯基被世人称为"教育思想泰斗"，他的著作被称为"活的教育学""学校生活的百科全书"，他所领导的帕夫雷什中学，被视为全世界最著名的实验学校之一。

在《给教师的100个建议》中，苏霍姆林斯基结合教育经验与理论，以通俗简明的语言，提出很多充满智慧的建议，并建构了一个庞大而翔实的教育理论体系。在这些建议中，展示出他多年的教育实践和经验，他既担任校长，又是普通教师；既给学生上课，又担任班主任；既做具体教学工作，又从事科学研究。在《给教师的100个建议》中，苏霍姆林斯基从学校工作的不同侧面、不同角度进行全面观察，了解研究有关教育、教学和管理的各种现象和问题，总结经验教训，剖析教育和教学中存在的困难，并将解决方案提升到理论高度，形成较为完整的教育思想体系。

《给教师的100个建议》可谓是现代教育中罕见的先进教育经验宝库，即便是在科技高速发展的现在，他的一些教育理念和见解仍然颇具开创性和前瞻性。但本书也有一些不足之处，如后半部分出现较多重复观点、和当时时代相关的意识形态方面的内容，这些内容对当今读者而言，并无益处。

此外，在他的其他著作中，也有不少有益于教师开阔眼界和提高水平的内容。

鉴于此，本书译者根据中国的国情和现实需要，从《给教师的 100 个建议》中节选其精华部分，删掉一些时代背景、政治痕迹较重的内容，作为本书的主体内容。又从作者《帕夫雷什中学》《和青年校长的谈话》《学生的精神世界》《怎样培养真正的人》等教育类经典著作中选取其精华作为补充，全书仍有 100 条建议，仍命名为《给教师的 100 个建议》。

书中每一条建议都谈论一个教育问题，文字深入浅出，通顺流畅，既有生动具体的事例，又有精密严谨的理论分析，对今天的教育工作者和学生家长仍有极大的启发和帮助。

王　颖

2021 年 8 月

目录

个性化教育，每一个学生都是不同的

在学校里，难免会遇到一些学习落后、考试不及格的一年级学生，他们到了二、三年级，教师仍然会对他们毫无办法，只好对这种学生采取放任自流的态度。这种现象是怎么出现的呢？原因在于，学校教育的最重要原则是——针对每一个特点不同的学生，在智力上的教育采取不同的策略。如果教师做不到这样的个性化教育，就会出现上述的问题。

举个例子，所有的孩子在 7 岁刚入学的时候，让他们做一些相同的体力活动，比如提水，可能会有一个孩子力气小，只能连续提 5 桶，就一点力气也没有了；而另一个孩子力气大，却可以连续提 20 桶水。假如一个孩子身体比较差，我们却要求他也要连续提 20 桶水，孩子的身体就会累出问题来，第二天他的身体就会变得特别虚弱，甚至会因此受伤住进医院去。

我们容易理解，每个孩子的力气大小不同；与此类似，每个孩子智力发育的程度也各不相同。有的学生对新教材、知识接受得快一些，并能快速地掌握、记牢；有的对教材领悟能力慢一些，开始看不懂，也记不太清。但是，在以后的学习发展中，也不乏后一种学生后来居上，学习能力发展得越来越好，反而比一开始学习好一些的学生取得了更大的成就。

在实际教学的过程中，学生不是抽象存在的；在教育研究的理论里，也不可能存在普遍适用的规律，能机械地套用到所有的学生身上。根本没有什么法宝，可以让所有的学生都在学习上取得很好的成绩。就学习来讲，所谓好成绩压根就没有什么统一的标准，而是一个相对的概念：如果"5 分"是满分的话，有的学生要达到满分才是成功，而有的学生能达到"3 分"就是不错的成绩。关键在于，教师要善于明确每个人达标的基准：每一个学生在一定的时间内，最高可以达到什么样的成绩，怎么教育才能使他的成绩和综合水平得到进一步的发展。在教育方法中，这是非常重要的前置因素。

对孩子提出的要求，要以他能够努力达到为标准，不能要求他去做无法做到的事情。教师对每个学生的学习成绩要有不同的标准和看法，以此为标准来提出要求，才能保护学生的自尊心，培养学生的自豪感。至于教学大纲，不管是什么学科，都只是包含了一定的知识水平，划定了一个学习的范围，而没有考虑到个性化的学生之间的不同。而实际上，不同的孩子，要通过不同的途径，才能达到考纲要求的学习水平。在一年级时，有的孩子已经可以完全独立地读懂应用题，解出答案；有的孩子有可能要到二年级甚至三年级后，才能做到这一点。教师应当加强自己这方面的能力：通过不同的途径，引导不同的孩子逐渐向教学大纲规定的水平学习和进步，对其间要经历的各种阻碍和困难心中有数，最终使每一个学生的智力开发都能达到教学大纲的要求。

教育是一门艺术，教学需要技巧，要挖掘每一个孩子的潜力，发挥每一个孩子的智力，使他可以在智力开发中享受到成功的乐趣。在具体的操作中，学习过程中涉及的智力活动和课程作业，以及学习本身所需的时间，都要因人而异。有这种经验的教师，即使在同一节课上，他也会灵活地给学生布置作业，可能会给一个学生留两三道甚至四道应用题，给另一个学生只布置一道应用题的作业；让有的学生尝试做灵活多变的复杂应用题，有的学生则只需要做相对容易理解的简单应用题；给这个学生布置一些写作文等创造性的语言作业，给另一个学生留的作业则是鉴赏一部文艺作品，写一些感悟。

在这样有个体区别的教学方法下，所有的学生都会取得进步，只不过是每个学生成长、进步的速度不一样而已。当孩子完成作业之后，会得到正反馈的评分，从评分中，他看见了自己的劳动和努力所带来的鼓励，学习变成了一件给他精神上创造极大的满足的事情，学生可以从中体会到进步所带来的欢乐。在这种情况下，教师和学生也会形成一种正向作用的反馈，他们处在相互关心、团结互信的状态。在学生眼里，教师不再是严厉、高高在上的"领导者"，成绩和评分也不再是冷冰冰只会让人畏惧的一项考核。学生如果遇到问题，自然就可以没有顾虑地向教师反映：

在某个地方我没有掌握清楚，在某个地方我现在还是不会做。学习成了一件纯粹的事情，学生也没有心思去抄袭别人的作业，以及没有必要在考试时作弊。因为在学习的过程中，学生获得了希望，有了自己的尊严。

什么是好学生？什么是坏学生？在孩子的心灵中，学习的过程中取得进步，能促使他们的心灵向着"成为好学生"这个方向前进，就是好学生。作为教师，要珍惜孩子的这种心态，爱护孩子心灵中这一点珍贵的道德火花。

我有一个朋友，他叫伊·格·特卡琴柯，作为数学教师，他是非常出色的。当他谈到自己的备课经验时说："我注意每一个学生上课时的不同情况，考虑到他们会做到什么程度，然后给所有的学生挑选出不同的学习内容和作业，以使他们每个人都能在这个过程中得到进步。学生要在学习知识的道路上不断前进，哪怕是很小的一步。否则，这堂课对他来说就是白费工夫，是无效劳动。这不管对学生还是教师来说，都是需要解决的严重问题。"

再譬如帕夫雷什中学教师阿·格·阿里辛柯和姆·阿·雷萨克的数学课是很好的例子。在数学课上，解答应用题占用90％的时间，教师则根据班里学生的具体情况，把他们分成了好几个小组：

第一组的学生学习最好，他们可以非常容易地解出教师布置的所有应用题，不需要任何提示。其中甚至会有个别学生在看到题目的同时就能直接口算出结果，对于课堂上的题目，教师刚读完条件，这些学生马上就懂了，开始举手回答问题。对于这一部分学生，不应当局限于教学大纲规定的题目，教师要选择一些超过大纲要求的习题，在难度上使得这些学生的能力能够达到，但并不像课堂回答问题那么轻松，需要他们紧张地动脑才能完成。有时候，还可以视情况挑选更难的习题布置给这些学生，难度可以超过他们独立答题的能力一些，这时候教师可以提供一些小小的帮助，给他们一点指点和提示。

第二组的学生，学习非常勤奋努力，他们总是可以很好地完成作业，但就没有第一组学生那么轻松了。他们要通过紧张的思考过程，寻找解题思路，克服题目中的难点。教师们能看得出来，这一部分学生之所以成绩好，是因为付出了脑力劳动，用功学习。这些学生勤奋学习、坚持不懈，学习之路就会一帆风顺。

第三组学生，只能独立完成一般难度的习题，对难度大的复杂习题，就有可能做不出来。这一组学生做作业的过程，需要一定的帮助，教师要有很高的教学技巧。

第四组学生，理解应用题的题意有难度，解答过程也慢了很多。他们在一节课上能做完的作业比较少，比第二组和第三组学生少一半甚至三分之二。但是，无论如何，教师不要刻意、反复地不停催促。

第五组学生只有少数，他们连一般难度的习题也做不出来，教师要针对他们的学习程度专门另选一些题目。对他们应当降低学习要求，只要他们能在一节课上有所进步，哪怕一点点的进步也好。

当然，这些小组的成员并不是一成不变的。只要智力开发能够使人体会到成功的乐趣，就会得到良好的结果，学生的能力也会得到提升。

让每一个学生在课堂上都取得进步，有些教师是能够做到的，我们应当仔细研究这些学生在上课时的不同情况。在这种课堂上，整体气氛如上所述，师生间相互理解、体谅，每一个学生都在靠自己的努力尽量达到目的，大脑的思考活动受到极大的鼓舞。在孩子的眼神里闪动着专注的光芒，他们专心致志、紧张地思考着，时而表情中出现快乐的闪光，可能是找到了正确的答案；时而陷入深深的思索中，那是在寻找入手解决这道应用题的方法吧！作为教师，在这样的气氛里工作，是一种莫大的享受。亲爱的教师朋友们，请相信：在这样的课堂上，无论课程的安排多么紧张，教师也会有工夫时不时休息一下。如果不这样的话，教师连续上几节有效果的课是很困难的。

我曾经有几年担任五至七年级的数学教师。坦白而言，这些和文学课、历史课交叉时间安排的数学课，才算得上真正难得的休息时间。其中的奥妙在于，让每一个学生在数学课上体验到进步的快乐，学生们对此也很欢迎，这样教师也不会心情烦躁，更不会感觉身心疲惫。在这样的课堂上，每个学生的精力都在教师的预料范围之内，教师把学生们引入正常的学习道路，课堂上没有什么不愉快的事情，教师可以放下心来；否则的话，学习跟不上的学生就会无事可做，调皮捣蛋的行为层出不穷，教师不得不花费大量的精力监督这些坐不住的孩子，那真是痛苦的体验。而一旦教师有能力掌握学生的思考方向，把他们导向自己力所能及就能得到更大成功的路径上来，平时比较贪玩的学生也会勤奋学习、专心思考。在紧张的脑力活动中，这些学生的精神面貌也会积极起来，变得跟平时完全两样，因为他们的全部注意力都被吸引过来，努力使自己更好地完成功课。

　　我不能理解，还会有教师总是抱怨孩子在上课的时候不认真、过于调皮、经常做小动作。亲爱的教师朋友们，停止抱怨吧！请认真地思考，想方设法让每一个学生在上课时进行的智力开发都能达到最有效。这样的话，刚才抱怨的这些情况，就绝不会发生！

时间到底从哪儿来？老师一天只有24小时

　　克拉斯诺达尔斯克市有一位女老师给我写信，她的信里提出了标题中的这个问题。的确，教师的时间真不够用啊！对于教师职业而言，在教育上所需要花费的时间总感觉不够，这是多么令人痛苦、沮丧的一件事。来信的教师，她在学校的时间不够用，回家后时间也不太够用。教师也是普通人，跟所有人一样，她回家需要做家务，要养育孩子，这些都需要时间。有足够的调查数据可以证明，很多学生不愿报考师范类院校，就是因为他们觉得，教师虽然每年有很长时间的假期，但实际上根本没有太多属于自己的时间。

　　既然这样，我们能让教师工作中多一些闲暇时间吗？这是个让人颇为费神的问题。事实上，语文老师和数学老师每天上课最少要3个小时，备课和改作业需要的时间更多，要5～6小时，此外事情还没有结束，每天还得花两小时处理课外的一些琐事。

　　时间不够用该怎么办？这个问题跟学生智力水平培养一样，需要整个学校进行综合的配合协调，也取决于学校各项活动是如何安排的。

　　其中最重要的一点，是教师自身的工作方式和工作性质。有一位历史老师，他有30年的教龄，有一次上公开课时，教育局的领导都来听课。大家原本计划在课堂上做点听课记录，然后课后再提些建议，但是因为老师讲得太出色，听课的人都沉迷其中，连做听课记录都忘记了。所有人都屏息静气，也跟学生一样，完全被课程内容吸引。

　　下课后，有一位其他学校的教师问这位历史老师："你讲课的时候，把全部精力都放在学生身上，讲的每句话都能吸引学生。但是，我想请教一个问题：你花多长时间备课？这节课肯定不止准备一小时吧？"

　　历史老师说："我上的每一节课，我都用一辈子时间来准备，这节课也是一样。

但是，如果说现场授课的准备，我只需要15分钟。"

这段问答给我们一个启示，从中能看到教育本身的一些特点。跟这位历史老师类似的，在我的教区里有30人左右。他们从来没有觉得时间不够，更不会抱怨，每个人提到自己所上的每一节课，都说是用终生来准备的。

该如何做这样的准备呢？就是要不停地读书，每天读书，永远不间断，一辈子跟书籍结下不解之缘。这就好像刚开始是小河流，每天不停注入水量，最终汇成汪洋大海。

对于教师而言，读书不仅是为了应对第二天的课程，更多的是满足内心需要，还有出于对知识的无限渴求。一名教师想拥有更多时间，就意味着不能在备课上耗费大量时间，像死磕课本的做法，不仅耗时，还会让备课变得乏味无趣。每个教师都应该在本学科领域里，读一些学术类的书籍，因为教科书里的那点科学知识，对教师来说只是入门常识。教师应该拥有汪洋大海般的学科知识，上课用教科书教给学生的基础知识，只是知识汪洋里的小水滴而已。

一些教师不断提高业务水平，成为优秀的教师，他们的方法就是不断读书，不断扩充自己的知识汪洋。一般来说，教师参加工作的前几年，他拥有的知识与课堂教学的最低知识量比例为10：1，等到他拥有15年到20年教龄时，比例就变为20：1或30：1，甚至是50：1。

这一切变化都在于持之以恒地读书。时间慢慢流过，每过一年，教科书在教师知识体系里的比重就变小一些。这不仅是理论知识量的增加，而且能变成质的飞跃。知识体系仿佛一个大背景，教科书只是一个小光点，当背景越来越宽广时，小光点在宏大的强光流中就越来越不起眼。这样一来，教师的职业能力就获得提升，而这是授课技能的基础。一名优秀的教师在课堂上能随意自如地分配注意力，比如他在讲三角函数，但关注点却不是放在函数上，而是在学生身上，他一边上课，一边观察每个学生的状态，可以获悉学生在感悟、思考、记忆方面遇到的各种问题和障碍。这样的教师不仅在上课，他还在课堂上对学生进行智力训练。

教师掌控时间的问题，与教学过程的各个环节息息相关。教师辛勤劳动，培养学生所花费的时间，就好像一条大河，需要很多溪流的汇聚和滋养。那么如何让溪流充满活力，不断地向前奔流？关于这个问题，我在后文还得再说几个建议。

谈谈教师充实健康的精神生活

我记得，我们为欢送一位教师退休，举办了一场隆重的晚会。晚会的主人公，那位退休的女教师还十分年轻，她从 20 岁开始从事教师工作，到退休的时候也才 45 岁。那么为什么，阿娜斯塔西娅·格里哥里耶夫娜要在 45 岁就退休呢？对于这个问题，大家都表示疑惑，很不理解。而且非常奇怪的是，这位女教师恰好在工作满 25 年那天退休，离开了工作岗位，她表现得多留一天也不愿意。

我当时还很年轻，阿娜斯塔西娅·格里哥里耶夫娜面对我们这些年轻教师，进行告别性的讲话，解开了困扰我们的谜团。她说："各位亲爱的朋友，我退休是因为在学校教书，并不是我喜欢的工作。在这个工作中，我无法得到满足，也无法从中获得任何乐趣。这是非常不幸的，也是我这些年生活的悲哀之处。每天上班的时候，我都期盼着快点下课放学，让那些喧闹和嘈杂声快点消失，让我能够独自安静一会儿。你们大概会感到诧异，一个女人 45 岁就离开工作岗位，她的身体看起来还很健康。事实上，我的身体不太健康，已经有了严重疾患。这是因为工作不能给我带来乐趣，还造成了严重的心脏病。年轻的朋友们，我劝你们检查一下自己的生活，如果工作不能给你们带来乐趣，那就果断离开学校吧，然后正确地判断自己的生活，找一个真心喜欢的职业或事业。不然的话，工作会使你们感觉极其痛苦。"

一个人的健康、情感、精神世界，从深爱的事业中获得满足，通过劳动创造乐趣，这些都是休戚相关、互相影响的。在这里，身心健康与和谐的精神能量应该是一直占据第一位的。对于教师而言，健康是多么宝贵的啊！如果身体出现无法医治的疾病，绝症悄无声息地到来，生活将会产生多大的悲痛！往往会出现这样的状况：教师的年龄不过 45 岁左右，身体却已经衰弱颓废了。他刚刚攀上教学智慧的顶峰，刚刚熟练掌握了教育工作者的技能艺术和奥秘，刚刚形成自己的教育理念，而身体的能量却衰竭消失了。

关于身体健康问题，我曾与 400 名 45 ～ 50 岁的教师谈过话，许多教师向我诉苦："心脏不太好""心脏经常出问题"。心脏和神经犯毛病，或是心脏衰弱，这类疾病神不知鬼不觉地侵害着教师的健康，大大地阻碍他们进行创造性劳动，也时常迫使他们彻底停止工作，必须选择提前"退休"。教师应该保护好心脏和大脑，让自己即使工作到 60 岁时，身体还十分健康，仍然精神焕发。如果一个教师思维活跃、满腹经纶，但身体已经透支，这让我们很难想象还有什么能比这更痛苦的事情了。

那么，教师应该怎样保护心脏和神经呢？想做到这一点，并不是让我们去逃避一切情绪化的事情，更不是让我们对周遭事物采取冷漠的态度。而是要让我们保持清醒，考虑教师作为一个职业，其所具有的特殊性。

教师工作需要耗费大量的心力，要大量使用心脏和神经，时时刻刻都需要消耗大量的精神力量。我们的精神在劳动时常处于变化震荡的情况中，有时情绪激昂，有时痛苦压抑。因此，我们要善于管理自己，克制自己的情绪，这是一种极为必要的能力。它既与教师的工作成果息息相关，也会严重影响到教师的健康。如果一名教师不擅长通过正确手段控制日常的情绪，无法掌控整个局面，那么心脏就很容易受到折磨，神经系统也容易受到损害。

那么，如何培养出这种控制能力呢？我们首先要对自己的身体健康进行全面了解，熟悉自己的身体情况，尤其是心脏和神经系统的特点。一个人的神经系统，从原理上来说，是活灵活现的，教师要把这种灵活性提升为某种艺术手段，达到掌控情绪的高度。我自己培养这种能力时，使用的办法是，当一些消极情况出现时，就立即处理消灭它，比如焦虑、夸大问题、抨击学生行为不端，以及用成人的适应标准对儿童提出要求，使小学生变成喜欢发议论的人，或者成为漠视教导和批评的人。我在日常工作中，一直致力于努力让自己不出现激动状况，更不会让激动加剧，而是努力让情绪缓和下来。

怎样才能做到缓和情绪呢？如何避免压抑自己的情绪呢？要解决的根本问题是：首先要把整个集体，当然也包括教师自身在内等所有人的精力集中在工作上，所有人要立场一致、全神贯注、集体配合、资源共享。工作经验使我相信，正是这种集体合作的活动，能让教师绷紧的精神放松下来，不必强制压抑激动情绪，也不必费力地控制怒气，令时常被压紧的弹簧松开。如果弹簧不松弛，如果像一般情况下说的，强压住心头的怒火，就会变得苦闷、愤怒，情绪出现剧烈波动，极度不安，造成心神不宁，还要时刻提防情绪爆发。这些情绪上的危险，时常发生在工作生活中，之所以会发生，或是因为感情过度放纵，或是相反的状况，因为感情被打击、被抑制。

有一次我和学生们到树林里去，班上有一个年纪很小的学生，他贪玩淘气、活泼好动。他名字叫尤拉，脸上长有雀斑，有着一个翘鼻子，还有一双蓝眼睛。学生们都聚集在操场上，听从我的吩咐：要去哪儿，如何才能做到在树林中不迷路、不走丢。而这个时候，尤拉却自顾自地跑到密林深处去了，暗暗躲在一个山沟里，大喊着让人去找他。他这种做法让人感觉很懊恼，觉得他不怀好意，认为他是故意捣乱。但是，我当时告诉自己，不要过度揣测学生的意图。因为他只不过是个二年级的小学生，他不会考虑得那么多。于是我没有显示出任何着急和生气的样子，并找机会安排了一个有趣的游戏。我对大家说，同学们都过来，静悄悄地，不要出声，我们躲过尤拉，也不要去找他。于是我们走路非常轻，脚踩到草叶都不发出声响。我们事先知道一个林中山洞，我们偷偷钻到那里，在里面躲了起来。学生们非常兴奋，他们观察着这个山洞，而尤拉呢，他叫喊了几次之后就不出声了。他躲藏在另外一个地方，故意模仿黄鹂的声音，后来，我们从他的声音里听出来，他已经惊慌失措了。后来他跑到草地上，不再喊叫了，而是慌乱地甚至带些哭腔地叫："你们都去哪儿了？快点回答我！"

在遭遇一些让人恼火的事情时，教师不要强迫自己压制情绪，而要发挥自己的能动性，去寻找一种方法，让自己从另一个角度看待那些令人或气愤、或激动，却又必须调整情绪的事情。要让那些令人崩溃、感到气愤的事变成有趣的事，那样，你就可以全方位地主宰集体精神和情感了。

消解激动和恼怒，稳定情绪的第二个方法，是保持幽默。如果你是一个有幽默感的人，那么，紧张的情境，令人生气的局面就能得到缓解。学生们之所以喜欢快乐的教师，尊敬充满朝气和乐观的教师，是因为大部分孩子天生都是快乐和具有幽默感的人。他们可以很敏感地从一个细微的举动中、一些小小的生活现象或片段中，觉察有趣的事情，哪怕只是很小的一点东西，也觉得十分可笑。一个好教师、一个好的学生集体的重要标志，就是善于开一些没有恶意的玩笑，善于怀着善心嘲笑一些负面的东西，善于通过笑话来鼓励正面的东西。

一个教师要是缺乏应有的幽默感，那么在师生感情之间就会存在一堵无法逾越的墙壁，彼此之间无法互相体谅：教师不能理解学生的行为，学生也搞不明白教师的想法。教师如果发现学生不服从、不遵从他的想法，就会变得暴躁焦虑，克制不住地生气。生气将会导致情绪激动，让教师难以摆脱情绪的困扰。亲爱的教师们，请大家相信，师生之间无法互相理解，对学校的活跃气氛会造成严重损害，学生的集体生活也会出现各种矛盾和冲突。

教师的工作特点，一方面是高强度的脑力劳动，一方面是日常平静的脑力运转，二者相互交替进行。多年的工作经验证明，教师的心脏和神经在高强度消耗之后，需要一段时间的休息，要保证在休息时间内，停止神经和精神能量的持续耗费，因为心脏和神经力量需要获得补充和修复。合理调节休息时间，是教师补充能量的必备条件。教师如果在夏季和冬季进行休息，补充能量，就可以增强神经系统的能力，培养一种沉着稳重的性情，并能够用理智控制情绪，防止情绪无节制地爆发。那些在学校工作 30 年以上的老教师，他们之所以能养成沉着稳定的性情，拥有强大的自制力，主要是因为经常与大自然亲密接触，这是一个特别有效的方法，让体力运动机能与脑力思维相结合，获得能量补充。

同时，教师在日常工作中也要关注自己的大脑神经，这是让我们心脏健康和精神稳定的重要原则。

在日常工作中预防神经衰弱

　　教师的工作与孩子们的世界紧密相连，这是我们时刻要提醒自己的一点。少年儿童的世界奇特且独一无二，我们不仅应该了解这个世界，还要习惯在这个世界中完成各种工作。也就是说，每个教师身上都要有孩童般的"童心"，让自己"童心未泯"的火苗永远闪耀着光芒。

　　那么，少年儿童的世界到底是什么？我仅仅想给教师们提供一些参考建议，而不是对儿童的心理特征进行科学定义。我认为，儿童身上最明显的特征，就是孩子们通常用情感来认识周围世界。他们用心灵探求所见所闻的事物，用心灵尝试去做一些事情。他们的内心生机蓬勃、丰富多彩，他们很容易表露感情、表达情绪，而这样充满情感和情绪的儿童世界，就是教师的工作对象和工作环境。

　　儿童的内心世界丰富多彩，情绪跌宕起伏，时而满足，时而不满；时而开心，时而烦恼；时而忧虑，时而欢快；时而惊诧，时而气愤。孩子们给教师带来极为广阔又深刻的情感体验，其中包含千奇百怪的调子，有愉快，有恼怒，有高兴，有难过等。教师应该善于认识和分析各种情绪的调子，在教育工作中，才会始终维持心情愉悦，精神饱满充沛，取得教育成果。

　　如果教师和学生的接触过程中，只有伤心、愤怒、生气一类的负面情绪，那么教师心中只会留下深深的痛苦感受，而且还会影响身体健康。一个教师如果无法感受到儿童世界，无法理解孩子们复杂情绪中充满的和谐美感，他就会时常出现情绪失控、神经过敏的状况，其中最令人担忧的可怕病情，就是神经衰弱。

　　唐波夫州的恩·丽奇娅写信来，向我诉苦道："我每天只有3节课，可是回到家早已身心疲惫，再也没力气备课，也没精力读书，甚至连脑子都不能思考了。我不知道到底出了什么问题，每次上课我都浑身紧绷，学生们在课堂上捣乱、淘气，我根本没办法心平气和。那帮淘气的男生，每个人都存心跟我作对，故意干一些过分的事情，想让我精神崩溃。上课的时候，我看见费佳捅瓦尼亚的腰，瓦尼亚回头打费佳，还拿尺子敲他的头……这些对别的老师来说，可能都是微不足道的小事，但对我来说却无法忍受。我气得体温升高，心脏快要跳出来，手脚发麻。我尽力克制自己，想要镇定地向学生们提出要求，但我的声音发颤，根本无法控制。他们显然注意到我生气了，但他们很可能在嘲笑我，然后再故意搞一些新花招来气我。天啊，我应该怎么办呢？"

这种状况已是神经过敏了，其中的主要原因是，教师并没有理解儿童世界。亲爱的同事们，儿童世界是一个美好的世界，只要尽力去理解它，就能收获一些愉快的感受和心情，而不是只有生气和恼怒。每一个教师都应该用心灵去聆听、去理解、去感受儿童世界，那简直是一种美妙音乐，里面的乐调都充满了光明和欢快。同时，教师不只是听众，或只是欣赏者，还要成为音乐世界的创作者，成为作曲家，要在儿童世界的乐曲中奏响欢快的调子。这直接关系到教师的身心健康，以及精神力量和内心状况。

弹奏乐曲的钢琴，写着音乐调子的乐谱，以及指挥乐曲的指挥棒，这些东西看起来简单，但同时又很复杂，而它的关键核心就是乐观主义。一定要记住，在青少年儿童中，没有天生的恶徒，没有存心为非作歹的坏人，即使偶尔出现，概率也只是万分之一。如果真是那样的话，邪恶控制了他们，教师要医治他们，更需要善意、仁爱，以及乐观主义精神，这是充满魔幻力量的小提琴和指挥棒。

儿童身上出现的任何问题，教师都不应该严苛斥责、冷酷对待。如果他们心灵出现问题，也要用善意和仁爱去解决。在此，我并非宣扬向邪恶妥协低头，而是建议对儿童世界的看法和态度要客观。有的教师总是怀疑学生，嘀嘀咕咕猜疑学生，对这一点我十分反感，同时也痛恨那些形式主义的规条律例。我并不是说对待学生要无限宽容，也不提倡"自由主义教育"，而是有一点我十分确信，仁善、亲切和喜爱之情，并不是一种抽象概念，而是教师发乎内心的真情实感。这些情感能形成一股巨大力量，激发出美好的品质，使学生成为一个真正的人。我认为，如果学生接受了正确的引导和教育，就不会变成寄生虫和流氓，也不会厚颜无耻、谎话连篇、腐化堕落。

我提倡的乐观主义，是让教师坚信，人具有创造力，是精神力量和身心健康的源泉，无论是教育者，还是受教育者，都有这样的力量，而且力量永不枯竭。

那些不信任人、怀疑人的种子，不要播种下去。质疑这种东西，也不要留在心里生根发芽。一旦有了不信任的念头，无论它多么微小，都能衍生出恶意的态度，这对于身心健康而言，是一种极其可怕的癌症。恶意态度是极为危险的心灵疾病，既影响心脏健康，也摧毁神经系统。同时，它还会蒙蔽人的双眼，让教师无论如何也看不到学生身上的优点。恶意态度是选择戴上一副奇特的眼镜，镜片能缩小优点，缩小到看不见的程度，同时却把缺点放大，一直达到丑陋不堪、无法容忍的地步，把人性中最细微的特征都掩盖了。

年轻的教师朋友，当身心健康上出了问题，查找一下原因就会发现，主要就是任由恶意态度无限扩大，心里缺少乐观主义，对学生不信任，存在怀疑的意图和举动，并持续培养恶意态度。恶意是一切愤恨的来源，从形象描述来说，愤恨是一把尖利的刺刀，扎到心脏最深最敏感的地方，让心灵疲惫，让人受伤，造成严重的神经衰弱。

同时，教师对学生也不该有幸灾乐祸的心理，哪怕是一点点幸灾乐祸的火苗，也要防止它变成火灾。我希望这样的事情永远不要发生：教师"斥责"学生，在日志中记录他的错误和问题，想方设法"触痛"学生的心灵，而且头脑深处还存在得意的念头，想告诉学生：你父亲看了我的记录，他可是一个严厉的人，你要当心他回家一定好好收拾你……学生眼神惊恐忧愁，但教师无动于衷，表现得很平静。

亲爱的同事们，如果出现类似的事情，真正的不幸就已经开始了，因为在你心灵的深处，萌发出幸灾乐祸的念头。最初看起来好像是一只柔弱无力的幼兽，但事实上它是一条毒蛇。一旦产生幸灾乐祸的念头，很快就会滋生刻薄和严苛。经常幸灾乐祸的人，心灵会变成聋哑状态，而且尖酸刻薄，丝毫不顾儿童内心细微的变化，会把孩子淘气的日常小事看得十恶不赦，而且恶意揣测孩子居心不良。他不能容忍孩子恶作剧和调皮捣蛋，这样的教师只会变成冰冷机器一般的说教者，成为只注重理智上批评教育的监视者，学生会非常排斥和憎恶这样的教师。他们会想方设法跟这样的教师对抗，吹毛求疵，故意惹教师发火，不遗余力地"得罪他"。一旦出现这样的情况，教师的内心会崩溃，会产生愤恨之情，而且还必须时刻压制住情绪，这样一来，他的身心健康逐渐被摧残，造成亏损和衰竭。各位年轻的朋友，你们身上不要出现这种状况，避免它发生，如同预防灾难一样。一旦灾难泛滥开，教师就会整天气得发抖，肝火旺盛，情绪激动，忧郁焦虑，在学校的工作都是受罪，不仅如此，还会浑身生病。

关怀学生，以宽容良善的态度对待学生，这才是教师的工作态度，也是学校集体生活该有的氛围，师生之间的关系一定要具备这样的品质。关怀不仅是一个美好的词语，同时也是一种人生态度，它极其深刻、复杂丰富，而且富有人性。关怀存在于人与之间的相互关系中，意味着你可以敞开自我心灵，愿意让别人了解自己。

我以前说过很多次，而且打算一直说下去，师生之间的相互关怀，是一条联结两者心灵的细线，凭借关怀的力量，一个人不用说话也能理解对方，能感受对方内心细微的变化。多年的教育经历使我确信，当我关怀学生的时候，他们也对我有同样的态度，他们很爱惜我的身心健康，保护我的心脏和神经系统，即便在我心情低落的时候，甚至沉默不语时，他们都能理解我。

学生们一旦觉察到我的情绪有变化，发现我心情不好，就会轻声轻语地说话，避免嘈杂吵闹，让我在课堂上和课间休息时，都能获得安宁。亲爱的同事们，如果能让心灵连接心灵，能做到理解别人的内心，将会让你保持身心健康，力量永不枯竭。

对待学生要充满善意

这一条建议是关于教育素养方面的基本常识。具体而言，还涉及教育素养中情感培养的问题。教师待学生要充满善意，说的是教师应该像待自己的孩子一样对待学生。学生表现不好，成绩落后，或者他不像其他学生那样听话，或者存在不道德的行为，这些事情都是非常糟糕的。但如果是你的孩子做了这类事情，你要怎样对待他？难道是采取开除、扣分的办法吗？也许，家长的理智会告诉他们，这些惩罚手段也是必要的，但父母的心里首先会想到的是，应该用什么办法挽救孩子，因为惩罚的效果很有限，往往不能真正地拯救人心。也许在你的在心里会渴望采取某一种方式，这种方式可以在孩子心灵深处建立起道德和真善美，使他成为一个真正的大写的人。而想要实现家长的这种心愿和渴望，就要从身体力行中做到善意待人。

教师心怀善意对待学生，首先表现在，要善于阻止学生成为坏孩子，防止他走到歪路上。就像父母对待孩子一样，心里渴望学生变好，才会努力去驱逐邪恶，不让邪恶进入学生的心灵。在教师的心里，对每个学生都抱有同样的关怀和焦虑，每一个学生对教师来说都应该有特殊的意义，而不是班级记事本上的一行字，或者是一个号码，他们都是独具个性的人，都是活生生的人。所以，学生要是做了错事，遇上麻烦，教师的心中一定会提醒自己，到底应该怎么办？怎么去帮助小孩？这种来自内心的提示，就是在行为上善意待人。

"善意待人"，说起来很容易，但善意的品质只有用心去培养，才能够产生。只有当善意的内心状态是双方相互存在的，教师希望学生好、学生也希望教师好时，善意待人的品质才能培养起来。这也是学校生活中体现得极为微妙的和谐状态。师生之间以善意相待，也是从富于情感沟通的氛围中培养起来的。我始终认为，教育任务的一个重点目标，就是要教学生懂得用心灵的情感力量，去认识世界，去理解周围的人，不仅仅是理解亲朋好友，还要理解在生活道路上遇到的每一个人，理解他们的处境。让小学生能够感受到周围人的感受，他们的内心或者沉重，或者悲痛，这是教育提供的一种最精细的本领。对此，我想谈一下自己这些年的教学经验，用来解释教师是如何培养这种本领的，如何用心去培养学生的情感素养，还有如何让这种素养成为师生间友好的基础的。

春天的时候，一些女工在学校旁边的田野里种甜菜，她们每天都在种植场里工作。早上的时候，太阳从地平线上升起，女工们就接连下地干活了。小学一年级的学生也是在这个时候来到学校，他们走进学校的小花园里，那里有一个"美丽角"，我带领学生在那里迎接每天的日出。这个美丽角其实是一个非常大的绿荫大棚，是我们专用的绿荫教室，盖在一片蔚蓝的天空下，大棚里浓密的葡萄叶子能够遮住强烈的阳光。女工们通常会经过我们身边，在旁边两三米远的地方走过去。我们可以很清楚地看见她们，包括她们的脸和眼睛。如果我们安静地坐在那里，甚至还可以听见她们的喘气声，只是她们看不到我们。我跟学生说，看看这些女工的目光和眼神，你们可以从这些眼神中感受和理解她们每个人内心深处的状况，她们是心情愉悦，还是心情烦躁。我们每天都能看见从身边经过的这些妇女，甚至已经熟悉了一个年轻妇女，她是一个母亲，而且有两个孩子。她长着一双蓝眼睛，梳着一条淡褐色的粗辫子，她总是唱着歌去地里干活，经常在小山坡上站住脚步，经常抬头看湛蓝的天空，耐心倾听云雀的鸣叫声。她的脸上时常露出笑容，我对学生们说，你们看她，非常热爱生活，所以她的内心是幸福的，当我们大家感受到别人的幸福，自己也觉得非常开心。还有一个妇女，她每天会走到田间小路上，在狭窄的路边摘几朵野花，我们能从她的眼神中看出她很渴望欢乐和幸福。还有两个姑娘，她们走在草地上，会寻找流出泉水的地方，然后用泉水当镜子照，梳头发，整理她们的发型，在水面上欣赏她们的美丽容貌。我对学生们说，你们看，她们的眼神中充满了愉快、喜悦和憧憬，而且那个长了一双黑眼睛的妇女，她在路边摘了很多野花，找一个树墩坐下来，把野花编成一个小花环，然后把小花环送给小姑娘戴。我对学生们说，你们仔细观察她的眼神，就会发现里面饱含着爱意的温暖。看看那边，你们认真观察，有一个白头发的妇女正朝我们走来，你们看她的眼神里，充满着悲伤和忧愁，一眼就能让人看出她是多么痛苦和烦恼啊！她走了一会儿，开始停下脚步，抬头看着太阳，又转头看了一眼隐藏在绿色花丛中的村庄，然后深深叹着气。学生们看到，这个妇女并没有走田间小路，而是走向了村子中心的大路。她步履蹒跚地在路边采着野花，后来又拿着花朵走到烈士纪念碑前，那里埋葬了许多与法西斯作战时牺牲的战士，然后她在墓碑前献上野花，低头哭泣起来。

同学们，你们看，这是人类最深沉的悲痛，这是来自一个母亲的悲痛。她现在又转过身来，经过我们的"美丽角"，同学们再留心观察，你们再仔细看看她的眼神。

学生们都屏住呼吸，坐在那里，他们身边的树叶和小草都没有颤动，周围一片安静。我们看见这位母亲的眼神悲哀，也听见了她的沉重叹息。她一边回头看烈士纪念碑，一边深深呼吸着。

学生们不需要任何解释，就能感受到这位母亲的痛苦，在战争中，这位母亲失去了她的儿子。然后我对学生们讲述了这位母亲内心巨大的悲痛，她的丈夫和两个儿子，都在战争中牺牲了。

然后我给孩子们上了一堂又一堂越来越丰富的课，教会学生用心灵去了解周围的人。我们时常去田野里，或是坐在乡间的路边，经常会有人从我们身边经过。

我们看这些人的表情和眼神，孩子们就能从中大体体会到他们的内心世界如何。这个人对现实生活非常满意，他的表情充满愉悦；那个人似乎向往某种宝贵的东西，可以令他激动万分；第三个人脸色疲乏，表现出漠不关心的神情，心里似乎也不怎么舒服；而第四个人则是满脸忧愁、忐忑不安，可能正在为一些生活中的事情烦恼操心，或者在担心某件大事会发生。这时候来了一个老爷爷，他的目光中饱含着某种悲痛。学生们看到这位老人，顿时变得警觉起来，因为他们从来没在其他人的眼神中见过如此沉重的悲痛。学生们议论纷纷："他看起来非常痛苦，是不是遇到了严重的不幸？我们应该问问他，他是否需要帮助……"

我们走到老爷爷身边，问他："我们可以为您做些什么吗？"老爷爷把手放在小吉娜浅色的头发上，他的手十分温暖，但语气却很沉重，他叹气道："孩子们，你们不能帮我，我的妻子刚刚去世了，就在医院里，我现在去找一辆汽车……我跟我妻子一起生活了47年。虽然你们帮不了什么忙，但还是让我的内心好受了一些，你们都是好孩子……"

孩子们在情感方面的素养，就是这样一步步培养起来的，这个过程非常细致而且漫长，需要教师懂得分寸，充满耐心和细心，并善于思考和分析问题，同时要了解每个儿童的内心需求。

一个孩子，如果能够用心灵了解和感受到别人的情绪，他就可以善意待人。然而有一点很重要，学生们对教师的善意态度非常敏感，他们可以感受到教师的善意，并且会以善意交换善意。这种状态在教育工作过程中十分重要。我认为，把它提升到多高的位置都不过分。真正的教育就是应该把学生的心灵培养得充满情感，能够接受他人的爱抚、善意以及热情对待。教师们可能发过牢骚（你自己可能也说过类似的话）："该怎么办呢？学生听不懂好话，我对他充满赤诚，一片真心，但他毫无情义可言，讽刺我对他的好心！"遗憾的是，这样的状况时常发生，而学生之所以会变得冷漠无情，主要是因为缺乏情感素养的培养和教育，是他在幼年的时候没有学会用心灵和情感了解别人。

如果教师可以用心地去教学生认真地了解他人，那么这种善意可以创造出很多奇迹。教师对学生表达善意，究竟是为了什么？首先是为了开发学生的脑力活动，可以让学生的脑力变得更活跃。想做到这一点，教师就应该了解学生的优缺点，并且透彻地理解脑力活动的各种细微特征。教师的善意可以成为强有力的教育工具和手段，并且在学生身上持续发生作用，直到学生自发地想成为一个好人，并在他的内心深处产生强大的自尊心，这定然会推动他不断地向前发展。

所有教师都知道，在教育工作中出现的各种事实和现象，其实是紧密相连的：学生的课程成绩一定会影响他的思维和精神状态，而他的精神状态也直接影响教师的精神状态和身体健康。如果一个学生从内心想成为一个好学生，他渴望掌握知识，那么教师至少有一半的乐趣都来自于此。

学生是否能培养出个人的自尊心，往往取决于他的学习成绩，而一个学生的成绩如何，又往往取决于教师是否善意待人，当然也会取决于在这个学生的心灵深处，是否接受教师的善意。各位同行，一定要记住，学生的成绩、他的自尊心，都是教师在创造性劳动中可以获得乐趣的细微火苗，只要这些火苗存在，还依然可以发光，你就会觉得自己的精神生活十分充实，而且在创造性劳动中饱含乐趣。

然而，这又产生了一些新的问题，教师如何让学生在学习上持续地获得好成绩？如何培养学生的自尊感？如何让学生内心渴望成为一个好学生，并由此产生出巨大的精神力量，并让这样的愿望一直持续不断地鼓舞他？那么我们现在说另一条建议。

教育过程中，究竟是谁在教育儿童

在教育过程中，不能简单粗暴地下定论，认为某种教育因素是唯一有效的因素，或者某一原因是起决定性作用的，这样会让青年教师感到无从着手。我认为，对儿童的教育和培养，就好比雕刻一块大理石，几个雕塑家同时来到大理石周围，都带着自己的刻刀，打算把它雕刻成一座雕像，并且让它充满灵性，符合人类的审美和理想。那么，这些雕塑家都是谁？究竟有多少雕塑家？

教育过程需要很多人力物力的参与，第一就是家庭，而在家庭当中，最耐心细致，同时也是最有才干的雕塑家，就是母亲；第二是学校的教师，拥有丰富的精神力量，充满智慧，有知识，有生活经验，还有审美、智力、创造等方面的能力，有自己的兴趣爱好和志向；第三是集体，对每个学生都会产生巨大的影响力，如儿童集体、少年集体、青年集体等；第四是学生自己（进行自我教育）；第五是书籍，学生在智力、审美、道德等方面拥有丰富的精神生活，这如同一个珍宝世界；第六是生活中邂逅的其他人，那些完全在预料之外的雕塑家，比如学生在街上结交的朋友，家里来的亲属和熟人，虽然只是停留一周，却对儿童一生都产生影响，让他爱上无线电工程，或者充满对世界的幻想。

这些雕塑家都能起到教育作用，如果他们的行动始终如一，就像一个组织分工严密的交响乐队，那么，即便在教育的交锋中，长矛利剑会折断，也很容易解决这些问题。

当然，每个雕塑家都拥有独特的性格，他们风格各异，有各自的长处和短处。有的时候，一个雕塑家批评另一个雕塑家，挑剔他的技艺和创作水平，然后自己想方设法用刻刀雕琢大理石，在未加工的石料上精心创作，或者总想针对另一个雕塑家，在对方刚雕好的地方进行修改。然后，大理石就渐渐发生改变，不再是"石块"了，它逐渐变成某种有思维的活物，能认识周围的世界，还可以认识自我，不但用理性进行认识，还用心灵感受。再后来，"石块"开始渴望照镜子修改自己，它对雕塑家们说："各位尊敬的巧匠，你们在干什么呀？"于是，半成品的大理石雕像便自己拿起刀子，照着镜子（它观察周围的人，对一些人赞美，对一些人漠视，对一些人恼怒），它开始进行自我雕刻，并且修改别人已雕刻的部分。这样，所有的创造热情都燃烧起来：刀子跟利剑相互碰撞、交锋，大理石块飞舞着碎屑，甚至从洁白的大理石上整片劈落……

眼见利剑和刀子对决交锋，听到刀子劈砍的声响，以及雕塑家们互相"骂战"时，你可能会想：他们强调这是主要因素，那是次要因素，这些论调是多么天真可笑啊！给整个教育过程带来多严重的危害啊！说某个单一的雕塑家是万能的，这种奇怪的论断，如果不是在家长的意识中根深蒂固，那么怎会有这样的家长，他们理直气壮地说："我把孩子交给你们了，你们好好教育他吧！这是学校和教师的专职任务。"

新教师踏入学校的大门，下决心将一生献给教育事业。那么你应该记住，自己是一座活的知识宝库，是一名教育专家，能把人类智慧财富传给下一代，激发他们的求知欲望，在他们的心中点燃追求知识的火花。同时，你还是创造新一代人类的雕塑家，是不同于其他职业的特殊人物。教育孩子，培养、教育真正的人，这就是你的职业。全社会把教师看成教育的雕塑巧匠，而且在很大程度上，国家的未来也取决于雕塑教育家。因此要记住一点，你犯的每一个失误，都可能造成学生精神畸形，引发痛苦和烦恼。作为新一代的创造者，教师应当以自己的才华、能力、艺术水平给其他雕塑家做一个榜样。为使学校里走出来的人，都能成为德育、智育、美育的杰出作品，就需要所有的雕塑家进行配合，这些人都是接触"大理石块"的，需要配合行动、和谐统一。那么，在这一群雕塑家中，谁来统筹这种和谐一致呢？谁是敏锐、明智、细心、勇敢、富有经验的指挥者呢？那就是教师。

作为一名教育工作者，你的任务首先是要了解由雕塑家组成的合唱团，要能听到每个成员的演唱，对声音进行敏锐的分辨，可以指出哪里发音不准、音调不准。也就是说，你一定要了解在教育过程中，什么地方存在问题，哪些方面会出现困难，这些问题和困难取决于谁。你也应该看到，每一个雕塑家在大理石身上承担什么样的任务，他们如何共同努力创造一个真正的人。年轻的朋友们，你们要记住，刻刀一旦接触到大理石，就会在那洁白的石块上留下不可磨灭的印记，而且是终身永久性的印记。所以你一定要很清楚，究竟是谁、在什么时候、怎样雕刻了你们共同的作品。所以，教师只是单纯地喜爱儿童是不够的，就像古希腊神话中，雕刻家皮格马利翁一样，他对自己亲手雕刻的伽拉泰亚充满真挚的热爱。但仅是热爱还远远不够，你应该对你所雕刻的作品有相当程度的了解，并且能对其背后存在的因果关系进行逻辑分析，这些都是你应该具备的能力。

你作为雕刻家合唱团的指挥，有明智的头脑，但这并不意味着你要详细周密地划分任务，安排并分配责任和义务，说这件事要由家庭负责，那件事应该由学校负责，而另外一件事要由少先队的组织负责……因为创造一个真正的人，并不是按步骤按部分进行分配的，有人雕刻他的耳朵，有人雕刻他的脑门儿，有人雕刻他的鼻子，诸如此类。这种按步骤分工进行的雕刻，在复杂而艰难的教育过程中是不存在的。从学校教育工作的初期开始，教师就应该时常跟家长进行沟通，不仅要在家长会上进行交谈，还应该在私下里不断交流。在任何时候，我们都不要试图进行严密的任务分工，说家长要负责这一部分，学校要负责那一部分。对教育负责的，不应该仅是学校，家长同时也应该做一些努力，都是为了让孩子们能成为头脑聪明、充满智慧，能敏感地理解和感受周围世界的人。所以一定要记住，我们创作的伽拉泰亚，他处于各种综合力量的核心，有时雕塑家们会在同一个地方，采取完全不同的手段进行雕刻。比如说你刚教育自己的学生要为人正直、爱护公共财产，而另外一个从来不认识的雕塑家突然出现，教你的学生去坑蒙拐骗。教育过程中指挥者拥有的才能和本事，主要在于对任何接触你们创造物的外人，都要有敏锐的感知力。

乌克兰哲学家、教育家格里戈里·萨维奇·斯科沃罗达曾经教导我们："了解事件的起因，就能了解一切。"各位青年教师，你们对这种教导一定要认真听取。教师在没有了解学生行为的原因之前，就做出不正确的结论，这样的事例在学校生活中屡见不鲜。你们要知道，有的时候会出现这一类的情形，本来学校应该负有责任，却把学生的家长请过来，让家长们承认，是父母对孩子管教不严格，把他惯坏了，诸如此类。

有的时候，教师对善恶分辨十分困难，因为善恶本身是错综复杂的，但是我们必须对此加以严格的分辨，这是作为教师的神圣使命和职责。我的青年朋友们，你们从事崇高的人民教师的教育工作，不仅要成为造就新一代的能工巧匠，还应该成为其他雕刻巧匠的导师。在你身上存在很多优势，因为你可以根据教育科学来研究学生、理解学生。对于我个人而言，如果我不相信教育科学拥有强大的力量，那我在学校里一天也待不下去，也不可能写这本书。作为一名教师，应该成为教育科学的一盏明灯，灯光可以照亮其他雕塑家的雕刻工作。同时，你作为教师和班主任，该怎么做才能对学生的家庭产生影响呢？而学生的自我教育又是如何进行的？教师在这方面的工作任务又有哪些？对于教师个人来说，如何进行自我教育？集体为什么具有强大的教育力量，其中的秘密何在？集体产生于什么条件之下，在哪些条件下无法产生集体影响？书籍是如何教育学生的？在学生的生活中意外出现的教育者，对学生的心灵影响和学校的教育方向如何保持统一呢？

我认为，针对这些问题提出一些建议，青年教师是受益匪浅的。

教师掌控时间和教学环节息息相关

以下这条建议主要是写给小学教师。各位尊敬的小学教师，你们在小学阶段的教学工作如何，直接影响初中和高中教师的工作安排。我们认真研究一下初中和高中的教学过程，就能发现：很多教师为了拉扯"拖后腿"的学生，耗费了大量时间，但"拉后进生"这件事实际上是永无休止的，而且往往徒劳无功。中学教师刚开始上课时，一讲新教材就发现有些学生掌握不了，老师们没办法带领学生沿着知识小路不断前行，而是总要回头照顾那些跟不上的学生。有时候跟不上是大多数学生的状况，弄得老师们不得不给全班学生补课，额外付出了大量时间，包括课后和在家的时间。

为什么会有这种情况？似乎中学教学环节中不可避免会发生类似事情，很多落后的学生在拖老师们的后腿。在这里，我想给小学教师提点建议。

各位小学教师，请大家牢记一件事：所有中学教师的时间表都由你们决定，你们是初级教育和创造力的培养者和发掘者。小学阶段有许多重要的教学任务，但其中最重要的任务就是教会孩子们主动学习。小学教师要费心一件事情，就是帮助学生们掌握理论知识和实践技能之间的关系。

请各位记住：初中和高中学生如果出现跟不上学业的问题，主要是因为他们不会主动学习，不知道应该如何掌握知识。小学教师们不仅要关心孩子们智力上的进步，更重要的是应该教会学生读和写的技能。如果学生不会速读、不会理解、不能感知阅读内容，不会流利写作，写的文章错误百出，那么到了初中和高中，就无法顺利跟上进度。那么中学教师就得疲于奔命，帮落后的学生补课。

在小学阶段，老师们要让所有学生掌握如何阅读，教会他们在读书的同时要学会思考，一边思考一边阅读。阅读必须达到一种状态，眼睛看的同时，意识能感知到内容，这是一种自动化程序，效果远远优于"大声地读"。"自动化阅读"超过"大声地读"的程度越高，学生读书思考的能力就越强大，而这正是培养学生的主动学习能力，以及提升智力的先决条件。我十分相信，学生到了初中和高中能够顺利跟上学业，首先要看他会不会阅读：一边阅读一边思考，一边思考一边阅读。从这一点出发，小学教师应该仔细研究一下，每个学生的阅读能力要怎样提升和进步。

根据我30年的教学和研究经验，学生智力提升的基础是掌握阅读能力。学生能够一边阅读一边思考，远远优于那些只会快速阅读的学生，因为他们在处理各科作业时更有效率，也更游刃有余。对于这类学生来说，脑力活动不是死记硬背，他们看课本或课外书籍时，跟那些阅读时不会思考的学生相比，情况迥然有别。他们在阅读过程中，可以明白整体和部分的关系，能看到各种要素间的相互依存和相互制约。

拥有阅读兼思考能力的学生，在学业上不会落后，如果每个学生都是这样，中学教师的任务就轻松多了。事实证明，如果把阅读思考看作学生进入知识领域的最重要的途径，老师们就不必耗费大量时间给学生补课。在这种情况下，教师只需要跟个别学生进行对话，而且不需要长时间讲解，只是提点建议，稍加指点，告诉学生如何自主掌握知识，以防成绩不及格或学业跟不上。

一名学生如果不清楚自己哪方面落后，也不知道该寻求什么样的帮助，教师就该主动找他谈话。

学生初中和高中的学习是否顺利，还要看他在小学时的写作水平，他有没有学会快速书写，能否一边理解一边写作。除此以外，还要看写作技能能否获得进一步发展，和阅读进行配合，这是少年儿童掌握知识的基本工具。工具能不能熟练掌握，决定了学生使用时间是不是合理有效。我建议小学教师朝着一个目标努力：四年级结束时，学生们都能掌握书写能力，进行快速的、半自动化的书写。只有掌握这种技能，学生才能顺利跟上学业，中学教师才能免于操心"拖后腿"的事情。小学老师们要教会学生，写作和思考同时进行，而字词句的写法并不是关注的重点。教师还可以提供一个更有效的方法：给学生讲一些事情，让他们边听边思考，同时把自己的观点写出来。一般来说，小学三年级的学生就应该学会这个技能，如果能做到的话，我敢保证：你的学生永远不会跟不上，也不会不及格，因为他们学会了主动获取知识的技能。这样的话，也节约了中学教师的时间，不会过多耗费他们的精力和健康。

让学生牢记基础知识

教学 30 年，我发现一个重要秘密，也是一条独特的教育原则——学生到了初中和高中，可能会学业跟不上，或者成绩下降，主要因为上小学的时候，没有把基础知识牢记在脑海中。这些知识如同"根基"一般，应该达到"镌骨铭心"的程度。我们可以想象一下，盖了一座气派的高楼，但是你的地基却打在土堆上，很不牢固，墙上的灰浆剥离，砖头都掉了下来，工人每天修补各种问题和毛病，但楼房还是处于随时倒塌的状态，这是一项多么糟糕的工程。很多中学语文老师和数学老师正处于这样的状态：他们每天盖楼房、修墙壁，但是地基不稳，裂开了很大的缝痕。

各位小学老师，你们担负的最重要的责任，就是给学生打下一个稳固坚实的知识地基。地基一定要十分牢固，让以后的教师不用再为地基耗费心神。比如你们教一年级，先要熟悉一下四年级和五年级的教学大纲，尤其是语文和数学。也要看看课本里关于历史、地理、自然的知识内容，再对照四年级相关学科的教学大纲进行教学。然后仔细思考一个问题：学生到了四年级和五年级，要想学习顺利，他在三年级时又需要掌握哪些技能？

其中重中之重是读写能力。学生要能够正确书写 2000 到 2500 个字，这些是构成学习知识和读写能力的"骨骼"。经验告诉我们：如果学生在小学阶段牢记这些字，基本上就拥有了读写能力。而且更重要的意义在于，小学阶段获得读写能力，到了初中和高中就能熟练掌握知识，因为读写是基本工具。

我教小学的时候，根据学生的情况制定了一张"最重要的词汇表"，这张表相当于一个独特的"基本读写能力"教学大纲。词汇表中有 2500 个词，学习进度分配如下：每天平均学 3 个词，学生们把词汇抄在本子上，并且牢牢记住。这个作业每天占用几分钟，不会让学生觉得负担太重。因为儿童的记忆十分灵活，而且异常敏感，有效地运用这些词汇，就会让它们成为学生最初的帮手。人在童年时牢记这些东西，通常情况下很难忘记。在这里还有一个"记忆窍门"：每天上第一节课之前，我在黑板上写下3个词，这是今天要学的内容，例如"草原""气温""沙沙响"，学生们来到教室，就把这3个词抄在本子里，他们要连续抄三年，抄的同时要对这些词进行深入思考，在3个词旁边写下同义词。每天这个作业花的时间很少，只有3到4分钟的时间，可以用零碎时间，方便学生们循序渐进地养成良好的习惯。

接下来，我的作业进入"游戏"环节，这种游戏明显包含自我教育和自我检查的程序。我对学生们说："在你们回家的路上，要认真回忆一下，今天抄了哪3个词，是怎么写的，你们要回想这些词长什么样儿。明天早晨一睁开眼睛，立刻回想这些词的写法，然后马上把它们默写到练习本里。"（这里强调的是练习本，相当于词汇本的辅助本。）如果教师从一年级开始就有意识地训练学生做这种"游戏"，如果从一开始就坚信这样做一定会有效果，如果对学生的任何事情都表现出充足的耐心，那么就请相信，所有的孩子都会对这个游戏着迷。

课堂一节接着一节，有五花八门的练习，一定要让学生反复练习，把已经牢记的词汇一遍遍使用。同时我认为，一个重要的练习是让学生记住400个修辞成语，因为这400个修辞成语是构成语言基础的"骨架"，需要进行特殊训练。在小学阶段的教学里，我要求学生们必须记住这400个修辞成语，因为他们在日常实践中经常犯一些错误，由于周围语言环境的影响，这些错误显示出非常典型的特征。

我反复强调，"游戏"环节在教学中具有很大价值和意义。我积累过600个"童话用词"，就是儿童读物和童话故事里经常出现的词汇。在小学阶段，我和学生们画过几十幅图画，都是童话式的，我让他们给这些图画写上字句，将这600个词运用到里面，600个童话用词是最低限度的词汇量，而这种做法是巩固最低词汇量的有效形式。

在小学教学阶段，数学基础的加强也很重要，学生们要牢记一些运算法则和口诀，由于运算经常需要进行重复练习，各种数学公式的运用逐渐就变成一种习惯。我们可以想象，如果每次用数学公式都要费脑子去想，那是很耗时耗力的。这里说的运算法则不仅包括乘法表，还包括千数以内的加、减、乘、除法则和口诀，以及各种常用的运算题，还有最基础的测量和数量变化的法则。我坚持的原则是：学生上了初中和高中，就不要再让这些枯燥简单的运算法则占据大脑内存，应该将脑力和精力尽可能多地用在思考性、创造性的脑力劳动上。

当然，所有的这些窍门都有一个前提，就是应该熟练掌握教材内容。但我们也要注意，不是所有东西都需要解释，也不是所有东西都需要牢记。我的做法是：把主动记忆、刻意记忆与被动记忆、强迫记忆相结合，以巩固需要记忆的知识。

提升学生思维力，需要双重教学大纲

教师经常觉得没时间，主要是因为学生无法克服学习困难。这么多年来我始终思考一个问题——怎样减轻学生的学习负重，侧重实践技能，把实践作为知识的基础。当然，这只是问题的初始状态，把知识学会，然后牢记在脑海中，这才是问题的延续。

在这里我给每位教师提个建议：请你们认真分析本学科的知识内容，把知识分门别类地划分出来，要求学生学会的知识，要求学生长久牢记的知识，都要明确地区分。教学大纲里有"关键"的知识点，提升学生的思维力和智力，提高学生运用知识的能力，都取决学生有没有熟练牢固地掌握这些"关键"知识点。正因为如此，教师先要确定这些知识点，这是一种十分重要的能力。此处说的"关键"知识点，是指本学科的重要公式、规则、定理、结论、概要等。经验丰富的教师会让每个学生都准备好专门的记录本，随时抄录那些必须熟悉和牢记于脑海中的各类知识点和资料。

学生必须熟悉并学会的知识点和资料越丰富，牢记在脑海中的规则、定理、公式、结论越多，学习过程中拓展的"智力背景"就越广阔越宏大。换一个角度说，学生想要熟悉并牢牢记住各种公式、定理、规则、结论，他就必须大量阅读资料，同时要反复思考，在他阅读和思考的材料中，有大量不需要牢记的内容，但是通过阅读培养了一种学习能力，使得阅读和学习紧密结合。如果学生能够通过阅读进行深入思考，研究分析各种现实问题、现象和事实，而这些东西是那些定理、公式、概念的现实物料基础，当必须牢记这些概念性的东西时，广泛的阅读和思考就对记忆有极大的帮助。

一般说来，这种阅读方式是给学习熟识和记忆创造智力背景的一种有效方法。

学生对阅读资料本身感兴趣，然后从这个兴趣点出发，带着求知的愿望，对阅读的内容进行深入思考和理解，学生阅读的资料越多，对于知识点的熟识和记忆就越容易，很快便能将材料和规则牢记在脑海中。这是一条非常重要的规则，我在日常的实际工作中始终使用两套教学大纲：第一套大纲是学生必须熟悉掌握，并且要牢记在脑海中的内容；第二套大纲是课外阅读以及各类资料的补充。

下面我谈谈物理，这是一门学习和牢记都很困难的学科，特别是初中物理，这一阶段的教学大纲包含大量的抽象概念。我教物理教了 6 年，总是想尽办法拓展课外阅读，让阅读资料与新学的每一个物理概念搭配起来，融会贯通。一般来说，如果一个阶段内学的物理概念很复杂，我就会推荐一些有趣的书籍让学生阅读，物理概念越难，我推荐的书就越有吸引力。比如在教电流定理的这部分内容时，我专门搜集整理了一个图书架，都是关于这个主题的，让学生们在课外时间广泛阅读。这个图书架上总共有 55 种图书，内容都是讲各种自然现象的，这些自然现象的产生遵循一些原理，与课堂上讲的物质的电流性能密切相关。

我用的这些办法，可以让学生们的思维力和积极性大幅度提升。他们提出各种各样的问题：那是什么？后来怎么样了？为什么会变成那样？在这么多的问题中，大概有 80% 的提问是用"为什么"开头的，学生们有许多不明白的事情，他们对周围世界不明白、不理解的东西越多，求知欲望就表现得越强烈，同时对知识资料的感受力也就越明显。渐渐地，学生对我课堂上讲的一切内容，基本上是一听就懂。当我在物理课上第一次讲"电流是自由电子的流动"时，原本这个科学概念是极其复杂的物理现象，学生们应该有很多问题和困惑，但是他们平时阅读了大量相关书籍和资料，已经获得了基础知识，打下了良好的基础，在脑子里已经形成了类似一幅世界地图的标尺和方向。所以当他们在课堂上听到讲"电流"时，脑子里的地图就会自动展开，即便他们提出了一些问题，我对问题的解答也像一个小块积木，只要放到地图上的空白处就可以了。

我还在高中教过 3 年生物课。生物教科书里有很多难以理解的抽象概念，因为不好理解，所以也非常难懂，更是难以牢记。学生们第一次接触生命、遗传、新陈代谢、有机体等科学性的概念时，我专门搜集了一些科普读物，比如从科普杂志、科学书籍和宣传册子里找些相关材料，让他们进行课外阅读。因为这是我的"第二套教学大纲"的主要内容，包括阅读相关小册子、文章和书籍。读了这些书籍和材料之后，学生们对很多科学难题和复杂现象产生了极大的兴趣，同时对书籍中的概念也倍感好奇。不仅如此，学生们通过阅读、学习、掌握生物学，渐渐对周围的自然环境和生物现象（特别是各类新陈代谢现象）产生广泛的兴趣。在学习的过程中，他们的疑惑越多，提出的问题越多，掌握的知识也就越牢固、越深刻。在我的学生中，没有一个人的成绩评分低于 4 分。

所以，我想给所有教师一个建议——竭尽全力给你们的学生创造一个可以开拓智力的平台，让他们可以学习、掌握、熟识、牢记教学大纲规定的关键知识点。学生只有进行深入思考时，他们才能熟练掌握并牢记教材的知识点。请各位老师认真思考一下，怎样把目前学习的概念和即将学习的知识都转化成学生感兴趣的，并愿意主动思考、分析和观察的内容吧。

说一说如何帮助落后学生

教育工作是一种极具创造性的工作，在这项伟大的创举中，最大的难题之一是帮助落后的学生，这也是教师所面临的最难啃的硬骨头之一。我这样说，相信每一位教师都会赞同。总有那么多的学生，他们对教材的理解能力较差，牢记知识点所花的时间，比大多数学生多两三倍。一般来说，前一天刚学的内容，他们第二天就忘光了。为了不让他们忘记，就需要在学过之后的3～4周内（有时候是3～4个月内）进行重复性的练习，以达到巩固目的。

在30多年的教学实践中，我深深地体会到，对于这类落后的学生，教他们的最好方法，就是用两套教学大纲，可以对他们有很大作用和帮助。对这些学生来说，学习如果仅仅是背诵，完全是有害而无利的，因为单纯背诵只会让他们养成坏习惯，把教材死记硬背下来，他们的头脑会变得更笨拙和迟钝。

我以前用过很多方法，想减轻这些学生的脑力负担，结果发现一件事，其实最有效的办法，是扩大他们的阅读面。确实是这样的，让学生尽可能多读书，他们的脑力增长速度就很快。我在三、四年级和初中都教过书，我发现，后进生读了我给他们挑选的图书和文章后，很快能理解课堂上的各种科学定义和概念，因为这些图书能用一种有趣的、清晰的、吸引人的方式阐明这些抽象概念。我觉得应该让这些学生的大脑里产生各种各样的疑问，这些疑问应该来自他们周围世界的各种现象和事物，这样一来，他们就会带着这些疑问来找我，而这种方法对于提升学生智力很有帮助。

在帮助后进生的教学工作中，我总是想方设法让他们在书籍中，以及从周围世界遇到的事物中，尽量提取让他们感觉好奇和惊叹的东西。我也向所有教师提出这个建议，因为好奇和惊叹能刺激左右脑的神经细胞，减少大脑萎缩、神经惰性和神经衰弱。这就好像运动可以锻炼肌肉，防止肌肉萎缩一样。虽然目前还很难搞清楚，学生面对某种令他们好奇和惊叹的东西时，大脑里会发生什么样的变化，但是我经过千百次观察，能够得出一个结论，当学生感到好奇和惊叹时，似乎有某种强大的刺激产生作用，唤醒了大脑，使大脑的工作效能获得提升。

我有一个学生叫费佳，他让我终生难忘。我一共教过他五年，从小学三年级到初中。费佳在学习上遇到的最大问题，是学不会算术应用题和乘法表。我认为这个学生根本来不及记住应用题的条件，因为他的脑海里无法形成事物的条件和依据，看不到现象之间的因果联系。当他的注意力转向另外一件事时，就把前一件事给忘记了。其他年级里也有跟他类似的学生，虽然数量并不多，但我仍然给他们编写了一本特殊的习题集。在习题集里大概有200道应用题，主要是从日常生活中搜集来的，每一道题都是一个动人的小故事，这些应用题大多数不需要运算，只要动脑筋思考，就可以解答出来。下面我从这本《给注意力不集中的学生的习题集》中举出两道习题，作为例子。

（1）有三个牧羊人，一天，因为天气炎热难耐，他们很快就困倦了，然后在一棵树底下躺下来休息，很快就睡着了。他们的助手非常调皮，用橡树枝烧成炭灰，在他们的额头上涂满黑色，等这三个人醒过来之后，都哈哈大笑起来，他们都觉得另外两个人在互相笑对方。这时有一个牧羊人不笑了，因此他已经猜到自己额头上也被涂黑了。请问他是怎么猜到的？

（2）在辽阔的乌克兰平原上，有两个村庄，相距不太远，一个叫真话村，一个叫假话村，真话村的人都说真话，假话村的村民一句真话都不说，说的都是假话。如果我们当中有一个人来到这个地方，只允许向第一个遇到的村民提出一个问题，问一问自己到的是哪个村庄，这个问题应该怎样问呢？

最开始，我们只是简单地看这些题目，就如同阅读一些鸟类、兽类、昆虫和植物的故事。没过多久，费佳就意识到，原来这些故事都是习题，他开始尝试解答其中一道最简单的习题，并且在我的帮助下找出答案。他感到非常惊奇，原来解题一点都不难。他问我是不是这个习题集的每一道都是可以解答的，从那以后，费佳每天带着那本习题集，不停地进行解答，每答出一道题，他都认为是一次巨大的胜利。他把解出的习题都抄在一个专用本子上，并且在题目旁边画上一些图画，比如动物、植物等。后来我给费佳搜集了100多本适合他阅读的书籍，能让他从三年级一直读到初中。后来我又给他准备了另外一套图书，大概有200本，这一套书籍费佳读了两年，还有另外三个学生也用过这套书籍。这套书与课堂上教的内容有直接关系，另外一些书却没有任何的直接联系，但是我认为这些书只要读了，就是很好的智力训练。

五年级的时候，费佳的学习成绩就和别的学生差不多了，可以解答同样难度的算术应用题。初中时，他对物理产生了很大的兴趣，有着非常浓厚的学习兴趣，并成了"少年设计小组"的核心成员。平时参加的创造性活动越多，兴趣就越大，读的书也就越多。后来，他在学习上也遇到过其他困难，尤其是历史和文学，但是每次他都用阅读克服这些困难。

我从来没给这样的学生补过课，因为传统补课的目的，无非是让学生学会课堂上没有掌握的书本内容，我只教学生阅读和思考的方法。阅读能让思想受到启发，可以激发学生的脑力，让思维得以醒悟。

请各位记住，如果一个学生在学习中无法克服的困难越多，就越应该大量阅读。因为阅读可以教他如何思考，而思考可以提升智力。书籍是激发思想活力的动能，可以避免死记硬背（这是让大脑迟钝的罪魁祸首）。学生的大脑思考得越多，对周围世界的感知就越灵敏，于是对知识的感受力就越强，而当教师的，工作也会变得更容易。

学习知识既是目的，更是方法

我十分相信，学生之所以遇到各种学习困难，主要原因之一，是他们认为知识是静止的，是不能灵活运转的。他们认为，学习知识只是为了储备，而不是进行实践。

在教学工作实践中，有很多教师认为，掌握知识就意味着能回答问题。这种想法让教师对学生的智力和能力做出的评估很片面：哪个学生能把知识储存在脑海里，只要老师一提要求，他就能顺利地把知识倒出来，那么这样的学生就被认为是优秀的、智力好的学生。但是这在现实中会产生什么样的后果呢？后果就是，知识与学生的精神世界无关，与学生的兴趣爱好无关。学生对知识毫无兴趣，那么掌握知识对他来说就是一件非常令人烦恼又厌恶的事情，最好尽快把它甩掉。

所以我们必须改变对知识的看法，知识必须能够运用，能够用于实践，只有当知识成为精神力量，保存在人的思想里，能够激发出人的兴趣，它才能被称为"知识"。因为知识是具有生命力和能动力的，所以知识才能不断发展、不断深化。只有不断深化和发展的知识，才是活生生的知识。当知识不断发展时，就会产生这样的规律：学生越多地掌握知识，学习起来就越容易。但是很遗憾，我们在实践教学中遇到的情况常常相反，经常是往前每推进一年，学生就会感到学习越来越痛苦，学知识也越来越困难。那么，针对这些问题，应该提出什么样的建议呢？

请各位教师注意，学习知识不仅仅是目的，更是方法和手段，知识不能是不动的"死包袱"，而应该在学生的脑力活动中，在他们的精神世界里，在他们的相互关系中，在他们的思想交流中……不断地运用，不断地让知识活起来。知识没有运用和交流，就不可能塑造完整的智力、道德、人格和审美。那么怎样才能真正做到这一点呢？

在低年级的时候，要从教学的最初开始，因为那个阶段知识的最主要元素就是词汇。更准确地说，词汇里边包含了现实世界，词汇在孩子面前是一种新型样式的东西，在他上学前完全没接触过，但词汇可以展现世界的很多方面。学生在攀登知识高峰时，他迈出的第一步也是最广阔的一步，就是通过词汇认识现实世界。教师应该让词汇在学生的精神和思维里活跃起来，让词汇变得鲜活，让词汇成为学生掌握知识的工具和手段，这是非常重要的。如果你想让知识变成活的东西，而不是一个"死包袱"，就请你把词汇变成创造知识的主要工具之一。

对于经验丰富的教师而言，教学和育人的方向是一致的，这主要体现在学生的脑力活动上，不让他们死记硬背，也不强迫他们记住别人的思想言论，而是让他们自己思考。这就是说，如果想具有创造力，就要借助词汇去认识周围世界的各种现象和事物，从而产生联系，明白词汇本身具有极其细致的感情色彩。我秋天时会带学生们去果园，初秋的天气明媚而晴朗，温暖的阳光照耀大地，铺洒在各种颜色的苹果树、梨树和樱桃树上，我给学生们讲金秋时节，讲自然界中的各种动物，它们是怎样预备度过漫长又寒冷的冬天。我也会讲树木枝叶、落地的种子、留下过冬的鸟和昆虫。我深深相信，学生们已经明白词语和词组的意思，并能感受它们丰富的情感色彩。这时我就会建议他们，说说自己的感受和想法，我亲眼看见，他们当场说出一些与周围自然界有关的想法，而且观点清晰鲜明。他们并没有重复我说的话，所有的观点都是他们自己的想法。学生们的思想在活动中不断丰富起来，他们正在培养自己的思考能力，并体会到思考的乐趣，十分享受这个过程。这是其他事情无法取代的，因为在这个时候，他们有很强的成就感，他们认为自己是一个思想家。

不知道你们有没有见过（或从别人那儿听说过），学生有时候对老师的话爱理不理、态度漠然，比如你说一件很有意思的事儿，但是他注意力不集中，目光呆滞。那是因为你的话无法吸引他的注意力，也没有打动他。你可能因此而感到惴惴不安：学生对词汇不敏感，不容易接受词汇，这在学习上是缺点和障碍，如果这个缺点很严重，他就会对学习没兴趣。

那么为什么会产生这种障碍和缺点呢？它的源头来自哪里呢？原因是如果词汇不具有创造性，没有在学生的心里活跃起来，或者如果平时只是背诵别人的思想，从来没有进行过创造性的思考，也没用词汇表达过自己的想法，那么他就会对词汇没有任何兴趣，甚至会表现出冷淡和难以接受的态度。

如何获取新知识

关于让学生动脑，培养学生的积极主动性，前人已经提过很多遍了。关于积极主动性，有很多方式：学生把学过的东西或者老师讲的内容都背下来，应答问题非常流畅，这算是一种积极主动，但是这种主动性并不能促进智力发展。教师应该启发学生去积极主动地思考，让知识在不断实践和运用中获得发展。

我认为教学的最高技巧在于，能让学生借助已学的知识去获取新的知识。我每次听课或分析课程时，总是根据学生智力活动的特点来设计一些技巧。那么如何才能让学习变成思考活动，帮助学生获取知识呢？

学习知识意味着发掘真理，解答各种疑问。教师们如果让学生亲眼看到、感受到、接触到不懂的东西，自然就会产生疑问。如果老师能做到这一点，就已经事半功倍了。但是做到这一点并不容易，在备课的时候，你必须从这样的角度解析课本，认真思考，找出内在的因果关系，发现某些存在勾连但又不容易被察觉的交叉点，只有在这些地方才会产生疑问，而疑问可以激发学生的求知欲望。

比如说，我面前是一份"光合作用"的课程教案，要给学生讲清楚关于植物绿叶产生的变化。这堂课可以用合乎理论的方式进行，把知识讲得有科学依据，既可靠又严整，也符合教学法的程序和规则。但是，有一个目标却没有实现：无法启迪学生积极主动地思考。我把课本进行详尽的剖析，试图找出科学理论内在的因果逻辑，看看本质和现象的交叉点在哪里。哈哈，终于让我发现了，交叉点就是：无机物通过某种方式变成有机物。眼前出现一幅图景，变化莫测，令人惊奇赞叹：植物从土壤和空气中吸收无机物，通过内在机体的复杂作用，把无机物转化成有机物。那么这个过程究竟是怎么实现的？植物内在组织构成一个复杂多变的"实验室"，阳光照射进去，把无机物的矿物和肥料，转化成西红柿鲜美的果肉，转化成玫瑰芳香的花瓣，这是怎样转化的？我讲课的时候，引导学生朝这个方向思考，他们感到很兴奋："我亲眼看见的事，竟然从来没认真思考过！"

那么，如何引导学生提出疑问呢？

想要做到这个，教师必须明白：课堂上哪些内容要讲，哪些内容留下空白，不要全都讲完。没讲完的内容，如同在学生头脑里埋下一根"导火索"。我并没有一个适用所有课堂的现成教案，一切以具体教学内容和学生现有知识水平为依据。同样的教学内容，在这个班某个知识点不要讲完，而那个班却是对另一个知识点留下空白。

比如说，学生已经对生物概念产生了疑问。

我就进行下一步的安排，从他们的知识储备中抽取可以解决疑问的所有内容，比如他们在生物课学过的，在阅读书籍时了解的，在实践中掌握的……各类的知识内容。用已有的知识解决未知的疑问，这是获取新知识的有效途径。教师不必让每个学生都起来回答问题，再将零散回答拼成一个准确答案。这种做法只是表面积极，无法真正让每个学生的思维活跃起来，一部分学生回答问题，另一部分在旁听。我要求所有学生都进行思考，大脑都紧张起来。所以我常常用这样的做法：学生一旦产生疑问，我就剖析课本，引导学生思考，而不是让学生起来回答细枝末节的小问题。

想让学生通过思考学到知识，教师必须对不同学生的知识储备有足够的了解和掌握。也许这个学生能记住学习内容，那个学生却完全忘记了。每当这时，我就要给学生提供思维方向，指导每一个学生听我讲课时，能顺着他们他们自己的思路，把脑海中储存的知识抽取出来。如果他们大脑储备的某些角落出现空白，比如思路出现间断，我就会进行补充，尽量帮他们填补空白，把思路重新接上。这个方法需要较高的教学技巧，同时也是高级的教育艺术。我不断寻找反复讲解旧课本最恰当的方法，要确保最优秀的学生也能从旧知识里发现新东西。如果学生的大脑思路并没有空白和脱线，我就只做简短介绍。在这样的课堂上，没有表面上的积极主动，学生们虽然没开口回答问题，也没有零碎地拼凑答案，但却真正获取了新知识。我认为，用这个方法学知识，其实是让学生"回顾"自己的思维脉络，"清点"自己的知识宝库。

怎样把学生从事实引导到抽象真理

各位可能经常遇到这样的疑惑——学生可以牢记甚至背熟一些理论知识，如各种概念、规则、公式、定理和结论，却无法在实践中运用这些知识，有时根本不明白记住的究竟是什么东西。这样的现象明显是有害的，尤其在语法、算术、代数、几何、物理、化学等学习中，很多内容都是有概念体系的，教授这些知识时，就应该引导学生在实践中灵活运用。

这时，人们就会说："学生不理解就背下来，这是百害无一利的，为什么要这样呢？应当想个办法不让他们死记硬背！"

只有在理解的基础上，熟记才有意义。教师应当引导学生，通过认识、理解，把大量的事实、东西、现象都弄明白，然后再进行熟记。千万不要让学生背那些不理解、没弄懂的内容。从搞懂事实和现象，到深刻理解抽象概念（公式、规则、定理和结论），其间一定要通过实践作业，完成实践的运用，才算真正掌握知识。

凡是经验丰富的教师，都会让学生在思考的基础上熟记内容，过程就是深入事实、事物和现象，然后进行思考。实际上，用不断增加的新事物带动学生反复思考，让他们渐渐意识到，他们学的内容是一种系统性的真理。真理能运用到许多地方，就是规则，而能将规则熟记下来，是因为反复思考过。

有经验的老师不会让学生耗费精力背诵规则和概念，因为思考事实的过程，就是对概念进行逐步记忆的过程。思考和记忆是统一的，二者结合得越明显，学习知识就越主动，实践运用能力也就越强。

在教学过程中，这是一条十分重要的规则。多年的教学经验让我明白一件事：在小学阶段学会思考事实和现象，从中掌握抽象理论，是获得智力开发的重要前提，学生能通过思考把握一连串相互关联的事物、事件、事实、状况和现象。换一种说法就是，学生学会了思考因果、机能、时空之间的种种联系。

事实上，对于算术应用题中的条件，学生能不能进行思考（尤其是四、五年级），取决于他是否真正掌握抽象概念。一些学生没有思考过大量的事实，只是简单背诵抽象概念，他们就不会思考应用题，也无法用思维把握数量和条件之间的因果联系。反过来，另外一些学生通过深入思考事实，然后用脑力熟记抽象真理，绝不是死记硬背，他们在应用题里见到的不是一堆数字，而是数量和条件之间的联系。学生看完应用题的条件，先把数字放到一旁，然后进行深入思考，设想总体的解答步骤，而不是着急进行具体运算。

我了解过无数类似的情况，深知学生们的困境，让我更加坚信：许多学生在算术或代数上有困难，是智力活动中的某些缺失造成的。人们对学科之间的联系分析得很多，每一个教师都知道，要在自己教的学科里找出跟其他学科的交叉点。但是，学科之间的联系不限于此，我认为，最本质的联系不是教材内容上的关联，而是脑力思考方面的联系。如果能科学地安排学生的脑力活动，那么学好数学就会帮助学生掌握历史，学好历史也会促进学生提高数学成绩。

给未来教师的建议

一些来自师范大学的学生经常会给我写信，他们在信里都会不谋而合地问到一个问题，我认为认真地回答这个问题，对很多未来想做老师的大学生来说，是有重要意义的。他们提出的问题是——什么是教育工作中最核心、最重要的问题？对于这个问题，我已经深入思考了32年，即便如此，想要回答清楚也并不容易，因为在我们的教育工作中，没有哪件事儿是次要的，是不重要的。但是，教育工作毕竟是有核心、重点的。

各位未来的教师，在我们的教学工作中，最重要的是：要把学生看作是独立而又个性鲜活的个体。学习的过程并不是简单地搬运知识，不是简单把知识从教师的头脑里挪动到学生的大脑里，而首先实则是教师跟学生两个个性鲜活的个体间情感的相互交流。

学生在学校进行智力活动，他在学习中获得的一切成败得失，都集中展现了他的精神生活和他的内心深处的境况，我们不能忽视这一点，否则将会产生很多可怕又可悲的后果。请各位教师牢牢记住，如果希望学生好好学习，对学习感兴趣，能产生自觉主动钻研的力量，也愿意刻苦用功，其中最重要的"原动力"，是出于学生对自己的信心和自尊感。如果学生心中存有这样的力量，教师才能发挥作用，才能在教学工作上如虎添翼，并获得学生的普遍尊重。学生的内在精神力量独一无二，世上没有东西可以取代，也没有什么能与之比较，一旦他心中的精神力量消失了，精神之火熄灭了，教师就算拥有再高的教学技巧，也会变得无能为力；即便有最巧妙的教学手段，也都无济于事、石沉大海。

一种比较常见的情况是，有学生接连不断地不及格，他就会向现实妥协，渐渐习惯产生一种想法：我学什么都学不会，我做什么都不行。而每当我看到学生对学习态度趋于冷淡，对老师的斥责毫无反应，并且顺从地接受一切讥讽和批评时，我就会在心里产生愤慨之情。

未来的教师们请记住——每一个孩子都是一张白纸，也都是带着美好的愿望来到这个世界的，他们是想要好好学习才会来到学校的，这种愿望好像黑夜中璀璨无比的星星，它能照亮孩子们渴望并可以全心投入的情感世界。家长怀着无比信任的心情，把这颗希望的星星交给了我们这些做教师的。但同时，非常严峻的是这颗星星也极其容易被教师们用不近人情的、冰冷的、尖酸刻薄的、不理解的言语和态度彻底毁灭。我多么希望，所有教师都可以对学生充满无限的信任，就好像他们在心里这样对待我们一样，这将是一种相互尊重的、富有人情味的美好和谐的师生关系。

教师要对学生的能力充满信心，而这些信心表现在哪些方面呢？教学实践告诉我们，教师们永远不可能碰到这样的时刻：我已经尽了自己最大的努力，也对学生很尽心了，但这个学生已经到了"朽木不可雕也"的程度了，再怎样教育他也不可能变好的！学校教育中之所以出现很多错误，本质就在于有一些教师抱有这类想法。请教师们时刻记住，人的学习能力和创造力是永无止境的。一个学生可能在一年内学不会某种东西，但是终会有那么一天，他学会了，他理解了。对知识豁然大悟，我称这种现象为"认知觉醒"，这是一种内在的精神动力，是孩子们在意识里不断积累、逐渐形成的结果。我们做教师的就是要用自己的信心，帮助学生们进行积累，在任何时候，都不要对学生表达出灰心和失望的态度。学生今天学不会的内容，也许过三年才能学会，那我们就要在这三年里，始终坚信他的力量，要始终坚信他可以做到。

我想向年轻的教师们提出以下建议——医院里的外科医生通常会把一些非常尖锐的手术工具放在清洁的金属盒子里，只有在最必要的时候才拿出来使用，教师们也一样，有一些十分锋利精细的工具，但是并不安全，比如说评分，最好也把它放在"盒子"里，不要轻易拿出来使用。我发现有的教师，几乎学生每说一句话，他都要给一个评分，这种习惯意味着，他的教育修养还处于愚不可及的状态。只知道拿评分来解决问题，这会使分数这种最尖锐最精细的工具，一会儿充当蜜糖，一会儿充当棍棒。它会让一个学生扬扬自得、自我陶醉，也会让另外一个学生受到伤害。我十分希望，学校里不要搞一些所谓的"积累分数"制，不要过度追求评分的数量。

在一个学期里，一个学生究竟应该有几次评分，这些要给老师自由权，让教师灵活把控就可以了。

请记住一点，即便是一个成年人，他做了一些白费力气、毫无结果的劳动，也会让他备受打击。我们接触的都是一些孩子，如果他们从自己的学习中短期内得不到自己预期的结果，看不到什么希望，就会对自我力量失去信心，要么变得极为焦躁不安，以及灰心丧气。

一个学生如何看待自己，在很大程度上能够决定他的自我道德感。学校里目前还存在着一些这样的现象——学生能够通过学习认识周围的世界，但是不认识自己，也不了解自己。我十分确信，学生在认识周围世界的同时，也应该清楚地认识自己，也应该有一种深刻的感情，对自我充满肯定。自我教育的前提就是自我肯定，一个人的自尊感可以让他获得荣誉感和名誉感，让他变得自爱自强，这是他精神力量中的最大支撑。当年轻的教师进入教育行业，从事具有创造性的工作时，请一定不要忘记，你在学校里首先应该教学生进行脑力活动，让学生学会思考、观察和理解。他们努力发展智力活动，并且从中获得各样的成果，然后才能感受到自己具有强大的精神力量。

年轻的教师们应该懂得，无论什么样的教学方法，当它还存在于头脑和观念中，当它只是用字写在教科书上，或者在教案上分析优缺点时，都不能算是真正的教学方法。比如说，有一套十分精密的工具，它们摆放在那里，各有确定的位置，各自有各自的用途，但是当人们的手没有接触这些工具的时候，所有工具只是一堆金属。而每一件工具只有到了工匠手里，使用起来，才能真正变成工具。教学方法也是这样，有了教师的使用才会称之为方法。这个方法能对学生起到什么样的作用？这一点取决于教师，也仅仅取决于教师。在学校里进行的真正的具有创造性的劳动，首先应该是研究性的、生动的思考活动，即便是最优秀最有效的教学方法，只有当教师使用时加入自己的个性，在普遍的东西里加入自己深刻思考的内容之后，它才能真正产生效用。

学新教材的第一课

学生成绩落后，成绩没达到及格水平的主要原因之一，往往是新教材的第一课没学明白。

我说的"学新教材的第一课"是指什么呢？这个提法能否说通呢？我认为是可以的。各位都很清楚，知识永远在发展，每次运用知识，都会推进知识的发展和深入。学生对每本教材都会持续学习一段时间，而第一次学新教材十分重要，是从不知道到知道、从不懂到了解，渐渐熟知事实、特征、现象、本质等这些东西，这才是迈出掌握知识的第一步。

举个例子，在很多课堂上，学生都要掌握简便的公式。教学经验告诉我们，学新教材的第一堂课能决定很多事，也决定学生对某个公式能否深刻理解。最重要的是，这个公式是否处于一种常备状况，可以随时成为获取新知识的工具和手段，也就是说，以后再学到新的定理时，能不能顺利掌握，也跟第一堂课对公式的理解密切相关。

这是一条重要规则——学生头脑中模糊不清、浮于表面的东西越少，他身上的学业负担也就越轻。他的头脑已经有了预期，以后再学新知识，他的准备也更加充分，在课堂上的思考效果就会更好。学生的独立思考在第一堂课上具有特殊意义，在学习新教材时，教师要想方设法观察每个学生的思考效果如何。尤其要看到有"学习障碍"的学生如何独立思考，因为这类学生思考过程比较慢，领悟能力比较弱。为了让他们搞懂教材的本质，必须给他们提供更多的操练事例，并且给他们留出较长的时间（有时候，为他们提供的思考素材也与给其他学生的有所区别）。

经验丰富的老师在第一堂课上总能观察到，学生如何独立完成思考作业。在第一堂课上，一定要安排学生进行独立思考，让他们在独立思考的过程中分析事实，得出概念性结论。

　　还有一点很重要，学生的思考过程已经包含了知识运用。特别是针对有"学习障碍"的学生，教师走到每个人的跟前，看看他们遇到什么问题，给每个人准备专门的作业题。有时上课就能看出来，需要给某个学生布置点家庭作业，那么当堂就应该布置给他。学习成绩差的学生脑力思考能力如何，首先要看他在第一次学新教材时，能不能当堂按部就班地进行思考。不要让学生单听其他人的回答，或者只把黑板上的内容抄下来。一定要尽可能让他进行独立思考，让他在每节课上的思考力都得到进步，哪怕只是一点点进步也好，这是需要耐心和智慧的。我教语法课的时候，在第一堂课以及课后的书面练习中，总是想方设法让学生避免出现错误。也许这听起来有些奇怪，但这确实是一条重要规则：课堂上严格要求学生不犯一点错误，他才能做到读写正确。只有做到课堂上不犯错误，家庭作业才会准确无误，或少犯错误。语文老师教学困难的主要原因之一，是学生课堂上做的作业有错误。而对于教师们来说，他们大多的错误也来源于此，他们应该一开始就给学生提出要求：课堂作业不能有任何错误！

　　那么，怎样让学生一开始就书写无误，打下坚实的读写基础呢？这需要考虑很多因素，首先是学生能否顺畅地阅读。因为想要准确无误地书写，先要学会顺畅地阅读。当然，还有其他一些因素，比如课程结构、授课方法等。我备语法课时，尽可能事先预估，哪个词哪个地方，学生有可能出现错误，出错的学生最可能是谁。这样，备课时对每一个"可疑的"词，我都会提前准备详细解析。

　　因此我建议各位：在学新教材的第一堂课上，一定要做扎实的工作，不要满足于只是让学生对现象、事实、规则做一些肤浅简单的回答，不要让学生犯语法规则的错误，不要让学生在刚接触基础的数学规律时就解错习题和应用题。诸如此类。

上课的第一步是分析新教材

可能每一位教师都遇到过这样的情况：前一天上课的时候，所有学生都能理解上课学的定理、定义、公式和规则，回答问题也很好，还举了很多例子。但是第二天一上课，发现有很多学生对学过的东西生疏了，有人甚至把课本知识全忘光了。而且还出现另外一种状况：很多学生在做家庭作业的时候，遇到了很大障碍和困难，但前一天上课时明明感觉很好，明明没有这些困难。

所以说，听懂了不见得是知道了，理解了也不等于掌握了知识。进行有效的思考是巩固所学知识的最佳途径。

那么深入思考的意思究竟是什么呢？就是学生对所学的知识都要认真想一想，检查是否真正理解了，还要试着把学到的知识在实践中运用出来。比如说，上几何课时，学生第一次学习三角函数的两个函数关系：正弦和余弦。课本上的知识并没有多大难度，学生们立刻就理解了，但是这种理解并不意味着他们已经牢牢掌握了。讲解之后，教师要留出一段时间，让学生自己思考新学的内容，这时学生要打开练习本，在上面画几个直角三角形，然后将老师讲的东西记下来，重新复习正弦和余弦的概念，再自己想个例子，来表达函数关系。这样做，就把复习知识和运用知识结合起来，通过自我训练和检查，学生们就会发现，原来自己无法复述老师讲过的内容。于是他们就明白了，自己肯定忘记了课堂中的某个环节，于是就去翻看教科书，再重新学习一遍。但是，在做这个环节之前，学生还是应该竭尽全力回想一下每个细节。

而对于成绩差、学习有困难的学生来说，新学一本教材时，认真思考新教材尤为重要。一般来说，经验丰富的教师都特别注重这个，让学习困难的学生留意教材中的一些"关键点"，这些"关键点"其实隐藏着某种因果联系，是知识内容的前提基础。我多年的教学经验证明，凡是学习有困难的学生，他们的基础知识都不够扎实，根本原因是他们没有发现，也无法理解现象、事实、真理、规则之间的隐秘联系，就是在那些知识的"关键点"上产生的各种因果关系、机理关系、时空关系，以及其他的重要联系，教师应该引导学习差的学生特别关注这些"关键点"。

无论课堂上学的内容是什么，学了什么理论性概念，教师都应该安排一些实践性的作业，好让学生尽快掌握这些理论知识。在历史课和语文课上，学生要学会对新教材进行思考，教师要安排学生去找一找书本上刚讲过的各种因果关系以及现象意义之间的关系。

每位教师都应该在课堂上尽量留出一些时间，让学生了解和掌握新教材。这些时间看似浪费了，但后面会得到百倍以上的补偿。课堂上的脑力活动越有效，思考知识越深入，学生做家庭作业的时间就越少，下一次复习课花的时间也越少，那么教师用来讲解新教材的时间就越多。如果教师明白了前后因果关系，就能解开那个"死循环"：如果讲解新教材感觉时间不够用，那多半是因为教师把过多的时间花费在检查家庭作业上，而检查家庭作业的时间多，是因为学生对教材没有学懂。

建议十七：

把检查家庭作业变成学生的思考活动

检查家庭作业磕磕绊绊，永远不顺利，这种情况让我苦恼了好几年。在这一方面我经常白白浪费时间，每个教师可能都很熟悉这种情况。老师提问一个学生，他回答问题的时候，其他所有学生都在做别的事情，对问题进行思考的，仅限于少数几个被提问到的人。这件事长期困扰着我，让我无法安宁，课堂上检查作业时，怎么让所有学生都进行思考，教师可以对全班所有人进行检查？

可能使用练习本是一个好办法，比如上几何课的时候，老师给全班同学出两道作业题。然后让所有学生把题目抄到练习本上，练习本取代了黑板，老师不用叫学生到黑板上做题。在这个时候，教师只要观察每个学生的思考情况就可以了，如果想了解某个学生对公式是否理解，就让他解释一下，他是怎么做的，为什么这样做，此时没必要把学生叫起来回答问题。因为每个学生都在思考，都在做题，就像被叫到黑板前做题一样。题目进行到某一阶段时，教师可以随时让全班停止做题，或者让一部分同学停下来。

这种用练习本思考的方式优点很明显，因为教师检查功课时不用把学生懂的知识再重讲一遍，能够以十分便捷的方式了解学生获取知识的情况。同时，每个学生都能够独立进行思考，其中有两个关键点：

第一，教师把检查功课变成积极主动运用知识；

第二，教师可以密切关注那些学习差的学生，看他们的思考状况如何，在这个过程中针对他们的特点和能力进行照顾。

如今在我们学校里，从三年级到高中，所有学生都有练习本，我们觉得要是不这么做，根本没办法检查所有学生的功课。教学经验证明，这种检查方法可以训练学生尽可能简洁地表达想法，不让他们死记硬背。那些只会背题的学生，根本学不会用简明的方式回答问题，也抓不到关键要点。所以我们的检查方法是，训练学生在阅读和记忆的同时，还可以让他们进行思考。

　　学习知识，是用新事实对各种概念进行新的思考，要用这个办法检查学业和巩固学生的知识，比如有没有学会规则、公理、定义和概念等，可以较大幅度提高学生实践知识时的思考成果。在小学阶段，我们不会在上课开始时，留出一段时间专门检查学生的知识掌握情况，我们会把检查和补充知识、运用知识紧密结合。各位教师，不要把打分作为考查学生是否掌握知识的唯一目标，要尽量把评定分数与其他目标结合起来，考虑知识的重新整合、拓展、深化。同时，不要在评定分数上走向极端：对学生每次回答问题都要打分，对每次书面作业也要打分数。唯"分数"为第一要素，这样做会带来很多消极效果。其中的原因，以后专门进行分析。

建议十八：

评分要有分量

评分不应该作为某种孤立的考核标准，从教学过程中单独剥离出来，只有当教师与学生之间建立一种彼此信任、心怀善意的良性关系时，评分才能促进学生进步，成为激励学生积极进行脑力活动的重要工具。事实上，评分是教学过程中的一种细致工序。根据我的经验，学生对教师评分的态度如何，意味着他是否相信、尊重这位教师。所以我针对评分的问题，给各位教师提几点建议：

第一，少打分，但每次打分要足够有分量，都要有意义。在我这些年的教学生涯中，几乎教过中学课程计划中的所有学科（当然除了制图以外），但我从来没有单凭学生在某个课堂上的回答（或者回答了几次）就给学生打分数。我给的评分是学生在某个阶段内的学习表现，包含了好几种评定标准：学生上课回答问题（可能是好几次的回答）、学生对问题的补充、不用花费太多时间的书面作业、课后阅读、各种实践作业等。我用一段时间来考查学生对知识的掌握情况，学生明显感到这一点，所以每过一个阶段，我就会对学生说："现在我要开始给你们每一位评分了！"这个阶段结束后，我又开始考查下一个阶段。这样一来，学生就很清楚，他的任何变化和学业情况，都逃不出我的监控。或许有人对此提出疑问，难道教师可以把所有一切细节都记在脑子里吗？或许有些教师觉得，把学生智力发展的一切情况都记下来，这是十分困难的，也不具有可行性。但是我觉得，记住这些事十分重要，难道我把这些值得重视的事都抛在脑后，这样做还能教书育人吗？

第二，即使没能及时掌握知识，也绝不给孩子打不及格的分数。因为学生不知道努力的方向，或者觉得自己做什么都做不好，这对他而言，精神压力非常巨大，他会变得心情不佳、精神抑郁、十分苦闷，这些负面情绪会影响他的脑力活动，会在他脑海中打下深刻烙印，使他的大脑逐渐变得迟钝。只有开朗乐观、情绪饱满才是滋养头脑和智力的源泉，整天郁郁寡欢、情绪愁苦，造成的后果是让管理情绪和思维的皮下组织停止工作，不再激发智力发展，同时还会抑制各种思考活动。因此，我总是想尽一切办法，让学生获得自信，让他们相信自己的能力。如果学生愿意学习，却怎么也学不会，那么就应该帮助他努力进步，哪怕只进步一点点。这一点点进步也会成为思维与成长的快乐源泉。

在任何时候，教师都不应该盲目给学生打不及格。一定要记住这一点——成功所带来的快乐，才是巨大的情绪源泉和力量，它能帮助学生树立学习的愿望。请教师们注意，不管什么情况，都不要让这样的内在力量消失，如果没有这种情绪力量，教学上任何的高超技巧都是纸上谈兵。

第三，如果学生学的知识模糊不清，对所学的知识还没有做到全面理解的时候，这时也不必给他们评分。我教过的一个班级里，有一个学生，我对他的情绪状态和思考活动进行过深刻研究，从他的眼神就可以看出，他对我提出的问题是否听懂。如果这个学生的眼神透露出，他还没有做好准备，那我就不会给他评定分数，因为教师首先应该想方设法让学生听懂知识。

第四，应该避免提问题时要求学生准确无误地复述老师讲过的书本内容，或者将它完全背诵出来。在教学过程中，有一件事情非常有趣，我把它称为"知识转化"。当思维进一步深入知识积累中时，学生每回顾一次，复习学过的东西，都会在各种事实、现象和规则中发现新东西和新知识，然后再进一步研究和分析这些事实、现象和规则产生的新方向和新特征。我们应当把获取知识转化为复习知识的基础，对于这一点，我会在别的篇章另外提出单独的建议。

建议十九：

怎样正确地指导学生进行复习

关于教育，在民间有这样一句谚语：复习是学习之母，但是仁慈的"亲娘"往往会变成凶狠的"后妈"。当一个学生需要在一天或几天内完成几周或几个月做的事时，比如说他一下要复习完 10 ～ 20 节课程内容，这种情况就会发生。他被灌输了大量的知识素材和结论，头脑里需要把所有内容融会贯通在一起，同时，他要复习的功课不只是一门课程，还有很多其他学科。正常的脑力活动根本无法承担这些重担，用力过度，学生的智能则很快就被消耗殆尽。

那么，从教学的立场来看，怎样才能正确地进行复习呢？首先，我建议教师们要考虑各学科具体知识的特点，比如说，高中时复习物理课与复习历史课所用到的方法，就完全不是一个概念。碰到物理、化学、代数、几何等理科时，要着重复习概念、公式、规则和结论，一般有经验的教师会让学生完成一些实践作业，包括做练习、算应用题、画图或者制表……同时教师也会注意到，学生如果想完成一道实践作业，就必须掌握好几条基础原理，也就是说，做完一道题目，要同时进行知识的迁移和转化，而这是智力发展非常重要的过程。知识的迁移和转化过程，要从知识的相互联系和依存关系出发，对概念性的真理重新思考，学生重新从全新的未知角度看待各种事实和现象。比如说，数学老师给学生布置应用题，让他们复习定理和公式。学生要解答这些题目，就得在脑海中复习几何图形的体积，同时还要复习三角函数。多年的教学经验让我坚信，如果一条定理能与另一条定理相结合，勾连在一起，那么知识的转化和迁移就会发生，而且会产生从量变到质变的过程。因为两条真理互相论证，更容易被深刻理解，学生能从这些定理中发现以前没看见的东西，当他掌握其中一条，另一条也变得清晰了。

对于代数、几何和物理这些学科来说，我由衷地建议用我校优秀教师实践教学中的"综合复习"方法。当然，这种复习方法并不是固定不变的，它有很多变体，比如说，让每个学生做几何模型，用这个模型可以复习很多重要公式，学生做一些教具，可以直观地解释好几条定理……

复习历史、文学等学科时，那就完全是另外一种情况了。如果复习7～8节教材，就意味着要读四五十页的书。这样的话，就不能用讲解新教材的方法进行复习。当学生要复习体量庞大的知识内容时，就应该采取拉远距离的方式，让其中的关键内容看起来更清晰一点，而不太重要的内容就不用看得那么清楚。如果学生复习时把所有东西一字不差地反复阅读，就会出现负担过重的情况，更重要的是这些文科材料的中心思想会被学生忽略，反倒削弱它们自身的价值和意义。应该教学生从教材中脱离出来，放弃那些"细枝末节"的东西，把握其中的要点和关键点。教师可以花几节课的时间，复习历史、文学的一些内容，教给学生具体的复习方法，教学生如何不必从头到尾详读课本。当学生积累知识越多、知识面越广时，跟课堂和课外复习材料的牵连就越多，那么对教材内容的理解就越深刻。教师要让学生学会从次要的和不重要的东西中抽离出来，把注意力集中在重点上，这种掌握知识的技能，也是一个人形成世界观的基本能力之一。

另外，还有一种复习方法，我在给学生上物理、化学、生物、数学课时，一直遵循一条重要原则，就是让学生在课堂笔记上画一条竖线，旁边留一个空白位置，用红笔把那些必须记在脑海中的内容写下来。学生复习的时候，每次翻阅听课笔记，都重点复习这些定理、公式、规则和结论，效果自然会事半功倍。

建议二十：

批阅作业的窍门

有一位女教师给我来信中抱怨道："批阅作业几乎占用了我所有的业余时间。"大概会有数以万计的老师举双手赞成她的观点，因为只要每天看到办公桌上那厚厚的、一沓沓还没有批改完成的作业本，没有哪个老师不觉得心里一下子凉了半截。也不仅仅是因为改作业需要花费大量的时间，更令人心烦的是，因为对教师而言，这种工作是极其机械、乏味以及单调的，而且根本没有任何创造性可言。

很多教师都想尽可能缩减批改作业的时间，但结果往往不尽如人意。为什么呢？因为学生的作业里总有数不清的错误，能及时检查学生所有作业已经成为学校教学活动中许多需解决的问题之一。要想解决问题，则需要有太多、太多的前提条件，我们不可能只用某个单一条件处理问题，说"这样做就行了"。但是如果学校和全体教师能遵循几个固定标准，至少能把批改作业的时间减少三分之二。

首先学校应该制定一种高标准的言语素质，营造一种对词语高度敏感的氛围，如果有人说错一个词，或者写错一个词，所有教师和学生听起来都觉得不和谐，这就像具有音乐天赋的人听到一个错音，感觉不堪入耳。所以，我向小学各年级的教师提出建议——一定要培养小学生对词语产生感情色彩的敏感度和想象力，要让学生像看到"文字音乐"一样。具体说来，就是把学生培养成"词语的音乐家"，重视词语的正确性、优美感、纯净度。教师可以把学生带到自然环境中，把各种花草、声响、动作等细微的东西展示给他们看。将各种行为当作一种创造性的活动，呈现给学生看，让这一切通过学生的语言，以及带有情感色彩的描绘表达出来。

我曾经上过一些专门的课程来教这些词汇，比如说，朝阳、黄昏、草地、原野、溪流、闪烁、轰隆隆……我让学生将每一个词写进自己的作文中，这些词就深入到他们的精神活动中。学生用这些词表达最细腻的情绪，用这些词语描述对周围世界的印象。在学校里教这门课是很困难的，甚至可以说是最难的一门课程。

教师要把学生从课本和思维上引向实践活动，再从实践活动引回到思考和词汇上，实践活动逐渐转化为学生自己的思想，而他的思想通过词汇准确表达出来。具体的做法总结如下：教师要经常鼓励学生把自己的各种活动变成思考的对象，然后进行判断，要让学生自己讲故事，自己发表评论，汇报亲自参与的事情，讲述他自己看见的东西。这种情况下，学生用词往往是十分混乱的，因为这些词汇并没有跟他所见所思的东西联系在一起。教师要布置一些作业，让学生不断讲述、做报告、讲故事，让他们把现有的知识储备转化、跃迁、周转。也就是说，让词汇成为创作的工具和手段。

学生的作业里出现各种错误，甚至有时候会出现"四不像"。为什么会这样呢？我认为问题的根源在于学生的知识和实际运用的能力是不平衡的。大多数学科中，尤其像语法、文学和数学，学生的实践能力往往比知识落后好几步，无法为知识提供各种实践服务。这样一来，知识就会变成一种无法承受的巨大负担。

要想减轻批改作业的负担，涉及教学过程中的一系列问题，但是做好几项前提，就能极大地缓解这个问题。第一，每次上语法课时，都要留出一点时间，让学生把语法错误都抄下来，进行辨析和记忆。第二，学生完成家庭作业后，要仔细地检查，以防出现错误。第三，教语言、文学、数学和物理的教师，只要有一些经验的，都要制定一套检查作业的标准程序，我认为，合理有效的方法是定期抽查作业，隔一段时间抽查几个学生的作业本，只有在进行测验时，才检查全部作业。

建议二十一：

积极安排学生参加实践活动

在课程开始之前，一些有经验的教师，会将本门课在本学期出现的各种实践活动事先安排好。这样做是为了培养学生的实践能力，让他们在生活和劳动中掌握一些基本的技能。在一门学科的教学过程中，通过让学生积极参加实践活动，可以提高他们的智力水平，发展学生的思维和语言能力。之前我已经说过，学生的读写能力和词汇积累，对于他们的智力发展起到很大作用，而这些能力的提升大多取决于学生积极参与实践活动。

那应该如何安排学生的实践活动呢？怎样让实践活动促进学生的智力发展，提升他们的语言和思维能力，并提高读写能力呢？

实践活动就好比一座桥梁，可以把语言和思维连接在一起。我以前教小学的时候，准备一门课之前，会事先安排好学生要参加的各种实践活动。在安排这些活动时，首先要考虑到实践能不能让学生深入思考事物、事实、现象之间的各种关系。也就是说，我想要达到的教学目标，是希望学生能够在实践活动中产生思想，而不仅仅是为了学习和巩固书本内容。学生在学一门课程时，他们所从事的实践活动，不仅仅是对知识的注释（当然这一点也很重要），而更关键的是实践活动本身是新知识，是真理和规则的重要源泉。举个例子，每个学生都要在几年内栽培一棵果树，在栽培的劳动过程中，他不断有新的发现，产生新的思想，当他把这些思想说出来的时候，词汇就成为在劳动中表达思想的重要手段和工具。当词汇成为他的知识储备时，他的情感和思维就得到了加强和训练。

我研究过几百个真实的事例，非常确定这么一点：凡是学生对实践活动很感兴趣，并且能在实践活动中揭示出事物的各种关系，他的思维方式和思想不可能混乱不堪，语言也不可能乏味空洞。因为学生不仅参加实践活动，更是在深入思考，他在推理事物之间的因果关系，同时规划下一步的工作。每当过去一年，我都更加地确信，这些能够让思想发挥作用的实践活动，一定可以提升学生的语言能力，提高学生的基本素质。

在我们学校，初中和高中的每一位教师，在准备开一门课之前，都会事先规划学生的各种实践活动，并且让这些实践活动最大限度地训练学生智力，让学生能够掌握更多的概念和规则。我坚定不移地认为，如果没有人和自然之间的相互沟通和互动，人的智力是不可能发展的。这就好像没有旋律就没有音乐，没有词语就没有语言，没有书本知识就没有科学一样。尤其在生物、物理、化学、数学这些学科中，积极主动的实践活动与思考必须是统一的，实践活动与言语也必须是统一的，这是一个学校作为培养学生思想的摇篮和阵地所必须具备的基础之一。

一般来说，有经验的老师在准备课程教学时，都要提前认真地思考，究竟用什么样的方式，通过什么样的实践活动，能够在本门课程中激发学生的思维，让他们主动揭示出事物之间的关系。比如，物理教学中有很多现象和概念，彼此之间都有联系，如物质运动、能量转化、状态变化、现象作用等，物理教师应该竭尽全力安排学生的实践活动，让这些概念可以具体展示在实践中。例如，教师给学生布置一项作业，让他们做仪器模型，通过模型来演示机械能变为电能，电能转变为热能；也可以让学生制作模型，演示机械作用是如何引起物态变化的。这些实践活动不仅是为了解释知识，更是知识的灵活运用。

在此，我给教师们提一个建议，如果你们想把自己的学生培养成善于思考的人，想让他们拥有严谨的、清晰的、合乎逻辑的大脑，并且可以通过清楚而明确的言语解释，把思维表达出来，那么你就应该让学生积极主动参与实践活动，把他们所学的知识体系的各种关系在实践中展现出来。请各位教师牢记，实践活动不仅能培养动手技能和劳动技巧，更是一种开发智力的有效手段，对于培养思维和语言素养，也会有极其有效的作用。

培养学生的观察能力

我发现，有一些学校没有把观察当成积极有效的智力活动，也没有把它看作智力发展的有效和极其重要途径，在他们看来，观察能力仅仅是解释某种知识和课本章节的手段。

在培养学生智力发展的过程中，教师工作的成果和贡献，在很大程度上体现在把"观察"放在什么地位上。观察不仅能够获取知识，而且能够让知识活跃起来，知识通过观察进入周转，这好像在劳动中使用工具一样。通常认为，复习是学习新知识的前提，而观察则是产生思考和对知识熟记的必要条件。一个学生如果擅长观察，他就不可能成绩差，也不会言语混乱。如果教师能帮助学生，让他们善于利用以前学过的知识，不断进行观察，就能让学生的旧知识更加巩固。

对于低年级学生来说，观察必不可少，这就像植物不能缺少空气、阳光和水一样。对低年级的孩子来说，观察是开启智慧的能量和源泉，他掌握和熟悉的知识越多，需要观察的自然世界和人类劳动也应该越多。

我教小学的时候，经常引导学生要从日常事物中看出一些特殊的东西来。让他们学会探究和发现因果联系，让他们经常问一些"为什么"。

学生在低年级时接受观察训练，就能学会区分各种东西，包括他们理解的和不理解的。最重要的是，他们对词语的运用能保持积极的态度，让他们学会观察和发现，教师也能从他们那里听到很多意料之外的、具有启发性的问题。所以，请各位教学生观察周围世界，让他们看见各种现象吧。当自然界发生变化的时候，比如季节更迭、气候转变，就请教师把学生们带到大自然中去，因为这个时候生命正在觉醒，生物体的内在力量正在更新。

请对低年级学生进行观察训练，这是提升、发展他们智力的前提条件。

用阅读扩充知识面

学生的年纪稍大一点，引导他们阅读科普知识和科学读物，这与低年级的观察训练是一样的，都对智力发展有极其重要的作用。一个从小善于观察的学生，长大后也容易培养起对科普书籍的兴趣和感受力，而那些不经常阅读科普读物的学生，就无法对知识产生兴趣。因为如果学生不跳出课本的框架，就没有办法对知识产生持久稳定的兴趣。

如今科学飞速发展，变化日新月异，新概念和新规则层出不穷，但我们无法把这些内容快速补充到中学教学大纲里，所以在学校里阅读科普书刊，就成为教学的重要组成部分。

教师引导学生对科普书刊产生兴趣，想要做到这一点，教师在制定教学大纲的时候，应该用教学大纲以外的各种知识激发学生提出问题。一般来说，那些经验丰富的生物、物理、化学、数学教师，他们在上课的时候，只是稍微敞开通往科学世界的大门，故意保留某些东西，暂时不讲出来，当学生看见很多知识都超出教学大纲时，就渴望去知识的海洋中探寻、遨游，因为有无限的未知奥秘等着他们去发掘。当学生一门心思想读课外科普书籍时，正是激发他们阅读兴趣的最佳时机。

无论是学校图书馆或是个人藏书，教师们自身都应该拥有一批书单，作为教学大纲以外的知识补充。当今世界，出版的书籍数不胜数，需要注意的是，要让学生尽可能阅读现代科普书籍，关注前沿的科学问题。读过这些书籍后，学生再去学课堂的基础知识，就会理解得更加透彻。

针对备课计划中的一些重点和难点，只有学透这些难点章节，才能理解其他的章节。那么教师让学生针对这些章节扩充阅读，就具有非常重要的意义。有经验的教师会想方设法在学习章节之前或者之后，让学生们阅读一些科普书籍。比如，学生还没有学过量子理论，有很多不懂的内容，但是已经读过一些相关书籍，等讲到量子理论的时候，教师不用担心学生听不懂。学生大脑中产生的疑问越多，他们对课堂上新学的知识兴趣就越高。

　　因此教师在上新课之前，应该让学生们去积累一些问题，这是一个重要的教学法，是值得研究的课题和方法。

阅读可以帮助差生开拓智力

"有学习障碍"的学生，是那些学习非常艰难、非常缓慢，对于理解和熟记教材内容都有困难的学生。他们一个知识还没有学懂，又要开始学另外一个知识，刚学会了一个知识点，上一个知识点又忘了。很多教师认为，要减轻这些学生的学习负担，只有把他们的脑力活动范围降到最低限度。比如说，老师对有学习障碍的学生说，你只要看懂教科书就行了，不要再去读其他的东西，避免分心和浪费时间。这种观点完全不对，学生对学习感到困难，智力发展遇到的障碍越多，就越需要阅读。这就好像敏感度较差的照相机底片，需要更长时间的曝光才行。

学习有障碍的学生，他们的大脑和智力需要更多的知识之光，需要更长久更清晰的光线照射。不要给这些学生补课，也不要没完没了地"拉他们一把"，他们真正需要的是阅读、阅读、不断地阅读，这能帮助有学习障碍的学生，对他们的脑力发展有决定性作用。我认识一位优秀的数学教师，他教的中学生没有数学不及格的。这位老师有一个创造性的教学方法，就是非常善于用阅读启发学生的智力。他从初中教到高中，所教的每一个年级都有一个小图书馆，搜集了100多种书籍，这些书籍都以非常引人入胜的故事，讲述着世界上最有趣的学科——数学。如果没有这些图书，很多学生的数学成绩永远无法及格。比如说，在学方程式之前，学生们已经读了一些关于方程的书籍，这些书中用精彩有趣的故事介绍方程，说它来自民间智慧，形容它是一种"动脑筋的练习"。

阅读的力量不仅能把学生从不及格的厄运中拯救出来，还能发展学生的智力。有学习障碍的学生读书越多，他们的思维就越清晰，脑力就越活跃。教师可以经过周密的考虑，有目的、有组织地让学习成绩差的学生多去阅读一些科普读物，这是每个教师都要关心的大事。事实上，这也是校园实践中被称为"对后进学生进行个别指导、因材施教"的工作要点。

能力和知识不能失衡

　　能力与知识之间脱节是学生中常见的现象，二者关系严重失衡，首先表现为学生不具备掌握知识工具的能力，但是教师每天把纷至沓来的新知识不断地塞到学生们的脑子里，想让他们快点掌握这些知识，这样很容易半途而废。这样一来，就好比牙齿还没有长得足够坚硬，就得狼吞虎咽地去吃食物，开始的时候，胃会觉得有一些不舒服，长此以往就会导致病变，以至于最后无论什么再也吃不下去了。

　　我在前文已经说过，很多学生之所以无法快速掌握新知识，是因为他们很难在阅读的同时进行有效的思考和理解，所以就无法流畅地阅读。学生们掌握流利的阅读方法（包括带上表情朗读和默读），能够在阅读时进行理解，这种技能不单单需要打好文化基础，也是学生在课堂和课后独立阅读，不断完善逻辑思维的重要条件之一。

　　那些不会流畅阅读、不能理解性阅读的学生，不可能掌握新的知识。所谓流畅和能理解，就是同时用眼睛和思想把握整个句子，当目光离开书本时，可以念出刚记住的东西，并且同时进行思考；不但能思考眼前看见的东西，还能思考与所读内容有联系的画面、形象、表象、事实和现象。

　　在小学阶段，就应该努力让学生的阅读达到这种程度，不然就无法让学生主动自觉地掌握知识。如若抛开流畅阅读的技能，让学生快速掌握知识，只会让学生的智力、头脑变得更加愚钝，并造成他们思维混乱、理解肤浅，把握不住问题之间的因果联系。大概很多教师遇到过一些五六年级的学生，他们无法把两个词语关联起来。我以前将这些学生的语言全都记下来，然后逐字进行分析，就发现一种现象，他们书写的句子像是脱离上下文的单个词汇，彼此之间没有一点联系。这些学生也不会用词语表达自己的思想，他们的语言表达模糊不清，总是磕磕绊绊。我对这些现象研究了很多年，得出一个结论，并给它起了一个名字：这属于智力上的"结巴"，正是因为缺乏流畅阅读和理解性阅读，他们不会边阅读边思考，才导致这样的后果。

很多词汇，学生并没有理解透彻，只出于一个非常简单的原因：他们没有来得及把这个词好好熟读几遍，感知它们的发音，也无法在自己的思想意识里，把词汇和有关的东西联系在一起。学生因为不会流畅地理解性阅读，就来不及思考。不会思考、不会动脑筋的学生，他们的头脑只会变得越来越愚钝。

那么，怎样让学生学会流畅和理解性地阅读呢？能让他们用眼睛阅读的同时，思想也快速感知到连贯的词汇呢？想做到这一点，就需要一系列的训练。我教小学的时候，经常用下面这些办法来检查学生会不会流畅阅读。我让学生朗读一篇童话故事，比如说是一个关于原始人生活的故事，我在前面的黑板上挂一张彩色图画，上面画着原始人的生活场景，有火堆，有准备食物的，有捕鱼的，有孩子在玩耍的，还有缝衣服的。如果三年级的学生阅读这篇文章时，眼睛离不开课本，读的时候来不及看这幅画，也没有记住文章里的那些细节，这就说明他们还不会阅读。眼睛一时一刻离不开书本，不算是真正的阅读，如果学生阅读时不能感知书本以外的任何东西，他就没有学会同时阅读和思考。正因为如此，他们的阅读不是理解性阅读。

到了某个阶段，学生还应该熟练掌握书写能力，可以一边书写一边思考。如果缺失了这种能力，就会造成另外一种关系的脱节。想提高书写的速度，也要有足够的练习。书写过程应该达到自动化程度，也就是说让学生不用思考怎么把字组成词，不用思考再写什么字，所写的内容才应该是注意的核心。通过大量练习，能在四年级左右达到这样的要求。但是书写的自动化也依赖阅读，书写不好的人，通常阅读也不好。

在学生能够很好地阅读的前提下，可以用以下办法进行书写练习：教师向学生讲一个自然现象或者事件，讲述中明确区分每件事的逻辑组成部分，每一部分有重点以及和重点相关的细节。教师讲述的时候，让学生按照老师讲的材料顺序，把要点记下来，如果学生不能在听讲的同时，把故事内容简要记录下来，那就说明没有掌握知识。很多情况下，学习成绩落后，是因为学生缺乏这种看起来最基础，同时又非常复杂的技能。

这种能力除了用于实际，还是开发智力的重要条件，如果没有同时听写和思考的技能，想扩充知识面几乎是不可能实现的。

选择、整合和分析事实的能力，在很大程度上决定了能不能很熟练地掌握知识。教自然学科和语法的教师们都注意到，不能让学生的技能和知识之间出现失衡现象。这里所说的失衡，也就是指学生的思维被局限在课堂上举的一些例子，结果就是学生头脑里积累的知识变成一堆僵硬的、无法发展的东西。因为知识无法发展、不能迁移，就不能被新的东西滋养丰富，也不能用来阐释新的现象。这种情况，我们称为"知识的僵化"，如果知识处于这样的状态，就会产生一些令人奇怪的现象。比如，学生已经会背物质的四种状态，但他在实际生活中从来不留意这些事实，也不运用事实，不会从未知的角度去解释概念。所以在检验知识的掌握程度时，学生只知道物质从固态转变为气态，但是他遇到生活中随处可见的状况时，却感到非常茫然，没有办法理解和解释物质是怎么变化的。

如果想让学生们融会贯通、自然而然地把所学到的知识运用到生活实践中，必须让他们学会独立自主搜集大量事实，并用所学的知识思考这些事实，对其进行归类、整理、对比和分析。对事实现象的搜集和整理，本身就是学习知识的能动状态，把从课堂上学的知识挑选出来，从规律、特性和意义等方面进行整理。让知识进入能动状态非常重要，多年的教学经验告诉我，搜集和整理知识是一项特殊技能，学生具备这种技能，能使头脑中的知识不断处于发展中，而知识的发展具有深远意义。学生不仅可以对周边发生的各种事情进行分析，更能锻炼自己的思维，通过搜集、加工和整理事实现象，学生踏上了自我智力发展的道路。

在某一个学科体系中，事实和现象具有某些固定特点，我认为这是教学法中非常值得重视的问题之一，也是一个普遍性的教育学问题。具体说来，事实和现象是支持思想高飞的空气。所以请教师从这个角度分析教学大纲，思考一下，哪些事实现象可以放在课堂上，作为教学案例，又有哪些可以留给学生自己搜集和整理。还要请教师们给学生提供一些搜集事实的方法，教会学生如何辨析、思考这些事实。

如何让学生感兴趣

每位教师都希望在课堂上，学生对讲课的内容听得津津有味，但是怎样才能让上课变得意趣盎然呢？任何一门课都可以上得很有趣吗？那学生兴趣的源泉到底是什么呢？

所谓对上课内容感兴趣，是说学生带有一种主动、兴奋的情绪，一边学习一边思考，并且兴趣高涨，对老师教的内容感到好奇甚至内心对真理产生震撼。学生们在学习和思考的过程中，能够强烈感觉到个人智力的成长，可以体会到创造的快感，以及智慧和意志力的伟大，对这些他们都会感到骄傲。

学习就是对自我认知提升的一个过程，而对新认知的渴望又是兴趣取之不竭的源泉，认知是最令人赞叹、无比激动人心的神奇过程。自然界万事万物之间的关系和联系，一切事物的运动和变化，包括人的思维转变，以及人所创造的一切，这些都是兴趣用之不竭的源头。有一些情况下，这些兴趣来源好像小河溪水，直接横在我们眼前，只要走过去就能看见，面前呈现一幅大自然奥秘的图景，令人感到惊叹。而另外一种情况是，在这些地方便隐藏着兴趣的源泉，你必须去挖掘，必须去探索才能发现。通常的情况是，这种"挖掘"和"探索"本身也是兴趣的源泉，因为在这个过程中，可以发现自然万事万物的本质，以及彼此之间的相互联系。

教师如果用那种很形式化、很肤浅的刺激方式来提升学生的学习兴趣，就永远无法让学生真正热爱动脑和思考。教师应该尽力让学生自己去发现兴趣源泉的核心密码，让他们在发现的过程中体验自己的劳动成果。这件事本身就是兴趣的源泉之一，离开了思考和动脑，根本谈不上让学生培养兴趣，也谈不上用知识吸引他们的注意力。

让学生对知识产生兴趣的第一个源泉，也是触碰的第一个火花，就是教师在课堂上分析教材时所持的热情。学生在脑海中吸收知识和真理，主要是因为他们可以认识、了解各种事物和现象之间的那些联系点，摸索到事物和现象之间的各种头绪。因此我在备课的时候，总是要思考和了解那些联系点和线索。只有把这些东西抓住了，才能从周围世界的真理和规则中抽出一些非常奇特、出人意料的知识内容。比如说，下一堂课我要讲植物根系对植物生命进程的用处，学生们早已见过植物的根，成百上千次看过这种东西。表面看起来，教材里边几乎没有什么能够让他们感兴趣的内容，但是真正的兴趣并不是说一眼看见认识了就会产生兴趣，而在于认识隐藏背后的各种奥秘。我对学生们说那些很细的根须怎样从土壤里边吸收营养，我把学生的注意力引到事实和兴趣之间的结合点上。土壤里边有一种生命能源，无时无刻不在涌动着，无论冬天还是夏天，在土壤深处的生命能源都生生不息，无数的微生物都为植物根须服务，如果没有这些神奇的生命体，植物根本不可能活下去。我对大家说，让我们观察一下土壤里边的神奇的生命吧，认真地思考一下，它是怎么从周围环境中吸取物质能量的，想明白这一点，你们就会明白生物和非生物之间的物质能量交换。无生命的物质怎么才能构成生命体的组织材料？这才是事实和现象之间的结合点。我把这一点讲清楚之后，让学生的注意力集中到这里，就在学生面前揭示出一种新的知识，他们面对自然奥妙的时候便会产生惊奇。这种惊奇可以牢牢抓住学生的心，他们特别渴望知晓，渴望理解，渴望对其进行思考。

关于什么才是兴趣真正的源泉，还有很重要的一点，是必须把知识进行运用，让学生体验到真理超越事实和现象，这会给孩子们带来一种求知欲的"满足感"，因为在每个人的心灵深处都会有一种迫切的渴望，希望自己是一个发现者、探索者、创造者以及研究者。在学生的心灵世界里，这种渴望特别强烈，如果不给他们提供养料（接触事实和现象，在认识中体验快乐），这种渴望就会枯萎凋谢。那么对学习知识的兴趣也就随之消失。我认为有一项教育任务是十分必要的，就是不断去激发和巩固学生想要成为发现者的渴望，并用一些专门的方法来帮助他们实现这个愿望。

我在课堂上不止一次对学生讲述土壤中发生的微妙变化，对无法直接观察到的隐秘过程进行讲解，以激发学生们的兴趣。下课之后，我们就会到田野里去，顺便看一看土壤的剖切面，学生们怀着好奇而震惊的心情，观察植物长到两米多长的根，对他们而言，这是一种真正的发现。但从本质来说，学生们只是刚刚踏上发现和探索之路，我让学生们看草地和荒地的植物，让学生把枯萎的草根种下去，表面上完全干枯而死，但没多久竟然活了，甚至长出嫩芽，最后变成了绿草，还有一个干枯的葡萄根也活了，后来还发了芽。

这些事情都极大地激励了学生，会促使他们的思维变得特别活跃，并对世界充满惊奇，在这个过程中体会到无与伦比的成就感——他们是事实和现象的发现者和驾驭者，在他们的手里知识真正变成了力量，学生们感到知识可以成为使人崇高的力量，这是一种比任何东西都强大，能够激发求知欲的刺激物。由此可见，教师们不要让学知识的过程沦为学生厌恶的煎熬，也不要把学生引入到一种疲惫不堪，或者对什么都漠不关心的状态，要让学生身心充满兴奋和快乐，这一点是极为重要的。

当然，如果学生可以亲自去研究和发现某种真理，亲自去把握事物和现象之间的联系，那么驾驭知识的渴望和情感就会更加强烈。另外，还有一种纯粹的理论思考方式（包括进行理性的概括、系统化总结等等），也可以给学生带来兴趣和快乐。

如果学生在课外进行了广泛的阅读，那么他在课堂上听到任何一个新的概念、知识点时，都会自动融入之前所读过的各种书籍的知识体系当中去。这样的话，教师在课堂上讲的各种知识，就会具有奇特的吸引力，学生们觉得课堂内容能让他们头脑里已经积累的知识更加清晰，所以课堂知识是至关重要的。

让学生喜欢上你的课

学校里如果有一位优秀的数学教师，那么数学就很可能成为学生们最喜欢和感兴趣的一门课，而且也会在很多学生身上发现数学天赋。如果学校来了一位教学方面天赋异禀的生物教师，那么很快，在几年之后就会出现十几个天赋过人、成绩斐然的"天才生物学家"，他们会痴迷研究各种植物，在学校的田野和园地里进行各种实验。

学校里各科教师的教学活动，似乎可以汇聚成各种各样的争夺学生智力和心灵的比赛。这样的话，这个学校的智力活动就会显得蓬勃盎然。比赛囊括了所有的学科领域，是全体教师进行的创造性教学工作，主要表现为，通常每位教师都极力激发学生对自己所教课程的兴趣和爱好，让他们酷爱这门学科，对这门课程极为着迷。可以想象一下，刚刚进入四年级的学生，如果他能遇到这样的一个教师群体，所有教师都极其有天赋，非常热爱自己的学科，积极努力地激发学生们对课程的兴趣，那么他们的天赋和才能就会得到发掘和拓展，从而发展出个人的爱好、才华、志向以及能力。

这样，我们就会进入一个非常有意义和价值的领域，然而，许多学校在实际工作中还没有探索过这个领域。我们用形象的说法来表达，基础学科很像整齐的乐队，要让每个学生找到自己喜欢的乐器和旋律，如果一个学生没有爱上这门课，也没有喜欢上某个知识领域，他的学习生活中就没有智力创造，他也不会拥有丰富的精神世界。

让学生们把你教的这门课看作最有趣的，让更多的学生像向往幸福一样，希望在你教的学科里有所创造。如果你想做到这一点，就应当引以为豪。我希望你尽可能去争取学生的思想和心灵，跟你的同事们和其他学科的教师们一起进行比赛。比如说，你在高中给 200 个学生上物理课，他们都是你的学生，但是你还应该有另外一个想法，就是拥有"自己的学生"，你应该有 10 个或者更多的"自己的学生"，有的时候人数也可以少点，五六个也可以，这些学生是全心全意热爱物理，他们甚至立志要把自己的一生同物理科学的智力活动联系在一起。此外，你还要拥有一些态度诚恳的学生，他们对物理学的兴趣可能刚刚冒了一个头，但是这些人当中，将来很可能出现爱上物理学科的人才，其中一些学生，可能在其他学科领域里找到自己的出路，但未来还会发生变化。在树立理想的领域中，志向的形成过程总是极其复杂的。同时也请你不能忘记，在你的责任感和良心上，教师更应该做出一些创造性工作，有一部分学生立志将物理作为科学来攻读，课堂上所学的知识和内容，对他们而言只是物理科学的入门知识。你就应该关心他们，让他们对物理学的各个方面（科学、技术、机械）进行全面的了解，全面树立对物理的志向。甚至还应该设立一个"自己的学校"——"天才物理学家"的学校。

那么该怎么去准备这些事情呢？其中最重要的事项是什么呢？该从哪里入手呢？

首先要有一个物理课的办公室，你每天都要在那里工作 1～2 个小时，可能你要研读课本，可能你对物理实验随时记录，或者你要画一张图纸、做一个仪器模型。我想说的是，如果我这个时候处于你所在位置，我会做什么？我会把那些深深热爱物理学的学生都请过来，还有我教的初中学生，他们还没有爱上物理学科，但是我已经看到，当我讲到光粒子和火箭的时候，他们的眼睛闪闪发亮，他们的手已经伸向原子物理学的一些有趣的科普读物。我的物理专业办公室还要开辟一个角落，我称它为"思考广角"，这个角落的墙上挂着法国雕刻家罗丹的木刻画作《思想家》，还有一个铁皮书柜，里边放着一些关于物理科学技术的最新前沿书籍，这些都超出教学大纲的范围，激发学生们对此产生兴趣，让他们向着未来去探索前行。我在办公室还设了一个"难题广角"，这里有模型、图纸，都根据不同寻常的思维设计而成，我力图把这些思想设计变成金属和塑料模型，要克服巨大的智能困难，在"难题广角"里，思想是不能懒惰的，也不能有目瞪口呆的旁观者，必须动手，进行创造。我还有一个属于自己的"教学创造实验室"，这是我备课的地方，我在这里用很多新教具给学生变魔术，跟我一起工作的还有我的"实验员"，他们是几个高年级的学生，他们帮助我一起备课。

这样一来，我们就等于敞开了一扇科学的大门，让那些已经爱上物理学的，以及未来会爱上这门学科的学生，都带着热烈而欢喜的目光来到这些角落。

除此之外，还要有一个"幻想广角"，这个更加意义非凡，因为在这里，仿佛点燃了一个科学知识的大火堆，让学生燃起志向的火苗。在这里，学生们了解到，思考是一种非常艰难、复杂又痛苦的活动，但是它也预示着未来他们会得到无与伦比的快乐，因为认知本身就是一种幸福和快乐。学生能意识到，如果自己能够驾驭知识和智力，就会产生极大的自豪感。从"思考广角"开始，我训练学生接触各种基础科学知识，我这边有很多书籍，有的是供那些刚刚了解科学知识的学生阅读的；还有一些已经坚决认定科学方向，选择其作为自己终身专业的学生，将来要到实验室工作，或者去工厂企业操作复杂机床，我也为他们准备了书籍。我非常关注这些学生在我讲课时眼睛里放射出好奇的光芒，他们总要提出几十个"为什么"才行。我了解他们每个人心里想什么，也会针对他们的想法在书架上摆一些相关的书籍。

有些学生极其聪明、天赋异禀，不过只有在他们的手指和心灵触碰到创造性活动的时候，他们对知识的兴趣才会被挖掘出来。如果我发现哪个学生特别喜欢用手触摸机械模型、仪器和设备，我就会想方设法把他带到"难题广角"来。

还有一些学生，在相当长的时间内，任何事情都无法引起他们的兴趣。如果学校的各科教师不努力培养学生的思想和心灵，那么这些学生永远不会产生兴趣爱好。在学校里，一些学生对学习和知识毫无兴趣，表现得无动于衷，也找不到什么感兴趣的东西。这样的学生越多，教师就越不可能培养出"自己的学生"，想把自己热爱知识的火种转移出去，交到学生的手中，就成为非常困难的事。有一件最让人烦恼和担忧的事情，就是学生对知识的态度，有些学生总是处于毫无兴趣、无动于衷的状态。学生在某一门课上成绩落后，考不及格，其实并不可怕，而冷漠的态度才是最可怕的。

所以请各位教师努力去改变那些态度冷漠、无动于衷的学生，让他们拥有兴趣。一个人不可能对什么都不感兴趣，对待那种极其冷漠的头脑，激发他们的兴趣最可靠的办法，就是让他们思考，靠思考来激发思考。要想挽救那些对知识漠不关心的学生，把他们从智力惰性中拉出来，就是要让他们在某件事上展示自己的知识，在智力活动中表现他们自己独特的人格魅力。

我在初中教过几年数学，当时我设置了两个课外数学小组，一组是由被认为最有能力、最有天赋的学生组成的；另外一个小组，则是对知识漠不关心、十分冷淡的学生。如果想解释这些学生的意识是如何觉醒的，那就是一个有关如何争取学生思想和心灵的故事。我让学生在小组里学的知识触动集体中每个人之间的关系，树立他们的自尊心和自豪感。当学生并未感知自己是"思想家"时，他不可能真正地拥有自豪感，至于怎样把思考的智力活动与自豪感联系在一起，需要在另一条建议里进行讨论。

凡是有经验的教师都明白，如果学生喜爱一门学科，那么教师掌握的内容要超出教学大纲的十倍，当一个人能驾驭某一门学科知识时，那种掌控感就会成为智力升级最强的激励。让学生有一门喜爱的学科，教师就不用担忧他没在所有课上都得满分。而更应该担心的学生，是那种门门成绩优秀，却没有一门自己喜欢的学生。多年的教学经验，让我确信，这样的学生往往不懂智力活动能够带来乐趣，最终一定会沦为泛泛之辈。

将智力活动和学生自尊感结合

怎样让学生好好学习，并对此而感到自豪呢？怎样让学生从自己的学习进步和知识体验中产生自豪感呢？作为教师，这也是在教学工作中必须考虑的细节问题之一。

我非常笃信，要想达到这一目标，主要在于让学生的自我表现中充分展现自己的知识和智力。这个观点我从低年级教学中就开始实施，就朝着这个目标进行教学。我给低年级学生上课时，始终保证一个原则——每个学生都在集体生活中有贡献，这种贡献必须跟智力和思想活动相关。这样的话，学生就能从中领悟到，原来自己的思想、知识、思考技能等，都体现自我荣誉和尊严以及个性。如果在一个班级集体中，学生们只知道某同学功课学得怎样，只听到某同学怎么回答问题，这是无法获得自尊和自豪感的。

从小学一年级起，我就让学生们做一本集体创作的图画，取名叫《朝阳》，我们养成了一个固定的习惯，在春秋季节的时候，大家都早起，然后在太阳刚升起的时候，到树林和湖边去迎接日出。我把图画纸分给每个学生，对他们说，把你们看到的最喜欢的东西画在纸上，然后写一个句子，不用太长，但听起来要像诗歌一样美。每个学生都极力画出和写出最好的内容，他们画好看的图画，写优美的词句，每个人都把这种智慧表达当成自己的荣誉，这本图画册至今还在我手中保存。二年级冬季时，我利用傍晚的时间，让他们自己编故事和童话，每个学生都要讲一点故事，或者讲自己身上发生的事，或者讲幻想和虚构的故事。学生们对这样的创造性活动非常感兴趣，而且兴奋到难以形容，他们认为思考和讲故事能体现出一种荣誉和尊严，他们体会到自己有高尚的道德和自尊感。这样年复一年，进行智力和思维方面的训练和交流，能不断加强学生们之间的关系。到三、四年级，我们开始举办一些读书晚会，学生们讲自己读过的书，朗读诗歌，背诵散文中的片段等等，这些活动都是开发智力和思维技巧的独特方式。

五年级开始，我让学生担任学前儿童和一、二年级小学生的智力辅导员。有12名五年级的学生指导几个诗歌创作小组，每个小组有5～7名小学生。五年级的学生指导一、二年级学生写小作文，描绘自然界，然后他们也会给小学生读自己写的作文。这种做法可以让五年级的学生培养出自豪感和责任感。到了中学阶段，学生担任小学生数学小组的辅导员，他们会自己编写一些动脑筋的应用题。

到了高中，每一个学生都会在科技晚会上做科学报告，他们都认为尽了自己最大的努力，把科学报告准备得更好，是一种非常自豪而光荣的事。这些教学方法和教育形式，其本意在于，让学生体会到思考知识和智力活动是有荣耀和尊严的，并产生一种高尚的道德感和责任感。教师要让学生们形成一种风气，让他们觉得游手好闲、不爱读书是一种非常不好的行为。

关于学生的智力活动

　　学生的智力活动与学校的所有工作都密切相关，如果教师只想着让学生墨守成规地坐在教室里死记硬背课本上的知识，想把他们的所有注意力从外界吸引到课本上，那么就一定会给学生增加很大的负担，这样导致很多学生除了上课、家庭作业和考试分数以外，对任何事情都漠不关心。这样的人生其实并不值得推崇，教师也不应该让学生沾染这种学究气。除了正常的学校活动和兴趣爱好之外，学生还应该拥有更多样化的、更丰富的智力活动。我所说的智力活动，尤其是指学生的课外阅读活动，特别是在少年时期，更应该拓展这方面的内容。

　　如果你是五年级的年级教导主任，一定要把培养学生课外阅读习惯当成自己的主要工作任务。你要列出一张书单，让学生在中学时期就阅读大量书籍，并且要在自己本班的图书角上陈列着这些书。

　　如果一个学生没有自己喜欢的书，没有自己崇拜的作家，那么想让他的身心得到完整、全面、健康的发展，几乎是不可能的。我们要培养人才，发掘他的个性，最应该努力做的就是让每一个学生在小学时就建立自己的小图书馆。初中生和高中生的藏书量更应该多一些，要有 100 ～ 150 本左右。这就好像一个音乐家，必须可以随时拿起自己心爱的乐器，否则他就没法进行正常的生活，对于一个有思想的人来说，如果不能屡次三番地阅读自己喜欢的书，他也无法正常生活。

　　教师要把每个学生都带入到浩瀚书海的世界中去，让他培养起对书籍的热爱，让书籍成为他日常智力活动的指明灯。这些引导都取决于教师如何看待书籍，在他的个人生活中书籍占什么地位。如果学生深刻感受到老师的思想不断丰富和进步，他听见老师今天讲的内容没有重复昨天的，那么学生很容易崇拜老师，也会像老师一样去渴望阅读。

如果一个教师，他自身的精神生活是保守滞后的、无趣乏味的，在他身上出现了"不重视思想"的苗头，那么这一切都会在他的教学工作中体现出来。我曾经认识一位教师，他对一切事情都十分厌烦，他自己说，他非常讨厌重复讲课本，每年重复同样的东西，学生从他的课堂上只能感觉到他的知识是停滞的、僵化的。由于教师自己不尊重思维活动，那么学生也就不会尊重教师。更加可怕的是，他教出来的学生，也会像他一样不愿意进行思考。

教师不要把学生的智力活动理解为：属于他个人拥有的狭小的精神世界。因为一个人如果有丰富多彩的精神生活，就会不断地丰富整个集体的精神生活，同时他也会享受来自集体的各种精神财富。在我们学校里，教师们试图建立各种各样的智力活动团体，首先要成立各种科学小组，比如说数学小组、技术小组、化学小组、生物小组、文学小组、哲学小组等，这些小组前面都要冠上"科学"两个字，虽然感觉有些夸张，但是它真实反映出一些道理，就是学生们踏上了科学思维的道路。学生们并不把科学小组当成某个学科的附属品，也不用它来提高及格率，这些小组和团体是各种智力活动的大本营。小组里弥漫着好学、钻研的精神。在科学小组的活动里，学生们要按时讲述他们阅读的书籍，还要做报告和综合汇报等。这些小组都有一个特点，就是让思想真正具有创造性。当学生们讲述那些书籍里的真理和规则时，他们抱着非常重视和认真的态度，因为他们把这件事作为自己努力获得的荣誉和尊严。对他们而言，这也是一笔财富，而跟这些财富紧密相连的，是他们已经对工作、对创造、对未来，生发出来的各种思索。

那些在学习上有障碍的同学，也可以参加各类科学——学科小组。对他们而言，学习上主要的问题是负担过重，但是这些小组营造出发展智力的气氛，可以鼓励他们去阅读，激发他们对阅读产生兴趣。因为对他们来说，阅读才是提高成绩最有效的方法。

减少过重的负担，让学生有自由支配的时间

这个建议起初听起来有点荒唐：想让学生的学习变得顺利正常，就需要做到不鼓励学生把所有时间都放在学习上，要努力让他们拥有更多可自由支配的时间。事实上，这个提法并不荒唐，符合教育过程的逻辑规则。学生每天上课被功课内容安排得满满当当，给他留的属于自己的时间越少，供他思考和学习相关内容的时间就很有限，他的学习压力越大，成绩下滑的可能性就越大。

关于可供自由支配时间的问题，不仅与日常教学有关，还涉及智力的全面发展中最为关键的问题之一。这就好像身体健康需要空气一样，自由时间对学生是必不可少的，为了让学生能够顺利学习，不让他对成绩落后有后顾之忧（我们都知道，一般学生如果因为生病几天，他的学习成绩会下降很多），充裕的自由时间是丰富脑力发展的前提条件。学习只是学生生活的一部分，而不是全部。要想提升学习效率，那就必须让学生劳逸结合。

学生的自由时间往往从课堂上获取，有经验的、善于思考的老师，知道如何给学生预留出多余的时间，学生自己也可以想方设法给自己争取一定的自由时间。所学的知识是什么样的状态，是主动的、积极的状态，还是被动的、固化的状态？这很大程度来自学生对知识的掌握方法。另外还有一个客观条件，决定是否能有自由时间，那就是学校合理的作息时间。

根据我多年的教学经验，我想说明一下，让学生长时间处于高强度的脑力劳动中，这样的作息制度必须中止。学生刚上完几节课，然后连续几个小时坐在教室里读课本或者做习题，这样的情况是不应该发生的。高年级学生经常是连续三四个小时或五六个小时跟着课堂进行高度紧张的脑力活动，他们每天要有 10～12 个小时

坐在教室里学习、听讲、记忆、思考、计算、回想和回答问题,这种情况之所以让人筋疲力尽,是这种超强度的脑力劳动,最终会毁掉学生的身体和大脑,让学生对知识产生厌恶和冷淡,形成漠不关心的态度。这样的人,只会为了学习而去学习,而没有让大脑有真正创造性的活动。

应当合理安排学生的脑力劳动,让他有半天的时间可以自由支配,而不仅仅是天天坐在教室里学习、做习题。一般来说,下午半天应该是学生自由活动的时间,学生可以去读一些课外书,参加科学小组的活动,或者去野外劳动,观察自然界的各种现象,以及人们的工作和劳动。

换一种说法,就是下午半天进行的各样脑力活动,应该是学生所学知识的吸收和扩展。有一点需要注意,这并不是说让学生无所事事、游手好闲,而是要让他们扩充知识。我们努力让学生在下午做些事情,以促进他们顺利完成学习。尤其重要的是,下午半天让学生阅读书籍,完全要出于爱好和出于求知欲望,而不是为了背诵和记忆知识点。

学习需要丰富多彩的精神生活作为广阔的背景,这样知识就会在各式各样的智力活动中不断地增长和提升。形象地说,掌握知识需要依靠一整套的技能来实现,每个学生的能力、天赋、才华都可以在自己喜欢的学科里得到发挥,这一切是相互联系的。如果没有这个条件,根本没办法应用我介绍的经验。如果不具备条件,硬要尝试照搬这些做法,是不会有任何效果的。学校中的很多事实告诉我们,即便是宝贵的经验,也不能完全照搬使用,经验不能被移植到一种不利于生长的环境中。比如说,学生们还没有学会理解性阅读,教师却迫不及待地教他们写作,结果收获甚微。

学生早晨完成家庭作业以后,可以步行去学校上课,在路上的步行就是休息。然后上午的课程是最紧张的脑力活动,尽量在这些对智力和思考要求很高的课程当中,穿插一些活动课程,比如体育、绘画、唱歌、劳动等,让学生有一两个小时的休息时间。

早晨两个半小时左右的脑力活动,效果大大超过放学后花 4～5 个小时学习课本和做习题。但问题的关键还不仅仅在学习效果,更要考虑少年儿童的身体和健康发展,还有一天之中脑力劳动的平衡。如果前半天的时间充满紧张的脑力劳动,那么后半天就要解除紧张的脑力劳动。我们把下午半天作为学生自由支配的时间,如果下午安排智力活动,就要考虑到孩子们的兴趣点,关于这些兴趣点要如何考虑,这将会在后文的建议中提到。

让学生利用好课余时间

关于一天的时间要怎样度过，少年儿童和成年人有着完全不同的概念。如果不顾及少年儿童的特殊性，就很难理解学生的细腻的情绪变化。比如让他们在阳光充沛的丛林中度过一个夏天，对他们来说就好像度过一整年；让他们在少先队夏令营里过一个月，就好像过完了一生。所以千万不要用一些刻板的硬性要求束缚学生，要让他们去认真观察各种事物，并且能随心所欲。教师有时可以让孩子们彻底放松一小时，让他们去干自己喜欢的事情。好玩是孩子的天性，如果不这样做的话，他们就不可能保持活跃的思维和对外界敏锐的感知力。

请记住，学生们迈出的每一步，都可能展现出一些未知的、全新的东西，有些事情会让他们身心彻底着迷，让他们顾不上别的事情，甚至感觉不到时间的流逝。这样，孩子们沉浸在童年时代缓慢、平稳而势不可挡的时间洪流中，可能真会忘记今天的家庭作业没做，觉得没做也没什么稀奇的。各位教师不必感到惊奇，当你问到学生家庭作业的时候，他可能会直接告诉你："我忘记做作业了！"他说这句话的时候，好像自己并没有犯多大的错误，好像忘了做作业不是令人不可理解和震惊的事儿。教师们也不必感到惊讶：课堂上学生们盯着教室外的树影，盯着墙壁上跳跃的光点，他们上课走了神，上课的内容他们一点没听进去。

的确，学生没在听你的课，这是真实的状况，因为他正沉浸在想象空间的汪洋里。孩子们感知时间的方式，跟成年人不一样，所以不要斥责他们。不要当着全班学生的面批评他，不要指责他没有注意听讲、坐得不安稳，他也不是坏学生的典型。我劝每位教师，你应该静静地走到学生面前，握住他的手，把他从幻想的美妙独木舟上拉下来，领到全班同学乘坐的课堂快艇上，更重要的是，你也可以尝试坐一坐孩子们的小船，尝试跟他们在一起待一段时间，用孩子的眼光看这个世界。如果你能这样做，那么在学校生活中会避免很多因沟通不畅，无法互相理解而产生的误会和冲突。老师有点不明白,学生为什么要这样做？为什么要那样做？而学生也搞不清楚，老师到底想让他做什么。

即使作为成年人的我们，自控力在某些时刻尚且有限。很多时候我也会被无可抵抗的诱惑所吸引，让我无法从着迷和满足的事情中挣脱出来，但是我在潜意识中有一种想法，这令我心神不宁：我还有工作必须自己做，因为没有人代替我去做。因为有这些潜意识的暗示，会使我控制自己的欲望，合理地利用和管理时间。而学生是缺乏这种自控力的，所以他经常忘记时间，那么教师就应该教他怎样合理利用并自由支配课余时间。

怎么教他呢？难道是强迫他牢记，当他沉迷某件事时，不会忘记写作业吗？还是根本让他与那些吸引人的事物彻底隔绝？

这样是绝对错误的做法，因为严重违背了孩子的天性。教孩子利用好自由时间，意味着尽量让那些对他有吸引力的东西，能够成为增长他智慧、情感和身心发展的必需品。也就是说，让孩子们的自由时间里充满让他们着迷的事情，而让他们着迷的同时，还可以发展他们的思维力，丰富他们的知识，提升他们的技能，同时又不会破坏他们独有的情趣。让学生拥有自由可支配的时间，并不是说让他们爱干什么就干什么，让他们无所事事、放任自流、懒惰疲惫，这些都是不良的习气。

教学生利用好自由支配的时间，并不是靠口头话语的解释和说明（年龄小的孩子听不懂这些解释），而是要靠组织一些具体的活动和参与集体劳动来改善。

建议三十二：

让每个学生都有喜欢做的事

请教师仔细思考一下，你的学生是怎样利用自由时间的？他们是怎样合理安排这些时间的？

在这里，我又要提到关于书籍阅读的事情，它是吸引学生注意力的最佳途径。学校首先可以成为一个"书籍宇宙"。或许你工作的地方十分偏远，或许你工作的学校在村庄里，距离城市文化中心几千公里，你的学校可能也有很多不完备的地方，但如果那里有一个书籍的宇宙，教师们就有可能把教学工作提升到较高的质量，并且取得卓越的成果，甚至不亚于城市文化中心地区的教学。教师们更不用担心学生对书籍着迷，却学不到知识，这种事情不可能发生。

从小学一到三年级，要在每个班级里建立一个"图书角"，陈列一些内容适合儿童，并让他们感兴趣的书籍，让每个学生都充分利用起他生平的第一个小图书馆。我并不建议一到三年级的学生去学校大图书馆借书，因为只有任课教师最了解自己的学生该读什么书，也许在某一天、某一时刻，某个学生只需要读那本唯一适合他目前状况的书。

请记住，无论哪一种学科和兴趣爱好，如果不能触动学生的情感，不能打动他的心，就不会带来任何好处。我特别着重说明的是，学生培养的第一个爱好应该是爱读书，而且这种爱好应该终身保持。无论你教哪一个学科（语文、历史、物理、制图、生物、化学），你都应该让书籍成为学生的首要爱好。

书籍本身就是一座学校，要教会每个学生在图书海洋中尽情畅游。正因为这样，所以我建议在班级教室里建"图书角"，然后慢慢教学生如何利用学校的大图书馆。

这件事情不能让学生任意而为，教师可以带领自己的学生，去学校图书馆参观，向他们介绍这里有什么书，告诉他们应该借哪些书，也可以把自己推荐的书单交给图书管理员。

第二个引导学生去发掘的爱好，就是让他们喜欢上一门学科。一个人在学生时代最宝贵的财富，就是那些可以自由支配的时间。只有满足这个条件，他才可能喜欢上一门学科，他才可能积极发展出某种智力爱好。全体教师都应该思考，怎样做才能让学校的下午燃起智力活动的火堆，吸引学生深入探讨和钻研各个学科。这不仅有我前面提出的科学——学科小组，还包括让学生积极参加一些智力活动，让他们通过理论知识完成创造，解决各种智力任务和学习任务。在我们学校有两个"难题研究室"，一个是物理技术方面的，一个是生物农学技术方面的。它们都是学生智力爱好的聚集地。在这里，学生的学习和钻研都是独立完成的。两个"难题研究室"的管理员是高年级学生，这里对全校学生开放（从小学一年级到高中），学生们可以在这里进行各种生物和物理技术活动。比如说，我们建议学生制作一个活动机械模型，要求这个机械里用一个零部件取代另一个部件，并要求机械可以完成几种操作任务。还有生物学方面的课题，要求学生两年内把一块贫瘠的不毛之地变成肥沃土壤，上面栽种庄稼并有所收成，同时为益生菌的存活创造条件。

对于学生来说，如何利用和支配自由时间，是一件非常重要的事，一定要让学生形成自己的爱好和兴趣。

建议三十三：

劳动可以教育学生

十几年的教学经验告诉我，劳动在智力教育中起到举足轻重的作用，少年儿童的智力发展往往从他们劳动时的指尖中升华。

这种教育理念，是我从日常的教学工作中观察得到的，因为我看到很多双手灵巧的、热爱劳动的孩子，他们都能变成非常聪慧的、智商很高的、爱好钻研的优秀人才。我这里说的不是随意的劳动，而是指那些具有创造性的、有挑战性的劳动。在这样的劳动中，首先要具有需要思考的技能和巧妙的手艺。一年年的实践积累证明，手工劳动的技艺越高，学生就变得越聪明。而且他对事实、现象之间的因果联系和规律性理解更深，分析能力也会表现更好，同时能够更深入地进行思考。

我很想搞清楚其中的科学依据，因此读了很多科学著作，同时又研究了教学和教育过程中劳动在各方面的表现。我想利用劳动这个方法，帮助那些学习困难的学生，让他们在智力发展上获得帮助。于是我让他们做一些作业，掌握复杂的技艺和手工技巧。这种劳动作业的主要特点是，它的每个步骤和操作之间，都有紧密的联系性，需要保持高度的注意力，必须精神集中，动脑筋思考才能做到。劳动是在手的动作和思维之间进行不断的交流和传导，大脑思维检查、纠正、改善整个劳动过程，而双手把各种劳动细节和详细体验汇报给大脑。于是在这个过程中，劳动就发展了思维能力，也让学生能够顺利地进入思考环节，让他顺理成章深入到那些现象和事实之间的相互关系当中，而这些关系是无法直接在表面观察到的。

我让那些思维活动比较缓慢、头脑比较混乱的学生参加复杂的劳动，并对他们进行了长期观察，这一切活动使我更加清晰地明白，思维能力是如何形成的。我得出一个结论，如果某个学生在学习上遇到困难，产生困难的主要原因，是他无法看见事物之间的相互关系和联系，也就是说，他一旦离开事物和现象，就无法进行独立思考。最容易发现事物之间关系和联系的途径，就是让它们在劳动中以直观的方式呈现出来。我的教学经验证明，为了提升学生的智力发展，教师们应该采取以下的劳动方式。

第一，让学生设计、装配机械装置和仪器模型。在我们学校中，每位在学习上有困难的学生，都要进入学校教学工厂，制作一些复杂的机械仪器和装置模型。他们来此的目的就是刺激大脑，理解事物之间的关系和逻辑性，这也是发展思维能力的源泉。学校还有一个少年模型设计小组，他们花了两年时间设计并安装了一台加工木材的机床。这个小组有15位学生，其中3名是成绩较差的。这项劳动可以促进和提升智力，最显著的特点是通过大脑的不断构思，智力不断获得提升和变化。尚未成型的机床模型总是在学生的脑海中浮现，为了验证他们的构思是正确的，是具有合理性的，他们就不断尝试使用各种设计方案，研究各种零部件是怎样组合和相互作用的。比如在这样的条件下，会出现什么问题，而另外一种条件下，又会出现什么问题。对这些问题进行反复思考和研究，会促使学生全面深入钻研，反复对比和分析，那么思维在劳动过程中，就会产生各种相互作用和影响。

我认为，这是一种无与伦比的发展思维和智力的绝佳手段。它可以使学生大脑的各种领域得到强化和发展，比如对因果联系的思考，对机能联系和时空联系的思考等等。让学生不断思考极其重要，因为他们的思维始终处于运动和探索的过程，他们的思维面前总有概括性的整体结构，以及与之相连的好几种直观现象。在学生们的头脑中发生着从具体到概括的种种过程，没有这些过程就谈不上思维发展，而学习较差的学生一般都缺乏这种能力。

第二，让学生尝试能量和运动的传递、转化方式。这里指的是，在机械模型、仪器装置、机器设备的设计和装配过程中，要让学生把电能转化成机械能，或者转化成热能，把直线运动转变为相反或旋转运动。这样可以锻炼他们的思维，在一瞬间从抽象概括的东西转化成具体（形象、现象、图景等）的东西。那么如何用具体劳动把一个概括性理论体现到现实事物中去呢？学生们能深入思考这个问题，就可以提升他们的思维能力，让他们在许多已知的方法中去寻找设计和解决方案。让学生尝试能量和运动的传递变换方式，也能发展他们的观察力和钻研能力，而这一点正是学习有困难的学生特别缺乏的。当学生通过观察看到一个整体事物的细节、零部件以及局部组合，他就会在具体东西中寻找到某种共性，就是在学习上把一个总思想从具体方面应用转化到另一个方面。这些都可以在操作技艺中展现出来。我们尽可能让学生的劳动对象充满变化和运动，让他们把构思中的创造性和实践技艺相结合，尽可能让他们多参加实验和操作试验，让他们多动手，这也是用劳动来提升智力的重要原则之一。

第三，让学生掌握各种加工方法、操作手工及机械工具。让他们学会使用加工工具，让工具与双手融为一体，甚至成为双手的一部分。如果学生没学会用双手掌握工具，用思想操控劳动对象，对其进行最精密的加工，那么就很难培养出他头脑中极为精细的具有创造性的智慧。因为这个加工过程，最能体现思维力与双手动作的紧密结合。当双手借助手工工具或者机械工具进行加工时，就会呈现出极为复杂的现象。加工信号可以瞬间、反复、多次地从手传递到大脑，再从大脑传递到双手。这样大脑就会指导双手如何操作，而双手的灵活操作也会不断发展大脑。这时脑中的构思得以实现，同时，也不断地深入发展，产生变化。在加工的过程中，思维线索是不会中断的。在加工过程中，利用手工工具和简单的机械工具，可以挽救那些学习困难的学生，因为这些学生不会用思维方式把控长时间的劳动过程。

第四，创造一个能让生命过程得以正常发展的环境，管控并且培育这种环境。应当让学生去农业试验田接触类似的劳动，包括种植栽培植物、饲养动物等等。这是让他们学会从具体的表象转化到抽象概括，又从抽象的理论概括转化到实践过程。这类劳动有显著的教育特点，就是让思维去把控那些在较长时间内发生变化的过程。这些变化受到各种条件的影响，我深刻相信，农业劳动是能够启迪智慧的活动种类之一。我们让那些学习上有困难的学生，积极参加各种植物培育、生物化学、农业科技的少年实验小组，这些学生在掌握知识的过程中，曾遇到很多难题和障碍，而启迪智力发展的农业劳动，能够教他们如何思考，如何克服障碍。

在少年实验小组里，连续 15 年有一批学习困难的学生参加创造性劳动。他们必须解决两个难题：变化的环境条件对种子发芽的影响，以及对植物早期发育的影响；还有土壤和外界条件对植物产量的影响。

此外，要让学生的双手起到促进智力发展的作用，最重要的还是要经常进行阅读，因为读书不仅可以培养聪明的头脑，同样也可以造就出敏捷的双手。

知识传播与参与社区生活

在农村，学校作为文化生活的主要基地，是传播知识的重要源头。应该把知识传播、发展、深化过程引入农村的日常生活中，这也是一项非常重要的任务。对于教育性的教学工作来说，我们要培养学生尽可能参加知识传播的活动，这是教育过程的重要特征之一。在我们学校里，高中的任课教师经常组织学生参加公益活动。村庄里有将近 2000 户人家，总共被分成了 180 个文化知识基地，而文化知识基地的中心站点位于一家村民的农舍。村民们和附近的工人们经常在这里聚会。有三四名高中学生到这里举办报告会、自然科学知识晚会，还有一些文艺晚会。

这些学生中有共青团员，他们不仅给村民们传播知识，而且也给长辈和成年人汇报学习情况。青少年男女学生不仅阐述自己的知识观点，也在村里普及科学教育，跟一些反科学的封建迷信观点做斗争。当村民对周围世界的现象抱着迷信和无知的态度时，学生们并不是简单地予以否认，说事情"不是这样的，这样是不对的"。教师们培训学生，要对村民们进行知识教育和引导，用科学观念和道理铲除反科学的封建有神论的偏见。不能对违背科学真理的观念抱有妥协、调和态度，同时，学生们也应该懂得，迷信观点和信仰在很多村民的意识中早已根深蒂固，要想清除这些陈腐观念，就要拥有更多的知识和本领，而且在信念上要保持坚定不移。在绝大多数时候，学生们都能胜任自己传播知识的工作，即便工作中存在失误和偏差，也能增强他们对认识科学、学习科学的决心，鼓舞他们更加渴求科学知识和真理。

在给别人讲授知识的过程中，学生们也会学习更多的东西，同时对一些不清楚的知识产生更多问题。他们竭尽全力想弄懂思想中的"转角内容"，想搞清楚事件和现象背后的因果关系。在运用和拓展知识方面，没有什么能比在社区传播工作中大量运用知识更为积极有效了。青少年在学习、确立和捍卫真理的同时，会对科学知识真理坚信不疑，同时进一步拓展和加深知识的学习。如何能让青少年渴望学习？如果一些知识只停留在学生的头脑里，只是属于"个人的珍宝"，而不具有道德价值，当知识无法让人感觉是财富、光荣和尊严时，那么让青少年渴望学习的目标是无法实现的。

怎样使学生集中注意力

我曾经带着一些孩子去草地上进行观察，就是为了让他们看到各种植物如何传播种子，看到那些植物长到草地外一个遥远的边缘。想要让所有孩子都围过来观察这些野生植物，我就必须想方设法吸引他们的注意力，把这些男孩女孩聚拢到我身边来。吸引注意力好比是一根根细绳索，在他们眼前的各种植物不仅琳琅满目且意趣盎然，只要有一个孩子的注意力转移到别的东西上，那根吸引注意力的绳索就会断离。当我再让他们看我讲的东西时，他们就再也不想看，更不想听了，因为他们走神了，思想开小差了。比如说，草地里出现翩翩起舞的花蝴蝶，那么可能会有 4 个孩子的眼睛好奇地盯在蝴蝶上，于是 4 根注意力的绳索就断了。或者这个时候出其不意地从脚底下蹦出来一只青蛙，这时又有几根注意力的绳索接连断掉了。

这种注意力不集中的情况，在课堂上比比皆是，如何才能让一群好奇心很强、蠢蠢欲动，巴不得立即跑出去追蝴蝶的孩子，重新把注意力聚焦到你身上呢？当教师开始讲一些枯燥无聊知识的时候，学生们的头脑中却想着其他的有趣的、激动人心的东西，这个时候应该怎么办呢？

如何吸引学生注意力，是教师日常工作中研究最多但又不全面的领域。想要吸引孩子们的注意力，就必须懂得儿童的个性以及心理，了解他们的特点。多年的教学工作经验让我明白，想要控制孩子们的注意力只有一个办法，就是让学生形成并且保持一种内在状态：让他们热情洋溢、心花怒放，让他们真正体验到追求知识的快感，以及脑力活动给他们带来的满足感。

教师要通过一整套的智育手段，创造这种状态。单单靠上课时采用的一些特殊教学法，比如说用一些直观的图片等手段，是无法达到所预期的效果的。因为这种状态取决于很多因素，包括思维素质、情感修养，以及学生的见闻程度。控制学生的注意力，是教师作用在学生思维上的精密而巧妙的手段。比如说，学生要上一年的生物课，教材里有很多内容乍看起来毫无趣味，如蠕虫机体结构、动物的生理活动等。在教这些内容时，如果学生的头脑中没有事先树立起与教材挂钩的观念，那么教师无论如何都很难吸引他们的注意力。在课堂上，学生的注意力来自他事先知道的一些常识，有了这些常识，他才会把枯燥无味的教材当成很有趣的东西。比如要学习蠕虫的构造，学生事先应当知道一些常识，像蚯蚓这样的有益生物，它对土壤的作用，对植物生长的贡献等等。

课堂上想让学生集中精力听讲，教师就得事先培养学生的情绪状态，而我的方法是，推荐他们读一些关于大自然、关于土壤的科普书籍。当我上课讲解那部分看起来枯燥无味的内容时，我的讲解专门针对学生的思想，尽可能触动他们的思维，所讲的内容试图在他们的脑海中引起兴趣。这种兴趣应该靠内部的刺激和诱因，是学生在过去阅读书籍时，在头脑中留下的印象。这时经过我的刺激和触发，印象获得苏醒、获得更新，并向我讲述的内容靠拢。那么这时候学生不单在听讲和理解新教材，也在自己的意识深处搜索某些事实和现象，并对其进行深入思考。

上课时会出现不经意引发注意力的转移，也会有注意力刻意的集中，一定要将二者相结合。学生一边听讲一边思考时，才会出现这种完美结合。我想要说的一点是必须让学生的意识里有思维导火线。也就是说，在所讲的课程内容中，应当有一些内容是学生已知的东西，在理解教材的过程中，学生的思考越积极，动脑筋思考越多，他学习就越轻松。通过事先阅读做好准备，可以控制注意力，这也是减轻学生脑力活动的重要条件之一，只要在课堂上不经意地引发注意力，再让学生刻意去集中注意力，不断让二者相结合，他们就不会感到吃力，也不会感到疲惫不堪。

如果教师忽略了学生热情洋溢、心花怒放的内心状态，那么所教的知识只能让学生抱冷漠态度。没有感情、不动脑筋的脑力活动，只会让他们的精神变得疲惫，即便是最努力、最勤奋的学生，他拼命集中注意力去理解和熟记教材，也会经常出现偏离轨道的情况，并逐渐丧失理解事物因果联系的能力。他越努力学习，越难控制自己的思想。而那些除了读教材以外，什么书也不读的学生，在课堂上掌握的知识十分粗浅，家庭作业的负担过重，没有时间阅读课外书籍，学习效率很快就会每况愈下，无法取得应有的效果。

我们都知道，在课堂上采取直观手段，能够提升学生对科学的兴趣，可以吸引学生的注意力，但是直观手段作为一种教学法，它应该具有更广泛的含义，如果仅把直观教学当成吸引学生注意力的手段，那不仅对教学本身，而且对智力教育有很大危害。

对教一年级的教师的建议

我认为，孩子的身心健康情况，与家庭成员相处的情况密切相关。

有些孩子自幼在训斥、打骂、无情侮辱的环境下长大，从小不被信任，长大就特别难教。这些孩子经常精神紧张，处于焦虑不安的状态，而且很容易出现疲劳。对于这样的孩子，教师要给予特别的关注和爱护。当对他们进行教育时，要运用医疗教育学的各种方法，防止他们出现危害健康的激动状态，也要防止他们从一种极端情绪转到另一种极端情绪状态。

所以，我建议即将教一年级的教师们，在孩子们入学之前，就要把他们的父母召集在一起，与他们谈谈。询问他们家庭成员之间相处的状态，建议家里要保持良好的亲子关系，这样才有利于增强儿童的精神智力和身心发展，也能让孩子形成良好的道德品质和心理素质。

家庭成员之间的和谐气氛，对儿童的智力发展具有重大的意义。儿童智力的发展以及记忆的增强，很大程度上取决于日常生活中父母读些什么书籍，想些什么事情，这都会给孩子的思想留下深刻的影响。所以请教师们告诉学生家长：你们孩子的智力发展，和你们的智力兴趣息息相关，同时书籍在你们家庭中占什么样的地位，也是重要因素。

我认为，至少对每个孩子进行一年的观察和研究，才会对一年级的教学工作有充分把握。

建议三十七：
对刚参加工作的教师的建议

对我来说，在学校工作的前 10 年过得不疾不徐，所以记忆深刻。而后来时间如白驹过隙，忽然而已。现在觉得好像一个学期刚开始，在一瞬间就要到期末了。我说这些个人感受，是为了向新参加工作的教师们提一条非常中肯的建议——无论年轻时的工作多么紧张而忙碌，我们好像总能找到一些闲余的时间，穷年累月来增加我们的精神食粮。请你记住，20 周年的教龄也会悄无声息地却又坚定不移地到来，你很快就会奔入 50 岁，那时候你更觉得时间不够用，可能你会很遗憾地说：早知道这样，我年轻的时候就应该多学习一些，更加用功，等到老的时候工作还能变得容易一点儿。

年轻的教师们，我建议各位每个月都要买这三类书：

1. 关于你所教科目的书籍。
2. 关于给学生们树立榜样的伟大人物生活和奋斗历程的书籍。
3. 关于少年儿童心理学方面的书籍。

我希望每位老师的个人藏书中都有以上三类书籍，年复一年，你的知识不断积累，变得更加丰富，希望你在参加工作满 10 年的时候，看教科书就像识字课本一样简单。只有在这种情景下，你才能说："其实为了上好每一节课，我一辈子的时间都是在备课的过程中。"每天不断补充自己专业领域的知识，你才能在上课时看见学生的智力发展。课堂上你不再关注教材内容，而是关心学生的思维状况。这是每个教师都应攀登的教学高峰，每个教师都应该努力攀登它。

你要像寻找珍宝一样，去找一些关于伟大和杰出人物的生平奋斗书籍，把这些书放在你个人藏书的最高位置。请记住，你不仅是某个学科的教师，还是学生身心健康的培育者，是学生生活的导师和道德的指引者。

你也要买一些心理学类的书籍来充实自己的藏书，每个教师都应该了解心灵成长的过程。请记住，心理现象的每一条规则都通往千万人不同的命运。我坚信，刚从师范院校毕业的教师，必须在自己的教育生涯中不断研究心理学，加深心理学知识，他才能成为真正的教育工作者。此外，你要在自己的教育生涯中成为名副其实的教育者，而教育本身如果缺少美和艺术，是不可能实现的。如果教师会演奏一种乐器，那么他作为教育者就有极大的优势；如果教师有一些音乐天赋，就能在教育方面占领一个高地。因为音乐可以让教师和学生的心灵亲近，可以让教师看见学生心灵中隐秘的角落。如果你不会乐器，那么应该拥有另外一种对人生产生影响的工具，那就是文学。根据你所教学生的年龄状况，你每年要买几十本文学方面的书籍，它能帮你找到通往学生心灵的道路。一定要记住，学生读文学作品的时候，是用求知的智慧和敏感的心灵进行感知的，而这一点往往是教师做不到的。在你选择图书的时候，要记住一点，你给学生推荐阅读的书籍，最好能教他们将来怎样生活，书中的各种人物形象，要能吸引和鼓舞学生的成长，在他们心里树立伟大的信念。

还有一个建议，教育应该是小心翼翼、关怀备至地触摸孩子们的心灵，这是一门艺术。想要掌握这门艺术，教师必须多思考、多读书。你读过的所有书籍，都是在你的教育工具箱里增加一件新的工具。

此外，教师还应该具备对美的感受，你必须热爱美、创造美和守护美，包括自然界之美和人类的心灵美。

提升学生的思维力和智力

如何提升学生的智慧，发展他们的智力，这是学校教育最迫切而又很难根本解决的问题之一。而传授知识只是智力教育的一个方面，我们无法舍弃智力形成和发展的过程，来谈智力教育。所谓的提升思维力和智力，就是指如何发展形象思维和逻辑思维，如何影响思维活动的进程，如何应对思维的迟缓性。

学校应该给学生开设一门思维课程。多年的教学经验已经证明，孩子在学龄前阶段，就应该上这类思维课。而到了一年级智力教育正式开始，思维课就要成为其中的重要部分。学生在思维课上能直接感知周围世界，了解各种生动的图景和形象，熟悉各种各样的事物和现象，学习使用逻辑思维进行分析，并对大脑思维进行反复训练，寻找出各种现象背后的因果关系，然后从中获得新知识。

有一些头脑比较迟钝的学生，教师如果想教他们学会思考，就必须把他们带到大自然中去，因为那里是思维的源泉。大自然中充满各种各样的现象，彼此之间存在链条关系，各种事物的背后有因有果。那些头脑比较迟钝的学生，可以在大自然中接受特殊的思维训练，就是用思维把头脑记忆链条中的事件和现象联系在一起。这些现象的链条因果关系是一个接一个的，教师在学生面前给予启发，点燃思维火花，就会让他们的思维活跃起来，刺激头脑连续发生运转。

教师只要想办法点燃这一缕火苗，学生一定想知道更多，然后顺着这一点进入更深的思考，发现新的现象和状况，而这点火花点燃的是学生的意愿，它可以加速思维过程的发展，它是思维的触发力和助动力。

建议三十九：

珍惜青少年的记忆力

对大脑而言，死记硬背向来是得不偿失的，青少年时期更应防微杜渐。青少年经常死记硬背，会导致一种懒于思考的病，即使成年后也始终停留在某种幼稚阶段，令头脑迟钝、智力停滞，阻碍才能和爱好的发展。死记硬背会产生一种书呆子气，这对一个人来说是最不可取的。从本质来说，这就是把教儿童的特定方法用到青少年身上，结果让青少年的智力一直处于低幼状态，但同时又期待他们掌握高深而严谨的科学知识，这样的话，学生的知识就严重脱离生活，脱离现实的实践，智力活动以及社会活动的范围，都受到严重的限制。

产生死记硬背的主要原因之一，是让青少年用儿童的方法来获取知识，这些学生把教科书背下来，而且内容都是一块一块的，然后他们盼望着以后用知识的时候，再把这些内容一块一块翻出来。老师问什么问题，他们就对应着回答出来，考试的时候得一个分数。这样的记忆方法其实会造成记忆的肥胖症状，它不会开发人的头脑，反倒会把人变成白痴。我们进行教育工作，其中一个最重要的任务，就是避免让学校中出现这种书呆子气息。但是从目前看来，初中和高中的大部分课程要求，都是让学生死记硬背，很多教师给学生灌输一种思想，只要把教材好好背下来，你就能学会知识，否则什么也学不会，学知识根本没有什么窍门可言。面对这样的情况，我们该采取什么样的补救措施呢？

我认为，要改变这种现状，唯一能采取的措施就是，教师们应该在教科书里划分出强制性记忆和理解性记忆二者的比例关系。比如说，高中生需要熟记教材中的一部分内容，这些强制性记忆的知识用 X 表示，那么与此同时，学生对教材进行理解，进行思考的内容就要多出 3 倍，我们用 3X 表示。强制性记忆材料和理解性记忆材料，二者存在较大的区别，但同时也存在一定的联系。比如说，在解剖学中，还有生理学中，都讲到了神经系统，教材中这一部分的新材料和新内容，需要学生全都背下来，但是如果只靠背诵学习的话，学习新知识就会变成死记硬背。因此教师应该推荐一些相关书籍，让学生在课后阅读一些有关人体的资料。学生读这些书的时候，被有趣的内容吸引，他们并不会想到把这些内容死记硬背下来，但其中一些知识点也会被头脑吸收，牢牢记住，这就产生了另外一种记忆的方法，也就是理解性记忆。

理解性记忆，在本质上说，跟强制性记忆迥然不同，它不是死记硬背，而是在兴趣和思考的基础上，自然而然产生的，学生的心理和情绪对理解性记忆产生极大的影响和作用。当学生阅读一些趣味性较高的书籍时，就可以增强理解性记忆的能力，同时还能让他们的头脑思维变得更加活跃，这是一个正向循环：因为只有让学生的思维活跃起来，当他在课堂上进行强制性记忆的时候，熟记的能力才越强，同时他还可以在脑海中再现背诵的知识，巩固背诵的材料，这些能力随着思维的活跃也变得越来越强。

一个学生通过思维训练进行记忆，所记住的内容比死记硬背多几倍，那么当他再去熟记教科书的内容时，他就可以熟练使用思维记忆方式，将死记硬背转化成理解性的阅读和记忆，同时，他也能用思维对知识内容进行分析。多年的教学经验已经证明，学生进行强制性记忆时，如果有了理解性阅读和思考的基础，那么他在学习教科书时，一定会提出一些疑问，这种提问是自发式的，因为他学到的知识内容越多，产生疑问和不理解的地方也就越多。这样一来，他学习课本时反倒更加容易了。

教师一定要调控理解性记忆和强制性记忆的比例，让二者之间保持合理比例，一位基础学科的教师，不能只是传授知识，还应该成为学生的启蒙者，为学生的思维方向指明道路。教师要对教科书进行讲解和说明，通过传授知识，用个人的智慧去激发学生的好奇心，点燃学生的求知欲，让他们怀有对学习知识的渴望。学生们听完老师讲的课程，心中会产生强烈的渴望，想要阅读老师上课时提到的某一本书，而且课后也会对这本书念念不忘，想尽一切办法找到这本书。

建议四十：

培养学生喜欢上画画

　　小学阶段的绘画课是怎样安排的，绘画的创作在教学的进程中占何等位置，这与发展学生的智力有着紧密的关系。根据我在小学教学的经验，我认为绘画是提升学生创造思维和想象力的重要手段之一。我非常确信，在通往逻辑思维的道路上，绘画是不可缺少的工具，同时绘画还可以帮助学生建立对世界的审美观，这一点更是毋庸置疑的。

　　在小学阶段，我会教学生进行写生，画一些简单的树木、花草、昆虫、鸟类……不管他们绘画的内容什么样，其中主要反映出个人独特的感知、思维以及对美好事物的理解。我曾经专门组织过几次旅游，带学生们到思想的发源地——大自然中去，让学生对周围的世界产生审美和情感。当学生把他认为美的事物画出来的时候，对于美的感受和思维就可以表达出来，这样就可以开发他们的形象思维能力。

　　我循序渐进地教给小学生一些基本的绘画技巧，让学生们学会表现光影、阴影和透视关系。一年级的时候，我要求学生在绘画中表现创造性思维，在他们的绘画中创造新的童话故事，绘画成了展示创造力和想象力的重要支点。我十分相信，在教学过程中培养学生的想象力，会极大地提升他们的语言表达能力。可以这样说，图画是可以让他们津津乐道的重要手段，它可以让一个平时内向腼腆、沉默寡言的孩子主动表达，展示自己。

　　到二、三、四年级的时候，学生要把绘画运用到具有创造性的书面作业中，比如要对大自然和人类劳动进行观察，然后写出作文。我发现，当有些学生找不到恰当准确的词汇来表达自己的思想时，他们就使用绘画的方法。

　　一定要让绘画在学生的精神生活中占有重要的位置，这是我一直努力要做的事情。我认为,如果缺少绘画的技能,很多课程都很难进行下去,比如说地理课、历史课、文学课和自然课等。举个例子,当我讲到欧洲大陆的动植物时,我不可能把所有实物图画都带到课堂上进行讲解,于是我会在黑板上画一些动植物的图形。这种在课堂上绘画讲解的方式,并不会打断学生的思路,反而会增强他们的想象力,让他们集中注意力。比如在历史课上,我经常在讲解课本的同时,用粉笔在黑板上画出历史事件的内容,包括古代人的服饰、工具,以及他们的武器等等。这么多年的教学经验让我明白,在历史课上画出一些故事情节,对于课程的讲解会有很大的启发和帮助作用。比如我每次讲到斯巴达克起义,就会在黑板上画出一些情节,画一个山顶,上面有起义军的军营。在讲解历史事件的过程中,在黑板上随手画出图画,往往比拿一些现成的画册更有用处。另外,我给小学生们上数学课的时候,也会把应用题的题目画在黑板上,我以前曾经提到过这一点。

训练学生流利地书写

有两种最重要的学习工具，一个是阅读，另一个则是书写，这是让学生通过阅读和书写了解周围世界，是他们学习的重要途径。一个学生必须学会流利快速、理解性的阅读，如果他无法掌握阅读技能，或者不能快速流畅地进行书写，他的学习状态就仿佛一个半瞎的盲人。在教学工作中有一项任务非常重要，小学三、四年级时，学生应该学会笔不离纸在本子上写出较长的词语，也可以在不看教科书的情况下，默写出难词和短句。这种技能可以称作是"自由书写"，能够提高学生的写作水平，也是学生主动自觉掌握新知识的基础条件。当学生可以自由书写的时候，他在写字的过程中不用考虑一个字的偏旁部首怎么写，也不用考虑笔画如何连接，只有在这种自由书写的情况下，他的大脑才在思考如何运用语法规则，他写的句子是什么意思。掌握流利的书写技能，可以尽快训练学生的语法能力，培养他运用语法规则的技能。学生在写词语和句子的时候，不必思考具体的字怎么写，因为这些字他已经写过很多次了。

快速地进行书写，并在书写过程中遵照语法规则，以及在书写的同时进行思考，这些活动都应该同时进行。培养快速书写的能力，首先要求对手的肌肉进行长期频繁的训练。多年的教学经验证明，对于手部肌肉的练习，应该比写字更早一步。也就是说，孩子在入学前的一年里，让他的左手和右手做一些较为精细的手工劳动，比如让孩子用小刀或剪刀雕刻和剪裁纸张，编绳结，做木质模型等。精细的手工劳动可以训练手指的动作，训练手的协调性和灵活性，以及手指操控小图案和笔画的敏感性。

同时，还应该让孩子的手工劳动成为一种审美活动。孩子们可以做各种各样的物品，在他们的手工作品中，可以反复制作椭圆形、圆形以及各种波浪线条，尤其要让他们的双手习惯灵活动作，反复操练敏锐度较高的、细致稳当的动作。多年的教学实践可以证明，学龄前的儿童手工劳动十分重要，如果他做过非常多的手工，可以用手指做出精细的物品，那么在他入学之后，就能够很顺利地进行书写。当然，入学之后，在书写方面进行系统训练，也是不可或缺的事情。

学生左右手都能工作

人类的发展历史进程有这样一个现象——凡是与思维相关的，在指尖上体现出人类如泉涌般的智慧的发明创造，都是用右手完成的。当然左手在完成这些创造性劳动的过程中，也起着很重要的辅助作用。人们通常是用右手使用工具，用右手拿笔创作，画家也是用右手画出不朽的画作。

人们使用右手可以让智力素养达到一个较高的程度，右手可以创造出各种精细的劳动成果，但同时左手也参与辅助工作，具有不可磨灭的功劳。人们使用左右手进行频繁而熟练的操作，会让劳动技巧、艺术创造、智力发展都更加迅速地获得改善。在分析这个问题之前，我们可以探讨一下，手和脑之间有着千丝万缕的密切联系，手的活动能让大脑得到发展，使大脑变得更聪明，而聪明的大脑也可以提高手的灵活度，把手变成具有创造性的工具。

生活经验告诉我们，对于一切伟大的劳动作品而言，其中精细的工作不仅是右手创造的，同时也有左手的参与。人类的大脑操控着左右手，当左右手同时进行劳作的时候，双手之间就产生更加密切的联系，双手劳动的各种丰富经验很快会传导到大脑之中。而这些经验都来自各种客观事物，反映出事物发展和状态之间的紧密关系。我认为，所有的结论都是从经验中获得的，而由经验总结的结论，客观反映出现实的规则。因而，当人们用左右手同时进行创造性劳动的时候，他头脑中的思维活动就会产生质的变化。这时候，一个人可以用他的思维对各种现象进行全局把握，把很多相互连接的现象链条看作一个整体，而不是局部。

我曾经花费 7 年的时间，在教学工作中让学生同时使用左右手协同劳动。让他们学会两只手各拿一件工具，用左手和右手同时协作，装配某个模型的部件，用双手同时在木料车床上进行劳动。我发现这些学生的创造才能逐年提升，这些创造中具有典型的特点：他们不断产生新的构思而且具有发明精神。凡是用双手从事劳动的能工巧匠，似乎都存在一种能力，他们比那些只用右手工作的人，看到的东西更多，有更广泛的思维活动。

动手和智慧的关系

人手是伟大思维意识的创造者，人手可以做出上亿种不同的动作，人手是智慧的造就者。很遗憾的是，动手对于智力培养的作用，目前人们研究相对较少。让人难以理解的是，最近很多人谈到让学生参加课外劳动。他们的理由是这样可以防止学校过分发展脑力劳动。这个逻辑十分荒谬，好像如果双手不做点事情，就会导致智力障碍问题产生。

事实上，这种情况不会发生，让双手无事可做，与那种随便让学生干点儿体力活动的做法一样，都对学生的智力发展大有裨益。我曾花了 10 年时间观察 140 名学生的智力发展状况，得出的结论是：如果学生们年复一年固定几个月从事极其疲惫的、单调无趣的体力劳动，他们的双手只是体力能量的发出者，而不是创造者，那么会让学生的智力无法得到充分发展。有这样一所学校，学生在学习时脑力活动极其单调乏味，没有兴趣和爱好，同时他们也没有用双手从事过复杂的、精密的、要求动脑的活动。这样的做法阻碍了很多学生的智力发展，这些 16～18 岁的少男少女，当他们要进行最简单的机械操作时，几乎束手无策、手忙脚乱，而这所学校毕业的学生没有一个考上大学的。

人类的大脑中有一些积极的、特殊的、富有创造性的活动区域。当抽象思维与灵活的双手配合得天衣无缝时，就可以激发这些区域，使它们变得积极而活跃，如果缺少这种结合，大脑的这些区域就会长期封存。青少年时期，如果无法将这些区域激活，那么它们就永远不会触发觉醒。

小学一年级起，我们就要求学生的双手能够正确、高效地做各种行为指令，在手工劳动课上和课外小组中，学生们用纸剪出各种图案，或者用木料雕刻精细的图画,使用雕刻刀刻出漂亮的字。他们对任何的小偏差都很敏感,对作业不会应付了事。当这种敏感和认真迁移到思维当中，就可以让思维具有准确、工整、明晰的特征。

我们让学生尽量使用精确的工具，让他们用双手和手指做复杂的动作，比如用手工工具加工塑料、木料和金属，这些活动都对培养学生的智力起到重要作用。

高年级的学生会逐渐转到设计和构造的手工活动，教学工厂里都有配套的木料和塑料零件，还有机械模型和可拆卸的零件，可供学生组合、拼接各种模型。学生们能够独立分析各种零件的相互关系，在头脑里构思示意图，然后进行拼接和组合。在这类手工作业中，特别强调智力劳动和双手活动的相互关系。有效信息通过两条途径相互传递着：经手传到大脑，再经大脑传到手。大脑在思索的同时，手也在"思索"。就是在此刻，大脑的创造性区域得到激活。学生对零部件相互关系和相互作用的理解是最重要的，思维可以从整体转到局部，从概括转到具体，在这种转移的过程中，双手起到积极参与和辅助作用。我们确信，这些作业培养了学生的观察力和推测力，并且直接发展了他们的数学才能。

如何获得其他老师的经验

在拥有几十人以上规模的学校中，更易提升教师的教学技能。在教育资源较多的学校中，总会存在技高一筹的教师。可是如何学习到他人的教学经验是件漫长而艰难的事情，需要一种创新精神。

假如你从某个高校毕业，拥有一张低年级教师资格证，被分配到一所学校，除你之外，还有 16 名和你同等的教师一起工作。他们中有部分人经常在集体会议时得到校长赞扬，当然也会有些人一直寂寂无闻，甚至还有人偶尔会被批评指出存在各种毛病和问题。作为教学舞台上的新人，你几乎能从每位教师那里吸取经验，即便他只比你早入职几年。可是吸取他人经验需要注意一点，即使你把所有教师的课都听一遍，其实也是很难获得什么经验的。

因此，我建议你，先把所有低年级教师所教学生的练习本看一下。要是大多数学生的练习本字迹秀丽端正，没有什么错别字，那么便说明一个问题——这样的班级能让你学到很多东西，因为学生的练习本是教育教学工作的一面镜子。所以你可以到这个班级去听课，不要只听跟写字有关的课，事实上，练习本中包括所有教学成果。字迹的好坏，不但跟学生的阅读质量有关，还取决于学生的阅读数量。

假如不能深入细致地了解教师做的细节工作，不能了解教师对学生产生什么样的作用，那么就无法理解他的教学理念。一开始，你去旁听经验丰富的教师上课，仅仅想了解他如何教学生写出一手好字，可是随后便会发现，有很多东西与你观察的事物并无密切关系，你不必因为种种现象之间存在复杂的、相辅相成的关系而感到疑惑。想获得他人的经验，就要先弄明白：做好一件事情要有哪些先决条件。否则的话，不仅无法了解经验，也无法获得他人的经验。要明白一个道理，获得先进的经验，并非将单个方式或方法机械地套搬进自己的教育工作中，而是要汲取其中的思想精髓。向优秀教师请教时，你自己应该先拥有某种坚定的信念。

这样，你便会意识到，那位学生的练习本很吸引你，他所在班级的其他学生也有很强的阅读能力，他们看一眼文章，便能找到关键词，抓住关键句，边阅读边思考。所以，他们在朗读的时候，便自觉地出现抑扬顿挫，富有感情色彩。不管你多么仔细地观察别人的阅读教学方法，都很难发现任何新东西。再去听课，不断地听下去，将别人的课和自己的课做比较，虽然完全按照别人的方式教学，可结果却明显不同。所以请你钻研，继续钻研，好的教学效果究竟是如何产生的。

同时你也要认真地去问一下自己的学生，尽可能多地了解他们的家庭状况，这样你才有可能弄明白，一个学生能够培养良好的阅读习惯，其实是由各种因素共同促成的：当学生在家庭中生活的时候，他的日常状态如何？学生小时候有没有听过故事、听过哪些故事？他是否培养起课外阅读的良好习惯？教师在课堂上是否对实践十分重视、是否注重课堂知识与实践之间的关系？然后我们可以从中得出结论，在具体的教育和教学工作中，如果仅凭一种单独的教学方法，是无法取得良好成效的。但是我们也要坚持某种好方法，只要持续地做下去，将来一定会取得这样或那样的成果。也就是说，想要在学生身上看到成效，教师通常要考虑使用几十种或者数百种方法，一个好结果是各种因素共同发挥作用促成的。这些因素表面上看起来似乎没有直接联系，而且似乎对学生的状态不产生影响，也不是教师观察、探究和钻研的对象。

进一步探究优秀教师的教学经验，会让你发现：在自身的实践工作中，想要得到某种成效，都需要哪些关键的要素。首先是提升教学技能。第一步就要实现自我提升，要付出努力，提升劳动素质和思想深度。如果缺乏对自我的思考，缺少对自我劳动进行究根问底的钻研精神，那么一切提升教学方法的工作都是枉费心机的。

对年长同事的教学经验进行观察，你研究得越多，就越要进行自我反思、自我剖析、自我提升与自我学习。在自我反思和自我剖析的基础上，你能慢慢形成自己的教学理论和教学思维。举个例子，你目前研究的工作即将得到结果，二者之间的联系，能得出一个结论：今天你在翻过的土壤中播撒种子，但是第二天并不会长出幼芽。今天你做的所有工作，在大多数情况之下，需要很多年后才会获得评价。这是教育和教学工作中的一个重要规律，需要我们一直保持长远的眼光。

如何才能让孩子喜欢上学习

我笃定地认为，培养孩子主动的、积极的思维创作力，有一种强有力的引导方式，便是从事脑力活动时带有有效情感。让孩子感觉到，能带给自己亲人般的愉悦感，这是一种很高级的品格。如果一个孩子内心非常善良，愿意关心他人，那么他就不会在一些人情世故上感到惶恐不安。有一次，我的四年级学生柯里亚告诉我，他的妈妈得了心脏病，所以他必须努力学习。这个孩子打心眼里认为，如果他的成绩册中分数很差的话，他的妈妈一定会伤心欲绝。他希望妈妈健康幸福，并且相信，自己可以通过勤奋学习来抚慰妈妈的心灵，让她不再为此忧虑。

假如你想让一个孩子积极主动地学习，让他努力通过学习带给父母幸福感，就需要培养并发展他的劳动愉悦感，即让儿童看到并且体验到他在学习上获得的成果。不要使学生产生一种焦虑，认为功课落后就毫无出路，感觉自己总落后于别人。儿童拥有乐观心态，对自己充满信心，这是将家庭与学校紧密连在一起的桥梁。学生的乐观感受一旦受到伤害，家庭与学校之间就等于形成了一道壁垒。

为了让孩子保持这种乐观主义精神，有一点非常重要，就是要让父母直接参与到孩子的教育当中，守护他的知识摇篮，一起陪伴着他，当他取得进步而感到开心快乐，时刻关注着他的成功与烦恼。"父母是孩子最好的老师"，父母亲不仅仅应该对孩子进行教育，还应参与到具体的教学中来。在孩子入学前两年，学校要跟家长制定一套有目的、有计划性的任务，以便让家长可以在家中教孩子一些入门的算术和读写内容。在这之后，每个星期学生至少来学校一次（学生入学之前的半年内，每周至少来两次）。在这段时间内，学龄前的儿童会跟小学一年级的教师一起学习，他们在一起阅读书籍、学习字母、解答算术题。如果这样的教学活动没有办法在家庭中进行，学生一周只来学校一次，在学校里进行练习，当然是不可能学到什么东西的。因此，我们学校建立了"家长学校"，号召家长们都来上课，教师们告诉这些家长（包括孩子的父母和祖父母），在家中应该如何教孩子认字、学字母、学算术等。

另外，我们还在"家长学校"中开设了"家庭教学理论"一类的教学法课程。在这些教学法中有一些要求十分重要：家长要为孩子购置书籍，激发孩子对读书、对知识的渴望和兴趣；家长要准备一些游戏，有目的性地将游戏跟脑力活动相结合；家长还需要跟孩子进行精神交流和心灵沟通，并且要持续进行下去。在学校里，高年级的学生制作了一些比较直观的教学用具，都是为学龄前儿童准备的，可以帮助他们识字和学习算术。这样一来，学龄前儿童经过一段时间的充分准备，他们在踏入小学一年级的时候，就可以顺利地进入阅读和算术阶段。这在很大程度上能减少未来的学习压力，让孩子们感觉脑力劳动是一件非常有意思的事情。而且，这么做还有其他益处，一方面能使儿童提前做好入学准备，另一方面可以让家长和儿童之间在精神方面贴近一些。父母如果从心底关注儿童的成功与失败，他们便能慢慢明白，尊重儿童努力学习的意愿，是一门非常奇妙的学问。而且，在学龄前开展一些教育教学活动，还能预防家长形成一种错误观念，也就是以为"只有逼得紧些"，才可以让孩子在学习上取得4分或5分的成绩。我们努力让父母们明白：学习成绩的优劣并不能反映儿童道德方面的好坏。背离这点，会让儿童陷入非常深的痛苦之中，甚至有时会伤害他们的内心。

一个孩子的学习成绩跟他的道德水平没有关系，用成绩好坏捆绑道德优劣，是一种非常片面的、不理性的认知，这也是学校片面追求高分的必然结果。所有的教育成果不能只归纳成一条简单的结论：学习好、成绩好就是好学生。这一点我们是无法忍受的。如果一个学生没有取得应有的好成绩，那么这名学生就会被判定是"没出息"的学生，这种做法几乎是缺少教育常识的。而在这种"唯成绩论"的教育怪圈中，并没有将学生的各种品质作为统一和谐的整体来看，也没有考虑到学生的特性、品质、兴趣和才华等。

但令人十分惋惜的是，只看成绩论学生的好坏，已经渗透到很多学校、家庭乃至社会生活的方方面面，甚至有很多书籍中，以及社会评价的声音中，都认为得3分的学生一无是处，就是"差生"，这样的说法让人十分愤慨。各位同行，你们应该可以很肯定地告诉自己：一个学生的成绩得到3分，这是对他的知识评定的一种比较满意的分数。我还要说一点，如果每位教师用正确的态度评分，处理学生的成绩问题，就不会出现学生谎报分数的现象。此外，在一些学校中，学生不及格也打 3 分，这种做法也是错误的。还有一些家长不让自己的孩子做困难的事情，孩子无论做得好不好，都希望学校给一个高分。而实际的情况是，每个孩子能力不同，有的人可以轻而易举获得 5 分或 4 分，而有的人得到 3 分已经是非常好了。在我们的义务教育中，一定要牢记这一事实，这是非常关键的。

给复式教学老师的意见

目前，只有一两个教师，学生人数非常少的小型班级，采用复式教学[1]方式的，或许将会在未来很长的一段时间里延续。

假如你在这样的学校进行这种教学模式，那么你应该竭尽全力，在自己的课堂上营造一种多姿多彩的协作学习的环境，并要一直保持下去。这点是极为重要的：假如缺少高素养（教育学素养与文化素养），那么你或许会退步，把自己的居住地变为荒僻落后之地。假如发生这种事情，那么便是教师未能尽到本职责任。一些偏远地区远离城镇和城市中心，地理位置十分荒僻，但是在这里也可以燃烧起思想的火花，能够产生文化和创新精神，而这一切都在于教师。因此教师们所做的努力，应该都朝着一个方向，就是让思想的火花、创新精神越烧越旺。在这方面，你所教的学生，他们的文明举止、文化知识和教养程度，也是非常关键的力量。

你需要特意做一些工作，让这类文明与光明思想的火花长久不灭，像大火一样火光冲天。在偏远地区，没有像样的图书馆，在这种地方，人们对书籍的需求度（尤其是新出版的书籍），就如同人类离不开空气一般。

在这种采用单班复式教学方式的学校中，孩子们的课内阅读有非常重要的意义。应该联合社会各界人士，引起广泛关注，给学校图书馆配备可供儿童阅览的书籍。尤其是各类名著，只要是列入儿童必读书文学库的，都应该想方设法购买，即便是在最偏远的山区学校里，在规模最小的学校中，也应该准备齐全。我认为，教师如

---

[1]　复式教学，把两个或两个以上年级的学生编成一班，由一位教师用不同的教材，在同一节课里对不同年级的学生进行教学的组织形式。教师给一个年级讲课，让其他年级学生做作业或复习，并有计划地交替进行。

果关爱学生，全力以赴为学生筹备阅览的书籍，想实现这一点并不困难。其实，正是在远离文化中心的偏远学校里，才能创造出更惊人的阅读条件，让阅读书籍成为学生思想火花、精神创造的重要源头。

对规模小、地处偏远的学校的教师而言，非常重要的一点是，要跟乡镇或者城市中的一所好学校保持长期联系。我的想法是，教师每年去城市学校两三次，每次逗留 3～4 天，跟同行进行交流沟通，听一听同行教师们的课程，并且跟那些具有创新性的教师进行接触，他们往往都善于思考，有明确的教育目标，你可以看一看他们通过努力取得的各种教学成就。等回到你所在的学校中，给学生的作业和考试评判成绩时，也要横向比较一下城镇中那些教师取得的成果，努力向他们看齐。条件如果允许的话，还应该邀请城镇中好学校的优秀教师，请他们当中的 1～2 位到你所在的学校里，参观、交流、沟通，哪怕只待一两天也好。

等到了春夏季节，你应该尽量多地创造机会带着你的学生去城市看看，了解一下城市生活与自己的生活有什么区别，参观一下工业厂矿，如印刷厂等。借着每次旅行的契机，寻找一切机会来丰富一下学校的图书、教学的幻灯片与影片。

放暑假的时候，也不要一直待着，要去大城市旅旅游！好好计划计划，你在这所偏远学校任职期间，还应该去彼得格勒、莫斯科和其他文化中心看看。在城市停留期间，要努力让自己过得丰富多彩：去剧院、音乐厅看演出，见识一下什么是国家级优秀演员，什么是精湛表演。还有不要忘了买书。

最后还有，要尽可能多出去郊游。你的见识储备得越多，你可以讲的内容就越发精彩，你对学生的影响就越大。

老师应该写些什么计划

老师应该写些什么计划？这是一个比较突出的问题，我们也时常碰到这样的状况：有时老师会被某些错综繁杂、形式化的报道压得喘不上气来。因此一些老师觉得：根本没有什么时间来写教学计划。

这种认知是不对的，教学计划是必须写的一项工作，特别有利于完成教学任务。

对小学各个年级的老师而言，制订一份长远又好用的计划是极为重要的。这份计划当中包含了哪些具体内容呢？依据我的经验和阅历，至少包括以下几点：

（1）在小学阶段，儿童应该读文艺作品。当然，这个计划的实行需要一个前提条件，那就是学校的图书馆里有这些必要读物。

（2）在学校里，儿童应该欣赏些音乐作品（学校最好有音乐教室）。

（3）同学生谈话时，需要用到什么绘画作品。

（4）要求学生背诵文艺作品片段与课文。

（5）最核心的词汇量，即在小学阶段，学生要牢记一些词语的正确写法。

（6）为扩大学生的知识范围，列出所需阅读的科普书籍与小册子的目录。专门供学习方面有困难的儿童（思维的主观能动性较低的儿童）阅读的小册子与书籍，要单独列出来。

（7）"思维课"的主旨，就是带着学生去感受祖国的语言和思维的起源。

（8）在小学阶段，儿童要写的作文题目。

（9）儿童与老师需要制作的直观教具的目录。

（10）小学阶段需要组织的参观目录。

我的意见是，即使到了中、高年级，教师都必须制订这样一份长期计划。当然，在各自的计划中要结合本学科的特色而定。比如，生物老师可以加入一些参观大自然的计划，方便学生在脑海中产生相应的印象。地理老师应该在参观计划中加入一些记忆术语。物理老师应该将参观工农业劳动纳入计划。

长远计划作为一个重要的奋斗目标，老师应该年年翻看和思索这一大纲，以此来查看自己哪些工作已经完成，哪些还等着去做。依据长远计划完成的进度，可以判断出学生所掌握的知识情况。

每位老师都要写课题设计与课时设计。课题设计是按照教学纲领所分的课时数，制订的一种包含了几节课的规划。课题设计只能用在2～5节课就可以讲完的课题上。在课题设计中，要写清楚每一节课讲什么以及相应的教学方法，要避免将讲的知识弄成篇幅过大的书面笔记。老师需要讲述的内容应该装在脑子里，无须做翔实的记录。课题设计是教学理论方面的预想与依据，并非翔实的演讲稿。计划中只要写上针对教材方面带有创新性的内容就行，比如：在检查家庭作业的时候，需要儿童回答的问题；学习新课本的时候，学生独立完成的种类等。给学生布置的习题与作业题都不用写入计划里（老师们常常将这些题抄录在笔记本里或者是专门的卡片上）。

在写课题设计的手册中，需要在页边上留一些空白处，方便在遭遇预想不到的情况时，可以对原设计做及时修改。

对一些教师而言，课时设计花费的心思更多，重要性也超过了课题设计，他们在上课之前对课题思考一下，然后做一些比较简单的标记，在笔记本上并不做详细计划，只是写出每一节课的课时计划。当然，每位教师都可以按照自己的想法安排课时和课题设计，他们可以依照自己认为最合适的方式去做。但是有一点需要强调，一定要以教学的长远计划为根本目标，无论是课时设计还是课题设计，都不能偏离最终目标，而且还要时常考虑教学大纲和教学说明，把这二者跟长远的教学计划进行对比。

除此以外，一位教师如果是班主任，他还需要写一份教育工作规划。至于这个教育工作规划如何去写，我将会在其他意见中谈及。

有关老师写工作笔记的意见

我的建议是，教师都应该写自己的工作笔记。这里说的工作笔记，其实并非那种格式统一的给领导做汇报的笔记，也不必做得那么正式，只是个人日常积累的随笔，就像日记一般记录下来。这些看似随笔的简单记录，可以成为教育研究和创新的重要经验。如果一位教师坚持写教育日记，持续写 10 年到 20 年，甚至是 30 年，那么他所记录的内容将是一笔巨大的财富。

一位教师只要善于思考，他就会在教学过程中形成自己的教育体系、理念和教学法。当一位教师在多年的教育工作中已经积累了很多高超的教学技巧，有很多创新性的想法，那么当他离开人世，生命终结时，将多年来思考研究的教育成果埋入黄土，这对于整个人类的教育发展来说，将失去多少最独特且有意义的实践经验啊！如果将所有的教师日记都收集到一块儿，存放到教育科研机构和教育博物馆中，那将是一笔价值千金的教育财富。

我写日记的习惯已经坚持了 32 年。在我还是一个刚进学校、刚开始教育生涯的教师时，有这样一件印象非常深刻的事儿。当时在我们村，有一个医生，大家都认为他性格孤僻怪异。这位医生十分古怪，他给上小学一年级的学生称体重、量身高，把所有人的身体数据详细记录下来。我跟他谈起这件事时，翻看他记录的笔记本，惊诧万分，因为他记录这些数据已经有 27 年了。

我问他："记录这样的笔记，对你来说有什么好处呢？"

医生回答说："我觉得这其实是一件非常有意义的事情，因为我发现，在这 27 年时间里，同龄孩子的平均身高增长了 4.5 厘米。如果我可以再活 30 年，就可以看到更多的变化，这多么美好啊……"

在那个时候，没有人考虑过孩子们的身高快速增长这个问题，后来因为战争的缘故，这位医生得了重病，他把记录多年的笔记本送给了我。就这样，我进入学校担任教师的第一天，就把孩子们的身高、体重以及成绩水平等情况，通通记录下来。从那时到目前为止，我通过在笔记上进行记录，已经掌握了整个村的孩子在 29 年内的身体发育相关资料，这对我来说，是无比珍贵的东西。

在孩子们入学的头两个星期之内，把关于他们所掌握的知识、能力等记载下来，每年，我会让同龄的孩子们回答同样的问题，比如：从 1 一直数到 100；把你所认识的动植物名称，一个个默写出来；还有认识哪些工具，并说出它们的用途；等等。这一习惯到现在已经持续了整整 32 年了……

对我而言，孩子们所回答的答案，也存在重要价值。比如说，有一些资料非常值得关注，在 1935 年的时候，有 35 名新生上一年级，其中只有 1 个人可以从 1 数到 100，有 5 个人只能数到 20（当时孩子入学年龄是 8 岁）。到了 1966 年的时候，36 名上一年级的新生中，有 24 人可以从 1 数到 100，剩下的 12 人中，有人可以数到 20，有人数到 30 或 40，而这个时候的入学年龄是 7 岁。同时，这些孩子在机械技术方面的了解每年都在增长，不过令人遗憾的是，孩子们对自然界中动植物的知识，却每年都在减少。

我曾经记录，在 1935 年的时候，一年级的 35 名新生中，每个人都见过夏日清晨的霞光，每个人都可以描绘出日出是什么样的景色。然而到了 1966 年，在 36 名一年级的新生中，只有 7 个人见过夏天的日出和霞光。

在我的笔记里，还记下了学生家中有什么书，家长的受教育程度，父母在教育孩子方面所花的时间。将这些资料进行比较，会发现很多有意思的规律，其实也是一件趣味性极强的事情。

其中我的笔记里记录有关"差生"的资料占有一定的比重。在我看来，勤于观察孩子们在课内外行为举止方面的细小成长，这也具有十分重要的意义。对所看所记的情况进行思考，对老师的工作也有极大的帮助。譬如，顾虑到某些儿童的智育能动性较低，智力见识相对来讲带有局限性，由此我得出了一些结论，比如应该让儿童读什么样的自然科普书籍等。

写笔记有利于思想集中，针对某一问题加以深思。比如，在我的笔记本上留几页空白页，用于记录自己对如何巩固知识的一些思考和建议。将这些笔记进行探究、比对与剖析，便可以知晓，巩固知识并非由简单的重复而成，由更多前提条件决定。这也是笔记的作用之一，它让我们不断地思考。

如何养成脑力劳动中的自律性

我给高年级的学生提的意见中涵盖了学生一个重要的精神领域——阅读、思考以及独立解决问题的能力。这些意见能否行之有效，依赖很多的因素，其中有几点尤为重要：在学校，先是在教师这一集体中，要有种浓厚的求知氛围；要在多种精神生活背景下开展课堂教学；老师自己的认知面，要比他在课上所教的东西多百倍；每个学生都要有自己的特长。假如这些前提都具备了，就能对脑力劳动中的自律教育保驾护航。在我们看来，应向学生提的最重要的意见有以下几点：

第一，假如你时间充足，那就要保持阅读的习惯。你要每天读一些科学作品，跟你最爱的科目或者是选修课相关的作品，哪怕一天只读一两页也是好的。因为你读的这些书籍都会成为你智力的源泉，为你的学习打下良好的基础。这个基础越扎实，你学习便越容易。读得越多，你的后备能量便越多。原因在于你的这些课外阅读与课堂所学的内容有很多点是相通的。这些相通点，我们叫作"记忆的抛锚地"。它们指引人们向必修之外的知识海洋延伸。所以，你要要求自己天天读书。

第二，要学会专注地听课。在高中的时候，要将老师所讲的重点知识采用课堂笔记的形式记录下来，无论考试是否一定会用到。及时做笔记可以锻炼你的思维认知以及检验自己对知识掌握的程度。在课堂上，要学会思考这些知识架构，每天抽出半个小时整理笔记。我的意见是将笔记本分为两栏：一栏写老师所讲内容的大纲，另外一栏写需要思考的问题。将关键问题、主要问题列到这栏里。这犹如楼房的骨架，这个骨架就是这门学科所有知识的支柱。这些关键问题应该天天加以思考，而且将每日所读的科学作品和这种思考联系在一起。假如你将这个意见用于全部学科中，那么你就不再有"紧急突击"的时候了。当你备考时，就没必要反复背所有笔记了。学科的"骨架"是一种独特的纲领，仅仅依靠这些，就可以回忆起教材上的内容。

第三，每天早上 6 点你要准时开始学习，这样的话，5 点 30 分就应该起床，先做早操，然后吃点早饭，接下来就开始一天的学习。在去学校上课之前，先进行一个半小时甚至两个小时的脑力劳动。在早晨的这段时间里，对于大脑而言属于黄金时期，所以你要在清晨的时间里做一些最复杂最有创新性的脑力活动。比如，思考一些学科理论方面的重要问题，研读最难的理论著作，撰写论文大纲等等。一个学生如果需要从事研究性的脑力活动，那么最好的时间就是清晨。如果养成清晨工作的习惯，就无须熬夜，不必学习到三更半夜。同时你也要对白天的作息时间进行安排，务必要在晚上 10 点上床睡觉，确保在夜里 12 点之前，已经睡足两个小时，这样的睡眠才是有助健康的。

第四，你要擅长制定自己脑力劳动的制度。即摆正主次关系，合理分配时间。要先安排主要工作，避免被次要工作所影响。主要工作每天都要做。你要将与自身天赋和才华有关的最重要的科学问题明明白白地提出来，并毫不含糊地将它们弄明白。要将这些问题放在清晨进行脑力劳动的首位。要学会带着最重要的科学问题去找相关书籍查询，而且要脚踏实地地长时间地去研究它们。

第五，要懂得给自己制造内在助推力。在脑力劳动当中，很多事情会显得无趣，让人很难有动力去做。"必须"二字或许是唯一的助推力。你恰恰应该从这个无趣的地方进行自己的思维工作。要懂得集中注意力去破解这些奥秘，要努力将注意力集中到一定程度，才能慢慢将"必须"改成"我要"。其他感兴趣的事情，不妨最后去做。

第六，你身边有个书的海洋。对于众多的书籍和杂志，你要严格进行选择，因为书籍和杂志浩如烟海，一个人心中满怀求知欲，想要读遍世界上所有的书籍，那是不可能的。为了有更充分的阅读时间，你要仔细规划自己的阅读领域，把一些影响学习、影响阅读的事情，尽量舍弃。同时你也要为那些突然出现的事情规划时间，比如说发现了一本新书，但你并没有对它进行计划，而这本书十分有必要阅读，所以你应该留出一些后备时间。为了保证阅读时间的充裕，你在课堂上要擅长记笔记，要善于将脑力活动发挥出最大效应，避免用"突击复习"的方法来应付考试。只有这样，你才可以有充足的后备时间。

第七，要加强个人的自控力。生活是多姿多彩的，在你的身边总会充满各种娱乐活动，有趣的事情层出不穷，因此你应该在心中坚定一个信念，很多娱乐活动对你而言充满诱惑，但如果沉迷其中，会给你带来极大的害处。当然你的生活需要有休闲时间和娱乐时间，但同时，也不能忘记了自己的学习。高年级学生的休闲活动，我的建议是，可以阅读一些轻松的文艺作品或者下象棋，或者进行体育运动等。在一个非常安静舒适的环境里下棋，可以让人的精神保持高度集中，促进神经系统的活跃，经常下棋可以使你的思维活动变得更加缜密。

第八，在一些无聊琐碎的小事上更不应该浪费时间（比如闲聊天儿，无所事事消耗时间等）。高年级学生中经常出现的状况是，几个青少年聚在一起，聚会吃饭，随意闲聊，几个小时很快就过去了，但是没有做任何有用的事情。因为这类的闲聊中，并不产生睿智的想法，并没有撞击出思想火花，但是时间却被浪费掉。高年级学生可以跟同学和朋友进行交谈，但是一定要学会将交谈变成充实自己精神力量的源泉。

第九，对于未来出现的脑力活动，要尽量合理安排，减少压力和负担。你应该为未来的脑力活动储备一些时间，应该提早做准备，随时随地习惯记笔记、记日记。我在日常生活中大约有 40 个日记本，在每一个日记本上都记载了各种不同的想法，有一些是明确的思考，却又一闪而过的（这些想法都是"有脾气"的，只在脑海中闪过一次，以后再也不会出现）。我也会把阅读过程中看到的有趣的句子和段落写在日记本上，对于将来而言，这些内容和思想火花都是非常重要而必要的，可以减轻未来的脑力劳动，对脑力活动起到辅助作用。

第十，每项工作中都包含着脑力活动，因此你需要找到合适的脑力劳动方式，应对这项工作。一定要摒弃古板的、保守的方法，当遇到一个问题时，你要舍得花时间去探索问题和现象背后的本质规律。你思考得越深刻，记忆也越牢靠，如果你还没有彻底地弄明白规律和本质，不要着急去背诵它，因为那只是浪费时间。你不必死记硬背，不必一遍一遍地进行默记，因为只要你彻底明白一件事，只需看一眼就能记住。一定要避免还没有彻底搞清楚之前就粗略地翻看一下，因为任何浅尝辄止的粗略做法都只能事与愿违，朝着相反的方向发展。到最后，你不得不回头去探究某个个别现象，探究某个规律和实质，而且要反复重复很多遍。

第十一，进行脑力活动的时候，旁边最好不要有人影响你，每个人都应该习惯独立思考，独立工作，尤其是集中注意力进行脑力劳动时。所以学习和工作的时候，最好去图书馆和阅览室，在那样的地方，所有人都遵守规章制度，不会有人轻易打扰到你。

第十二，脑力活动应该丰富多彩，将艺术的感性思维和数学的理性思维进行结合，轮流进行，所以当你从事脑力活动时，应该将文艺作品和科学作品交替进行阅读。

第十三，应该克服自身的坏习惯（比如：有的人喜欢发呆；有人想读一本书却静不下心来；早晨睡醒之后不马上起床，仍然赖在被窝里；等等）。

第十四，勤奋学习和工作最可怕的敌人，就是说"等明天再做吧"。我们不管在什么情况下，无论什么时候，今天应该做的工作任务必须完成，不能把其中一部分留到明天去做。除此以外，我们还应该培养一个良好习惯，把明天计划要做的工作取出来一部分，放到今天来完成。这个方法可以有效地形成一种内在刺激，养成良好习惯之后，可以让你明天做事情的时候感觉非常轻松愉快。

第十五，脑力活动不是短期行为，也不是做完一件事就彻底结束了，无论什么时候，你都不应该中断脑力活动。即便是放寒暑假时，也要坚持每天阅读，每天习惯用智慧和知识来充实自己的生活。当你未来从事脑力劳动的时候，这些习惯都是重要的基础和源泉。还有一点你可以确信，现在你学得越多，懂得越多，未来学习和掌握新知识时，也就越容易。

要使学生掌握更多的学习工具

　　每天我们都在强调：要不断巩固学过的知识，并为此而奋斗终生。可是知识这一概念其实是很抽象的，倘若我们认真思考，学生们内心世界到底都在想些什么、议论些什么、做什么和真正想得到什么，那么便能得到一个结论：我们给"学习知识"的定义太过笼统，它包括太多内在的东西。不仅有身边世界的一般知识，还有学生凭借一般知识能学到的本领和技能。假如认真探究一下，学生们在小学阶段都做了什么，可以一言以蔽之：小学期间的主要任务是让儿童学会用工具，每个人的一生都是凭借一些工具来学习知识的。在小学期间，学生在个性发展上会有非常大的进步，会认识很多关于身边世界的常规规律。我认为，小学阶段的主要工作，是要教儿童如何去学习。

　　但是实际情况总是事与愿违的，孩子上小学低年级的时候，教师不教给他们学习工具，因为认为他们无法了解工具，也不能彻底掌控这些工具。这样一来，就很难想象学生在智力生活和智育培养方面进行全方位的发展。等上了五年级，教师们又开始明确规定，学生们必须熟练地使用这一类学习工具，而且让学生快速自如地掌握。教师们已经忘记了，学生对这类学习工具还处于懵懂状态，还需要进行调整和不断打磨。他们甚至没有留意到，在有些学生的手中，这些学习工具已经折断了，他们没有办法继续使用，进行学习。而教师们为了赶教学进度，把成堆的新知识放到学生面前，要求他们赶紧记住，立刻开始干活，绝对不能偷懒。

　　工具具体指的是什么呢？这类工具如同五把"利刃"，也就是五种技能：写、算、读、观察（身边世界的诸多现象）、表达（自己的所见、所闻、所思、所想、所做）。五到七年级的很多学生，他们学习较差，努力没有效果，主要原因在于欠缺使用工具的能力，不会使用这五把"刀"，而这五种最重要的能力结合在一起，便组成一个总的能力，也就是：是否会学习。

五到七年级的每科老师（数学、物理、化学、历史、地理、自然老师），在检验学生的学习能力时，发现很多学生（甚至更多学生）不懂阅读技巧，不懂领会教材的含义。让这些老师更诧异的是，一些学生不会解应用题，原因竟然是他们不会流畅地、理解性地读题。

让人烦恼的是，在很多学生身上，阅读无法达到全面了解的程度。我们发现，很多学生朗读某段课文的时候，将所有注意力都放在了阅读本身：学生浑身透着紧张气息，脸上直出汗，担心读错词，遇到多音字便读得"磕磕巴巴"，本质上并没将这些字词当成一个整体来进行感知。他已经没多余的注意力去领会自己所读课文的意思，他的所有智慧都消磨在阅读过程中了。但是假如只关注阅读这一过程（朗读技巧）本身，那么从表面看，却是让人满意的，而恰恰是这种面上的似乎没有出现问题，给教师造成了一种假象。

我们去小学的每个年级听课。大家觉察到：小学阶段的阅读课，可供阅读的内容实际上非常少，但是有关阅读的问题却非常多。通常阅读被多种多样的"教育性因素""教育性谈话"替代了。低年级老师战胜了这一缺点。他们着手探究与计算：学生到底在课上和家里读多少，应该读多少，才可以彻底掌控这类技艺。

在 15 年的研究和探讨摸索中，我们学校几乎所有的教师都在探究，学生在小学阶段该如何彻底掌握阅读技巧，等他们上了中学，这种阅读能力该如何提高和进步。经过多年的研究和观察，我们得出了一些结论，学生们一定要学会流畅的、理解性的、沉浸式的朗读，他在阅读的时候感觉不到自己在读字句。要达到这样的阅读水平和程度，在小学阶段就必须有超过 200 小时的阅读时间，（在课堂和家里）默读时间必须超过 2000 小时。教师掌握了这样阅读的时长，就应该分配好阅读任务的时间，校长的任务则是检验各位教师具体怎样引导学生进行阅读。

有几项学习技能，是学生必不可少的，也是他们能够顺利学习必须掌握的，对此，我们所有的教师都形成一致的教育理念。当我们分析高年级学生具体的学习状况时，发现一些学生的书写能力无法达到顺畅程度，即书写是一种自由式的书写。学生在记录材料的时候，他们不用思考字母、音节和词语的写法，也不用考虑词语和句子应当遵循哪些语法规则。然而我们发现一些初中生（甚至包括高中生），在书写的时候，注意力都消耗在字词句的写法上，至于他们写的内容是什么，这个句子有什么含义，他们根本来不及思考。

要让学生的书写变得轻松简单，要让学生在写字时所有的注意力集中在句子的意思是什么，而不是思考这个字如何去写。有几位小学老师在一起研究书写过程的思维方式，得出了结论：在小学二年级的时候，就应该让学生练习手部肌肉的控制能力，让他们在写字的时候手指和手腕不要发抖，不用努力思考就可以写出正确的字词。想要成功地做到这一点，就要对学生进行定量训练。让孩子在小学阶段，在练习本上反复练习写字，不能少于 1400 页，而这只是为了让学生快速准确地进行书写，将书写变成学生脑力劳动的工具和本领，但书写本身并非学习的终极目标。在我们看来，想获得流利书写的能力，仅仅让学生写完数学作业、完成语法作业是根本不够的，所以教师们开始研究关于书写的内容，而且专门留一些作业，练习写字速度和写字技巧。到小学四年级的时候，学生在课堂上要一边听老师讲课，理解老师所讲解的知识内容，同时一边还要学习记笔记。

学生学业太重的原因是什么

我们发现，学龄中后期学生在精神生活方面往往有巨大的不平衡，他们被剥夺了时间上的自由。自由的时间对学生的全方位发展和智力、审美爱好的产生是十分必要的。即便按照教学大纲所规定的内容进行教学，实际上也无法实现全方位的发展——虽然教育的初始目的是发展智力。虽然学生学到的知识变多了，可是学习本身却越来越难，没有预想中的变轻松。

在很多教师看来，学生无法全面发展的罪魁祸首，是教材与教学大纲不够尽善尽美，部分学科的教科书加入了太多冗余的、无关紧要的内容。这的确是一个事实，可是所有问题的根本原因还不止这一点。错误的根源要从教学过程中找寻，其中重要的一点是，学习知识的范畴过于宽泛了。它包括：首先，要能够记住那些在现实生活中常用的归纳总结性真理（定义、依附性和准则等），并且在获得新知识时也要经常使用这些；其次，要能够领会这些归纳性真理的本质规律。这两点是互相关联的，但是二者却属于不同的脑力活动范畴。

其中有一种错误的方法就是，这些归纳性真理以及关于事物本质的知识资料，都是需要反复思考才能获得的，可学生却是背出来的，这就导致学生在记忆方面包袱太重。而那些可以帮助顺利学习的基础知识，是学生必须记住的，但他们却没办法牢记。

比如，学习初中历史课《荷兰资产阶级革命》和物理课《测量热度的单位——卡和千卡》时，必须深入领会其中的因果关系，反复牢记里面的基础知识点。然而，这堂物理课的终极目标是要记住热量测量单位，以及牢记每个数量之间的依附关系；这堂历史课的终极目标是学习荷兰革命，跟物理课完全不一样。

在以后每次学习的过程中，都会大大加深之前所学的规律性知识，如果老师不把死记硬背具体革命事件当作目标，学生对知识内容会理解得更好，记得更牢。对基本规律的内容理解得越深刻，学生对具体事件的分析就越清晰，在这方面，他能积累到的知识也就越多，并且这些知识不是死记硬背得来的。因此，随着学生懂的知识越多，后面学习起来也就越容易。

经验丰富的教师，都竭尽全力不让学生在答题时，重现老师讲解过的知识，以及他们在教材中读过的知识。检验学生的知识掌握程度，并非刻板地让他们重复所学的知识，而是要对现象展开深刻剖析，展现每种事实之间的新型因果关系。

学生采用这种方式学习，学习难度就不是由教材的页数决定的了：因为他能读3页，也能读10页，增加教科书的数量也不会让学生记忆负担太重。学生朗读的目标不是牢记，而是要尽力深入领会教科书。对教科书领会得越深，牢记的效果便越好，深入探究教科书的本质，防止刻板的死记硬背，这有助于让学生养成爱学习的好习惯。而且，对事物本质和教科书知识内容产生兴趣，也是一种非常重要的内动力……通常来说，有些教师经常会抱怨教学时间不够用，对于这一点，我也比较赞同，但是我也需要阐明一个观点，对于教师而言，有的时候并不是教学时间不够用，而是时间被我们浪费了。学校和课堂其实是一个容易虚耗时间的地方，事实上，不管在任何工作场所，都没有像在学校这样容易浪费时间的（这在教育学上也是一个重要问题，我们应该严肃对待，并且进行思考。很多教师在课堂上耗费时间，但却没有用心教学，结果就是只能培养出一些懒惰的教师和懒学生）。

上文我还详尽地提及了一件浪费时间的事情，而且毫无意义——背不用背的知识。除此以外，还有另外一个方面，就是没有好好利用那些需要熟记知识的时间。比如说，在上语法课时，很多老师刚讲完某条准则，并且举了例子，然后立刻要求学生熟记这些准则。学生专心背诵下来，也可以举一些事例，但是在书写的时候，仍然会出错。原因是，这一熟记过程忽视了语法特征，忽视了从深思向牢记准则过渡的特征。学会语法——并非只是要记住语法准则。大家都明白一个道理，文化程度高的人通常不会记住这些语法准则，然而他们却能理解语法准则，并且正确使用语法。理解语法准则的含义是，经过大量的生动的语言运用，最终完全弄明白了，完全掌握了。这种明白和掌握，并非通过一节课的背诵，而是要慢慢运用，达到理解的程度。

　　明白和熟记一条准则（需要经历一段时间），还要由这一准则的熟记方式来决定：是在老师才讲完和举例后立刻就熟背下来，还是经过一段时间的运用以后，才熟记下来的呢？假如一条准则未通过深思，未经历大量事实的运用，而是死记硬背下来，那么学生或许会记住，可是却不明白，因此记忆也不牢固。这么多年的经验让我们确信：牢记语法准则应该慢慢进行，一条准则所归纳的生动语言现象与事实内容越多，则牢记的时间便应该相应地拉得越长。语法课有个重要的特征是：对教科书的掌握，本质上是与知识积累、强化和巩固融会在一块儿的。如果仅仅是以为背诵了知识、规律，便能理解它们，这是万万不对的……

如何让学过的知识"动起来"

优秀教师们的丰富经验让我们了解到——在学习过程中，学生碰到挫折的其中一个原因，就是知识常常成为僵固的重担，累积知识，好像只是为了学习而学习，它们无法"运转"起来，不能在日常生活中加以运用，更严重的是，虽然看起来"积累了很多知识"，可这些知识无法去用于获得新的知识。

很多教师在教育和教学工作过程中，养成了一个习惯：要求学生学习知识，只是为了正确回答问题，或者能完成作业。这一观点导致教师不能对学生的脑力活动和能力做出全面评价：究竟谁可以真正记住知识？老师提出问题，可以快速回答出来的学生，就被看作是有能力、有学识的学生。

而在现实中，这会产生什么样的后果呢？后果就是知识与学生的精神世界脱节了，知识远离他的精神爱好。学习知识成了无趣的事情，成了为学知识而学知识。

照我的想法，真正的知识必须成为精神世界的重要因素，知识可以引发人的思考，可以激发人内在的热情，这样才是真正意义上的知识。只有在这种情况下，有一条规律才会发生作用：当一个人学习掌握的知识越多，他在获取新知识的时候，也就变得越容易。然而非常可惜的是，在现实的教学工作中情况往往是相反的。学生每升级一年，学习就会变得更加困难。

在这样的现状事实面前，有哪些具有实践意义的建议呢？

我认为，对于知识本身而言，它不仅是学生学习的终极目标，还应该成为获得新知识的工具和手段。教师们应该努力做到，让知识尽可能动起来，让集体的精神生活中充满着知识，不仅在学生的脑力活动中，还有在学生之间的相互关系中，知识都应该是活跃的。尤其在学生的精神交流中起到连接、发展、推动的作用（学生之间如果缺少这种交流，就很难有完美的道德、感情、审美、智力全方位发展）。

要实现这一目标，具体应该做些什么呢？

词汇是小学阶段应该掌握的最关键的知识要素，所以在教学最开始的时候，词汇就进入到儿童学习知识的进程当中，用更准确的描述来说，学生的大脑借助词汇反映周边世界，用词汇和思维表达他所看到、所接触的真实世界。在日常生活中，学生凭借对周边事物的观察和直观理解，利用词汇在学习知识的过程中迈出第一步，这或许是他跨越知识领域的最大一步。

在学生积累知识的过程中，知识不能成为重担——僵化死板、无法移动，也不能阻碍学生在求知道路上快速前行。想避免这种状况发生，就应该让词汇变成学生们创造的工具和手段。在现实的教学工作中，一些经验丰富的教师始终遵循这样的原则：学生在从事脑力活动的时候，重要的不是死记硬背，而是利用词汇进行深入思考；让大脑开展生动有趣的创造活动；让大脑通过使用词汇了解周边的客观世界，理解事物之间存在细微的差异；利用词汇对这些细微差异进行深入思考。

例如，你带孩子们到秋季的果园去。这天阳光明媚，温和的日光照耀着大地，树木身着颜色鲜明的盛装。你给孩子们讲金色的秋季，描述大自然的所有动植物都在备冬。可是，倘若你不尽力注意让词汇在孩子的脑海和心中变成一种主动力量，那么他们理解世界的过程，便只是在自己脑中堆积你的想法，进而将他的头脑变为存放知识的仓库。当你深深相信孩子们已完全明白词、词组的含义与感情色彩，然后你可以提议，让他们讲自己的所见所感。此时，在你面前，便会出现很多有关周边世界、有关大自然的让人惊奇的想法。孩子们说道："在蓝蓝的天空中飘着一朵白色云彩，犹如一只白色的天鹅……""啄木鸟用嘴啄着树木，发出清脆的声音""马路旁边一朵野菊花孤独地盛开着……""鹳鸟单脚站在鸟巢边缘，朝远处张望……此刻它正在想些什么呢？""一只飞落在菊花花瓣上的蝴蝶，正沐浴着阳光……"

毋庸置疑，是你的想法促使学生们进行创作，并且显露情感，原因在于，你已经在学生面前开启了通向周边世界的大门。同时在这里，学生们并非复述他们自己听到的看到的；你的想法、你的语言在他们的头脑中产生了作用和影响。学生们一边学习一边思考，在这个过程中，他们获得了难以形容的思想愉悦感，获得了学习知识的享受。

或许你曾看到过，或者多少从同事那儿听过：学生对老师说的话不感兴趣，所学的内容无法感动他，也不能点燃他对知识的渴望之火。假如你上课也遭遇这样的状况，那的确让人担忧：学生对语言漠视、毫不在乎，的确是教学过程中的一个较大的问题。

为什么会出现这种问题呢？恰恰是因为，假如语言无法被当成创作方式，在儿童的心中运行，假如儿童单是靠背诵去接受他人的想法，并非创造属于自己的想法，他就无法用语言去表达想法，那么他也会缺少对语言的理解能力。你要预防这种漠视态度和黯淡无光的眼神，就像预防最严重的危险状况一样。你要把那些令人心潮澎湃的、生动活泼的语言装到儿童的思维中。在装好之后，还要时刻关心，不能让它成为枯萎的花朵，而要像一只远离巢穴的小鸟一般，生机勃勃，尽情观赏大自然美妙之处。

实际上，以上意见谈的是一个教学问题，也就是如何将已经学到的知识变为掌握新知识的方法，如何变为思想的工具。

很多有经验的教师认为，可以教学生凭借已经掌握的知识，进一步继续获得新知识，这恰恰是一种很高的教学技能。有些经验丰富的校长在分析课堂的教学过程时，也是依据学生脑力活动的积极性这一标准，来评价教师的教学技能的。

教师在备课时，也要带着这种想法思考教材内容：要把那些一眼看不出来的"交织点"找出来，也就是在知识点中，每一种因果关系、机能关系、时间关系都有交集的地方，一些问题和教学难题恰好是从这些关系中形成的，而问题本身便能激起学生的求知欲，是掌握知识的激励手段。

如何引导学生进行思考呢？要想做到这点，你应该明白：在这堂课上，什么知识需要完全讲明白，什么知识不需要讲透。那些没有讲透的知识，就好似一些诱饵，不停地把学生的思维钓上来。例如，在学生的脑中已经有了问号，接下来你要尽力做到，从学生所掌握的知识中，挑出某个答案，来回答这一问题，选取和利用已经获得的知识，来回答那些不明白的、不理解的问题，这一过程便是获取新知识。另外，还要竭尽全力让每个学生都能做到这一点，尤其对那些专注力最差的、最不积极的学生，应该想方设法让他们动脑。其中一种方法是，让他们独立完成所布置的作业。他们遇到不明白、不理解的地方，教师要给他们指导、建议：认真想一想，集中注意力，用笔写下自己的思路。

常见这种情形：引导学生自己发现问题，提出疑问，然后由教师对教材内容进行讲解。为了让学生在这种情形下也可以努力学习，教师就需要完全掌握每个学生的学习程度：有些学生学习好，有些学生学习差；有些学生可以熟记所有的知识，有些学生就忘了不少。这样一来，你就能做好学生脑力活动的引路人，让所有学生在仔细听讲时，都能随着你的思路走，并在自己的头脑中找到相关的知识点。假如在相关知识那里是空白的，假如有些学生无法跟随你的讲课思路，那么就要进行补充性的讲解，帮助学生弥补这一空白。这需要非常高的教学技巧。你要在课堂上看出来：这个时候，有些人已然"丢了思路"；你需要马上回忆起，学生是在什么地方听不明白的，原因是什么。常见的做法就是，此时你想得到"反馈"，就可以进行提问，让学生简略地答一答；回答之后，你便可以了解，哪些学生遇到了什么难题，该如何帮他们解决这些难题。

在讲课过程中，有教学经验的教师恰恰是在各类想法互相勾连、缠绕的"交织点"上，也就是意义相关的地方，重点关注学生的脑力活动。就是在领会教科书中的一些"关注点"上，老师应该用这种或那种方法进行检验：我是不是将所有教给他们的知识，都贯穿到这一点上了？在我给学生们传授新知识时，他们是从"脑海"的什么地方挑选与运用自己的知识库存的？检验这些"关注点"，是让学生能够积极学习知识的重要条件。

假如已查到有些学生在某些地方没弄明白，有教学经验的老师不会从头开始讲，而是在之前的"关注点"上找出"可疑之处"；找出之后，再提出一些疑问，方便让学生自己找到迷失的思路，让他们回忆起那些妨碍领会新知识的东西。

在教师讲解教科书内容时，一眼看过去，学生似乎并未进行积极的脑力活动，即便在这个时候，教师也可以让学生积极地获得知识——这也是教学实践过程中最为复杂、最应该被重视的一个问题。

学生为何感觉越学越难呢

对于学习，学生在学习的过程中，为什么不是感觉越来越轻松，反而感觉越来越难了呢？近期已经对教学工作进行大量改革，比如说，教学大纲和教学计划重新进行修订，重新编写教材等等。但即便做了这么多工作，对于中高年级的学生而言，他们每天努力学习，勤奋动脑，仍然要花费 3～6 个小时写各种家庭作业。在学校的上课时间排得很满，回到家里还要写 6 小时的作业，很多学生都觉得疲惫不堪。这就造成一个后果，一些学生在读完初二之后，根本不想升到初三，原因就是他们认为学习太辛苦了。

当然，学习不仅仅是一项劳动，更是一项不容易进行的劳动。获取知识本来就是要付出辛苦的，可是，不应该使学生一天到晚死记硬背教材，玩命记东西。能否将学生的学习负担减至一个程度，让高中学生在 2～3 个小时内写完家庭作业，让初中学生做作业时间在 1～1.5 个小时呢？从我 30 多年的教学经验来看，我可以明确告诉你：这点完全可以做到。

我们来细细看一下那些能力中等、努力勤奋、想要学好所有学科的学生，看他们的智力生活状况如何。他们的所有精力都用于背、记与巩固记忆上面，他们没时间读"满足自我精神需求"的书籍，更没时间思考。但是，学校的教学理念当中有条很重要的规律：学生兴趣和认知范畴内需要阅读的资料总数中，以背诵为目的的学习资料占比越大，学习起来就越难。换言之，假如我们想要减少学生（比如初二的学生）学习的重担，就应该让他们读的东西比他们记忆的东西多出两倍。到了高中，学生读的东西，就应该比要牢记的东西多 4～5 倍。

假如学生除教材之外，不读任何东西，那么他也学不好教材。假如学生读课外书比较多,那么他不但可以学好正常的课程,还有剩余的时间满足自己在别的方面(健身运动、审美活动、参与劳动、带有创造性的智力运动)的爱好。

我能感觉到,试图通过删减教学大纲中某些篇章,再将其他篇章加入进来,用这种方法来"减少"高年级学生学习重担的做法,是十分天真可笑的。假如我们真想减少学生的脑力负担,那么就让我们给学生开辟路径,使他们迈入图书馆,走向书架,让书籍由熟睡的巨人变成青少年的密友吧!

在相当大的程度上,学生智力活动的水平,是由教师的精神涵养、爱好、广博的知识与眼界的开阔度决定的,也是由教师给学生带来了多少东西、教学生多少东西和他还剩多少东西决定的。对一名老师而言,最危险的是自我智力方面的贫瘠和精神储备的缺乏。

总的来说,减少学生脑力负担的主要办法,是确保智力活动的充实性。目前学校所开的选修课程,目的是依循学生的性格,发展其特长、爱好和兴趣。

为让儿童可以更加轻松地学习,还要克服知识与能力之间的脱节问题。现实状况也的确是这样:你可以找些六年级的学生,让他们随便从一本教材中读几个段落,那么你便会发觉,10个人中有5个人不会进行理解性的快速阅读。阅读时,要让眼睛可以驾驭文字,头脑可以记住整句话,当学生的视野远离书籍时,靠着视觉印象便可以回想起整个句子。学生只有学会这种阅读方式,才可以同步进行阅读与思考。

不管怎么说,这是所有学校都会面临的最为重要的一个难题。一名学生学会同时思考与阅读,才不需要用死记的方式去牢记,而是边想边分析。这样的话,学生能在10~15分钟以内,很快理解地理、生物、文学和历史等教材中4~5页的内容。

如何教会学生同时进行思考与阅读呢?这需要长时间的练习。我们应该牢记,学生在小学阶段如果错过了一些学习技巧,以后终身难以弥补。因此小学一到四年级,学生每天至少要花费半个小时,对所学的新知识进行相关的、理解性的、饱含感情的阅读。除此以外,教师们还要努力做到,教所有的学生能够在阅读的同时进行思考。

学生书写也要工整而流畅。请各位老师仔细留意一下,有一些五、六年级的学生,他们是如何写字的。每次他们写字时,两只手和面部表情都非常紧张,脑门上甚至冒汗,他们写字的所有注意力都在字母如何拼写,怎么把字连成一个词,根本没有精力去思考写的什么内容。学生必须学会一边写字一边思考,上课一边听老师讲课，一边写笔记，而且要同时思考听讲的内容。在完全自动化书写的情况下，学生可以灵活思考每项书写和语法规则，他们在书写的过程中，自觉自动地使用这些规则，并且同时进行自我检验。如果学生缺少这种能力，正是他们"正字法没有过关"的原因。

教师检查学生的知识，这种做法本身对于减轻学生的脑力负担没有任何用处。20世纪对于知识的看法，出于某种惰性的原因，一直没有任何改变，保留到现在，并在学校中始终流传着（如今的时代已经出现最新的科学成就和发现）。这种看法就是：把知识当作一种存储的货物，堆积在学生的头脑里，只要教师提出要求，学生就应当把存储的知识拿出来，给老师看一下。学生们如果把知识背下来了，他就成为有知识的人；如果背不下来，他就是没有知识的人。这种观念造成学生在学习时只是背诵知识，把知识一块一块地攒起来。先攒了一块知识，考试的时候拿出来给老师看一下，老师看过之后给一个分数，然后知识就完全丢弃不用了。以上这些建议，在教学大纲中都有明确的规定，可是在实际教学中却无法完全做到。即便教学大纲是非常完善的，但是如果缺少拥有高超技巧的教师，无法将教学大纲执行出来，它也只不过是纸上谈兵。

经验丰富的教师已不再要求学生背教材了，原因很简单，因为他明白，单靠背的"学习"，这里存在着一种危险，就是很大程度上限制了学生的智力发展。一些教学经验丰富的教师在讲课时，会引导学生运用已学过的知识，把新知识中的各种现象和事实进行对比，然后经过深入思考，最终得出自己的结论。教师会把学生叫到黑板前面来，让学生回答问题，允许他带自己的练习册、草稿纸、教科书、笔记本，甚至是其他的课外阅读材料，但是教师不允许学生照抄教材中的内容，不允许原封不动地背诵内容，而是让他尽可能发表自己的观点和见解，对所学的问题展开讨论。我们学校上文学课的时候，很多高年级的学生回答教师提出的问题时，经常会引用文学原著中的一些内容，而不是死记硬背教科书。

目前教师在课堂上用的一些教学法存在危险性，具体说来这些危险就是，让学生能看见的都是独立个体，而不是整体，也就是说，学生只能看见树木，看不见森林。比如，学生在历史课上学到俄国第一次革命，能把所有的时间点和细节、人物、事件通通背下来，可是却无法理解整个历史事件，不能全面分析历史问题，也不会对细节进行抽象总结，无法掌握整个历史事件的概况，更没有能力思考革命背后的本质、革命的意义，以及对人民的影响。

一个人只有对森林有总体的概括印象，把森林当作整体统一的事物，他才会深刻了解每一棵树，对每一棵树产生完整印象。因此应该这么进行教学：让高年级的学生学会对教材进行整体剖析，思考一些具有研究性的、比较重要的问题。

这便是老师教给学生的，让学生掌握的东西：求知欲和认知需求，要让自己每天的精神世界都比前一天更充实。

渴望学习是学习活动的重要动力

在教学当中形成的好心情，对儿童养成渴望学习的习惯有着非常大的影响。老师的职责是持续促进儿童在学习过程中获得满足感，以至让这一满足感产生一种好的心情——这种情绪状态就是浓烈的学习欲望。

从 1949—1950 年，我们在听初三课程的时候，看到少数学生不管是对学习，还是对自己和他人的成绩都漠不关心。这种情况体现在书本作业评分、老师所提问题的答案质量上……因为分数不及格，并未让这些学生备感愧疚以及忐忑。他们对其他同学的成绩也很漠然，感觉和自己没关系。于是我们布置了一项工作任务：剖析这些学生在课上与在家里的学习问题，找到其中的原因，看是什么造成学生态度颓废、不积极学习的。

一位名叫阿拉的女同学，她在语文、数学、历史、文学与物理课上回答问题，我们听完之后，对她的回答进行了剖析，得出结论——这位女同学在答题时，并未展现出一种心潮澎湃、让人兴奋的情绪（这样的情绪可以证明学生完成任务是付出努力的）。所以，在这位女同学的思想里，缺少克服挫折的意愿，并且就连问题的难点都未察觉到。很明显，她在复习时，缺少用心思考的过程，也没有打算弄明白一切，所以她挑了一条机械背诵的途径，把最简单、最容易明白的东西背下来，因此在课堂上，她不必花太多努力便可以复述下来。阿拉的回答枯燥又无趣，不只打动不了自己，还无法启发其他人。这个班上，有这种情况的学生还有很多。

我们觉察到，这个班的学生对其他同学的答题结果并不关注，这种情形是学生对班集体缺少激情的结果。学生答得不好，文不对题，班上的其他学生也漠不关心；答得好，说明他知识掌握得好，也没人表现出激动的情绪。假如说得"2分"还可以让学生忐忑不安,那得"3分"便非常满意了。我们觉察到,很多学生对于能打"3分"便心满意足,而对家庭作业的认知,也将它视作只需"学会"教材中的几页,就足够了。

通过观察以上问题,我们得出结论:一定要在教学过程中和课堂上找到学生漠视态度的原因。对老师教学状况,以及课堂情况的剖析,可以表明,上述提及的现象,其根源在于教师自己在教学中缺少激情。比如,教文学的老师在准备讲课时,未将精力放在最难的知识点上。更严重的是,教师尽力将这些"最难的知识点"简化成特别容易学会的知识,这就产生了一种假象,好像教科书里没有难的地方,所有内容都非常简单,不用太费力便可以掌握。他没重点指出那些难理解的概念,以及大纲中难理解的部分,没将学生的精力集中在这些方面。这条路是错误的选择,教师主观地磨平某些知识"棱角",减弱学生掌握教科书的难度,以此取代教学生克服难题。这种结果导致了在一些情形下,降低了教科书的难度,或者糊弄地学完了一本书……

教师工作的另一个短处,是不关心、漠视学生的知识。学生答得不好,既无法触动老师,也不能迫使老师去仔细思考学生为什么会在这方面掌握得不好。教师也采取相同冷漠的态度,给学生打"2分""3分"和"5分",所以,学生没有将优异的成绩视作努力学习的结果,却以为是巧合;不及格不代表失败,反而觉得是"刚巧遇到了难题"。我们得出这样的结论,是有事实依据的。女同学拉伊萨文学成绩不及格。在课间休息的时候,我们问拉伊萨:"你要如何做,才能及格呢?"她答道:"如果我遇到一个较简单的问题,我是可以答好的……"她的回答证明了,某些学生将希望放在运气上面,而不是依靠学习知识提升成绩。

学生为何会有这样的想法呢?我们探讨了老师的提问方法与学生掌握的知识,发现老师经常给差生提较简单的问题,成绩好点的学生提一些较难的题目。这种"方式"所造成的后果就是,在学生听完老师所提的问题之后,便可以大概猜到这个问题是让谁答的。某些学生已经有了自己"没能力学习"这个想法。老师既然不怎么给这些学生提难题,那么让他们不产生这一念头,也是很困难的。因为班级的所有学生都有固有的念头,比如,拉伊萨在所有科目上,包含俄罗斯文学,都只能得到"3分",连拉伊萨本人也是这样想的,老师对这点也毫不怀疑。假如有时给拉伊萨打个"4分",她并没有体会到快乐和满足,反而感觉"不自然,甚至尴尬"。

我们给所有老师布置了这项工作:在备课的时候,要深入且细致地思考,采用何种方式使学生克服学习过程中的挫折，不管怎样，都不可以逃避这些挫折，而是要指引学生踏上克服挫折这条大路，尽管路途艰险，但受益匪浅。所有学生都应该尽力在学习方面取得最佳成绩，并形成一种热情和激励精神。可是，这样的激励精神并非凭借任何特殊方法（沟通、开会等）造就，而首先要正确对待学生的学习成果。我们提出养成学生的学习热情这一问题，可以促进全体教师仔细思考自己的教学工作，思考讲新课的教学方法。

接下来，我们还是举初三那个班的例子，来说明学校的教师团队在养成学生的学习热情这方面，获得了什么样的成效。在初三上学期期末，这个班级有四人俄语不及格。要想在这个科目上及格，就一定要努力学习，想做到这点，就要让没及格的学生看见自己最微小的进步。学生尼古拉对不及格的成绩已然习惯了，默写与作文一直是得"2分"，这早就让他兴奋不起来了。在俄语这科上，尼古拉认为自己不可能取得好分数，这种想法根深蒂固，所以他每次都很厌恶做这科的作业。授课教师雷萨克给自己定了个目标——必须打破这面冷漠的墙，让尼古拉与其他学生一样，都能建立一种信念：可以把俄文学好。

老师给没及格的四个学生安排了一个任务：每天抄一页高尔基的小说《母亲》，而且依据相关的准则，剖析和阐释每个词的正字法。只要沉下心认真完成这个任务，就有机会获得优异的成果。学生们对这个任务非常感兴趣，原因在于它和平常完成的那些功课不一样。他们觉察出，教师对这个新任务抱有非常大的期待，坚信学生的读写能力肯定会得到提升。这给学生们带来了动力，只需过一个半月，便能看到初步成效。尼古拉与其他三个俄语分数没及格的学生，在小说的原著里，找到了他们几年前就写错（有严重的语法错误）的词。学生们从现在起认真阅读其他的文艺作品，从中找出已经学过的语法准则的词语。他们遵循老师的意见，开始用正字法记词，在词汇本中，在每条语法准则下面空出一栏。他们把全部有关正字法的难词，都抄写进这个词汇本中。这样一来，这几个没及格的学生最终都在默写俄语上得到了让人满意的成绩。这会进一步激励他们，增加他们的自信心。

这样的分数不但对"差生"，还对班级的其他学生产生了极大的作用。四名学生勤奋学习所取得的成果，大家是亲眼看见的。他们因此相信，原来每个人都可以取得更好的成绩，最终让班里培养起一种良好的学习氛围，否则没法谈及整个班级的进展。这种刻苦学习的氛围，是所有学生共同营造的一种重要情绪，让他们对日后顺利完成学习目标增添了自信心。

建立这样的"成功预期"，是教师在养成学生长期学习热情方面一个最为重要的目标。

我们得到的结论是，学习热情是学生在获得知识、完成作业或克服挫折的过程中，所体会到的一种满足感。然而事实上，只有当一个班集体共同拥有远大而崇高的目标时，学生的内心才会产生如此的满足感。在那四位同学没有获得好成绩之前，他们在班集体当中总会觉得格格不入，哪怕其他同学同情他们，想帮助他们，也无法代替他们进行学习。但是当四名同学在成绩上取得一点进步时，全班同学都会觉得，帮助他们进一步提高成绩，是整个班集体的共同目标，这样就很容易建立起个别学生对班集体的责任感，而班集体对于个别学生来说，也承担着责任感。

渴望学习的热情、学习目标的明确，是学生喜爱学习最为重要的动力要素。养成这样的学习习惯，与学校的所有教育和教学工作安排密切相关，而且首先要在课堂上实现。培养学习热情，有利于稳固学生团体，增强集体荣誉感，增进互帮互助的志向和兴趣。每个教师的职责，是想方设法养成这样的热情，并且将它引上正路。进一步提升学生掌握知识的质量，提升学校教育教学工作的水准，这才是养成学习热情的最有利条件。

新入学孩子如何适应学习

有一点非常关键，也需要引起我们重视，那就是——孩子入学之前每天接触的是音乐、大自然、游戏，美好的、充满幻想和创造性的事物，这些东西融合在一起，给孩子营造了一个令人着迷的世界。但是当他们进入学校之后，往往会被关在教室中，这样是万万不行的，因为这跟他们以前接触、认知的世界截然不同。新生进入学校最初的几个月，甚至前几年的时候，全部活动不应当只有学习任务。教师应当尽量让孩子们感觉到快乐，就像他们入学之前的快乐一样。只有这样，孩子们才会喜欢学习、热爱学校。虽然这么说，但并不意味着让他们在学校里玩耍占主导地位，应该还是一切学习任务以玩耍为核心，但是得让学习变得轻松容易，并不是那么枯燥无聊就可以了。教师们应该锻炼孩子们慢慢地适应一项新"工作"，这也是人生当中极为关键的任务——适应严肃的、辛苦的、认真而又漫长的学习旅途。这样的工作需要专注、活跃的思维能力，缺少活跃的思维，是不可能做好的。

我认为，教育工作的一个核心任务，是慢慢给孩子培养良好的习惯，让他们可以从事严肃而有创造性的脑力劳动。学生们要养成一个习惯，在规定的时间内可以迅速摆脱身边的一切诱惑和娱乐，全力以赴完成所要进行的目标任务，无论是老师提出来的，还是自己提出来的任务，都可以专心致志地完成。这是一个良好的习惯，一定要让孩子们培养起来，只有这样，当他们进行脑力劳动时，才会认为这是件有意思的事情，才会喜欢上脑力活动。

小学阶段的目标是慢慢培养孩子克服挫折的习惯，不仅仅是体力劳动方面，还有脑力劳动方面。应该让孩子明白脑力劳动的实质是——要学会如何勤于思考，要深刻思考事物的本质、理解现象和事实之间错综复杂的联系与冲突。不管怎么样，都不能使学生感觉所有事情都能手到擒来，不知道做任何事情都可能会遇到挫折。在不断学习知识中，既要养成脑力劳动的综合素养，还要能进行自我约束。智力教育是精神生活的其中一个方面，在这一范畴中，教育工作者的影响和受教育者的自我约束与规范是有密切关系的，是统一的。心理韧性的养成，是始于自己给自己提出目标、集中智力进行思索和领会以及在这个过程当中的自律性。在我看来，教育教学工作的关键问题在于：要让学生在脑力劳动中感觉到挫折是什么。

在学习过程当中，假如孩子觉得一切都易如反掌，非常简单，那么他会慢慢形成不去主动思考的坏习惯，这会让他步入歧途，产生懒散、随意的生活态度。说起来也是非常奇怪的，假如在学习过程当中，不给孩子设些可以克服的挫折，那这一懒惰的习惯，有可能会在那些有实力的学生身上先滋生出来。不能使学生任何事情都不做，这是一份不一样的教育教学工作。

让才进入学校的孩子习惯在教室上课，则需要一个平稳过渡的过程，这是开展完善的智育、体育、德育、美育和劳动教育的必经之路。在教室上课是开展脑力劳动最为有益的场所，应该慢慢让孩子们适应这样的环境。孩子们一上学，就要求他们在教室里每天坐4小时以上，那么教室这种场所对孩子来说，没有让他们获得脑力活动方面的益处，反而让他们无法健康成长。一般在开学的前几个星期，我会引导学生们慢慢地适应新环境、新生活。9月份新生刚入学的时候，我的学生在教室里学习的时间不会超过40分钟；到了10月份，每天在教室里的时间不超过两个小时。让孩子们待在教室里，主要是学习算术和认字，而余下的校园时间都是在户外度过的。这样一来，孩子们会有一种渴望，他们迫不及待地想坐到教室里去"上真正意义的课"，他们认为，在教室中坐着学习才是真正上课。看见孩子们有这样高涨的学习热情，我是感到非常欣慰的，而且会这样想："这些孩子啊，他们并不清楚在这一时刻跟他们同龄的其他孩子，正坐在教室里学得苦不堪言、疲惫不堪，他们时时刻刻盼着下课铃声的到来呢。"

我们在教室里读书认字、学字母、自编与自答数学应用题、画圆圈和画横杠——将这些慢慢渗透进儿童的精神世界中，不会因为形式枯燥无聊而让他们置若罔闻。我并非依据书本将相同的知识重复讲解很多遍；孩子们既然已经学会字母了，我便采用更加积极的、形式多样的活动去锻炼他们的朗读技巧。孩子们用口头方式创作有关大自然的"小段落"，而且将它们写在纸上（类似的小作文，用一两句话写出来就可以，比如说孩子们参观完果园之后，就会在本子上写道："苹果沉甸甸地垂向地面""茂盛的绿叶中垂挂着苹果""春天的时候，树上的小白花盛开，到了秋天，小白花变成红灿灿的苹果"）。这样，就能提升学生的阅读能力，效果也比反复阅读课本内容强得多。

　　教育学方面的其中一个"窍门"就是，在上课的时候，要让学习变得丰富多彩。有经验表明，在孩子刚上一年级时，不应该出现难度过高的算术课、朗读课或者写字课。形式单一会让孩子们立刻感觉出疲惫。在孩子们才出现厌倦时，我便立即换成其他更有趣的形式。图画是让作业变得多样化的有效方式。例如，我发现，阅读已经让孩子感到疲惫了，我便说道："孩子们啊，我们来打开图画本，一起将我们刚刚所读的童话故事画在纸上。"这样，刚才所表现出来的疲惫感不见了，孩子们的眼中闪烁着快乐，创新性劳动替代了形式单一的劳动……在上算术课的时候也出现过相似的情形，在我发现儿童难以领会应用题前提条件的时候，我便找这样的创新性活动帮忙——图画。孩子们读一遍应用题的题目，然后把题目的内容画在纸上，那么之前他们在看题目时难以理解的因果联系，画成图画之后领会起来就容易多了。同时，孩子们在教室里上课的时间过长，经常会感觉疲惫不堪，当我发现他们目光涣散、眼神黯淡时，就不再继续讲课，而是让他们拿出纸和本子画图。

　　我们每周都要外出旅游，或者去参观一次，我要求孩子们参观的时候，要将他们看见的、感受到的一切用简单的图画和文字记录下来。等回到课堂上，再让孩子们朗读这些作品。每次这样做的时候，他们都能从中获得巨大的快乐和满足感。让孩子们进行创作和绘画，是锻炼他们养成良好习惯，能在未来从事紧张而长期的脑力劳动。对脑力劳动而言，创作是一个非常有益的方式。孩子们上一、二年级的时候，我会想方设法为每个学生安排不同的创作任务，并且期待他们可以独立完成作品。这样的训练可以逐渐培养孩子们从事脑力劳动的自律性，这一点十分关键。

　　不管用何种方法避免孩子在上课的时候太过疲惫，可是下课之后，他们仍然疲劳，因此需要多休息。这么多年的教学经验让我坚信——通常情况而言，在下午的时候，不应该再使孩子们进行与在学校时一样紧张的脑力劳动了。尤其是不可以让学龄早期的孩子承受太重的负担。假如在学校进行了 3～4 小时的脑力劳动之后，回到家还要迫使孩子像在学校时那么努力地用脑，那孩子便会用脑过度了。

　　教师应该首先培养孩子开动大脑、集中精力的学习习惯。在课上的有效时间非常重要，慢慢培养孩子独自进行脑力劳动的习惯。想让孩子集中精力、一心一意地劳动是非常有难度的。有教学经验的老师可以"吸引住"孩子的注意力，让他们专心致志地听自己讲课，可是他们却并非凭借任何特殊方式，而是凭借所讲的内容。在学龄早期让孩子进行脑力劳动的诀窍，就是在孩子专心听课、边记边思时，让他们感觉不到自己在用力，不是被强迫听课、记忆和思考。假如老师可以做到这点，那孩子会将一切勾起他好奇心的，尤其是让他惊讶的东西都记住。我班的学生为何可以如此轻松地牢记字母、会读会写呢？原因在于没和他们说必须完成这项工作的目的。由于每个字母对于孩子而言，都是一种勾起好奇心的生动表现。如果我天天提供给学龄前孩子"一项任务"——教他一个字母而且让他牢记，那么是收不到任何效果的。但是，这并非不把学习的目的告诉孩子。在给他们上课时，要让他们感觉不出你的目的性，这么做才可以减少脑力劳动。可是想做到这点，远远不像看起来那么轻松简单。

　　有一些老师认为，如果课堂上能让学生经常处于"紧张的脑力活动氛围中"，就意味着课堂教学十分成功。表面看来，这些教师使用了一些教学法，似乎制造了让学生自觉主动进行脑力活动的氛围。比如教师留的作业五花八门，花样繁多，而学生们个个集中精力，全神贯注地听老师讲的每句话，教室中异常安静，弥漫着紧张的氛围。然而我认为，这是让学生付出极大的代价，会得到什么样的结果呢？孩子们始终如一地集中精力，用尽全力听老师讲的每句话，哪怕忽略一点点都不可以。但是在这个年龄段的孩子，根本不擅长管控自己的精力，这种上课方式只会让孩子们逐渐感到疲惫，同时也会让他们的神经更敏感，更容易觉得兴奋，导致神经系统负载过量。一些教师提倡"课堂上不浪费一分钟时间""课堂上时时刻刻要积极展开脑力活动"，而我认为，教育工作需要细心和耐心的工作，没有什么比这种让孩子们时刻保持高度集中的做法更有害了。教师们如果在工作中坚持这样的做法，在本质上就是在过早地榨干孩子们的精力和神经系统，孩子们上课时完成"高效的"课堂任务，回到家筋疲力尽，毫无精神，神经过于敏感，非常容易激动发怒。原本回到家里，他们可以好好休息和娱乐，但是还有很多家庭作业等着他们。时间一长，只要孩子们看到装满课本和作业本的书包，就会觉得反感和愤怒。

学校里时常出现学生违反纪律的事情，这是见怪不怪的，从表象看来是学生不讲礼貌，对老师态度蛮横，当老师提出建议时，他们毫不理睬，这样就导致了师生之间的矛盾冲突。这种情况的大部分原因，都是孩子的神经系统紧张到极致，在课堂上已经透支，放学回家之后情绪往往是低落的，既不想跟别人说话交流，对任何事情也没有兴趣，对人和事的态度都很冷淡。还有一种极端情况，他们会处于易怒的状态中，很小的事情都会引发他们恼怒和发火。

教师们一定不要这样做。坚决不应该以付出这种代价来换取让孩子集中精力、一心听讲与积极动脑筋。应该持续给孩子的精力提供给养。这样的给养来源在于：去参观世间万物和现象，去自然界中活动活动，阅读一些有意思的书籍（这里所指的读书，是孩子自愿读的，并非为应付老师提问而读的书），去旅行等等。学习应该和多样化的体力与脑力活动紧密联系在一起，让这些活动激起孩子明显的感动之情，让世界犹如一本生动有意思的书籍，诱发孩子自觉主动地去阅读这本书。除去大自然玩耍和旅游之外，体力活动可以为孩子的体力和脑力发展提供开阔的空间。有经验表明，对儿童而言，体力劳动不但能得到一定的技巧与本领，还可以开展道德教育，甚至是一个无边无际的、令人惊奇的、思想充实的世界。这样的世界激起了孩子智力、道德和审美方面的情感，假如缺少这种情感，那对世界的认知（包含学习）便毫无可能。恰恰是在体力劳动当中，产生了学生极为关键的智力品格：探究精神、思维活跃性、丰富的想象力和好奇心等。学校最重要的一个任务是，让学生学会运用知识。恰恰在低年级，因为学生的脑力劳动稍微重于学会更多的技巧与本领，才形成了将知识变为负担这样的危险。学习如果仅仅是掌握一些技巧和本领，而知识从不运用到实践当中，那么时间一长，在孩子们的精神世界中，就会认为学习是无用的，学习跟他们的日常生活、兴趣爱好都是脱节的。这种情况必须避免，因此教师要想尽办法让孩子们不断使用自己的技巧和本领，用一些富有创新性的活动去操练技巧和本领，比如用游戏、情感互动、思考和创造等各种方式，引导孩子们将学习和实践相结合，这样对他们来说，学习就会变成有意思的事情，而且十分令人向往。

建议五十六：

使孩子们心中诗的旋律响起来

前不久，有一位来自基洛夫格勒州的女教师来我们学校旁听，她对我沮丧地埋怨道："有件事儿，我特别想不明白，学生们自从上学之后，发生了非常大的变化。他们刚入学的时候，个个聪明伶俐，对一切充满着好奇心，但是上了五年级就变得非常平庸，十分沉闷。读到六年级的时候，就有人开始不爱学习，成绩考不及格，究竟是为什么？什么原因造成这样的状况？"

事实上确实如此，有很多学生越学越差，究竟是为什么呢？为什么一个初中生只要面对一道需要独立思考的数学题，他就没有办法进行分析呢？按照教学法的基本逻辑和规则来说，学生们掌握的知识越多，他们以后在学新知识的时候就应该越轻松。但真实的情况并不是这样，很多学生学的知识越多，他们在学新知识的时候觉得越困难。究竟是什么原因造成这样的结果？为什么很多学生读完初中之后，再也不愿意继续学习了？（他们说学习太无趣和太困难了，根本不可能学得好。）

我可以很肯定地说，现代的教学体系中一定存在非同小可的问题。我们的教学工作中缺乏对学生大脑开发的训练，更缺乏足够的练习来培养学生的各种特长。学生们教条地坐在教室里，学着课本上的知识，重复吸收别人的想法和思想，从来没有机会自我表达。教师给他们布置的作业和任务，就是把书上的东西记住，背下来，然后复述出来。目前有很多学校的教学都是这样：语文课就是学语法的。这种教学方法是十分错误的，教师们应该明白，孩子们在知道语法这种东西之前，已经可以使用本民族的语言，并且能够领会语言中的微妙感情色彩。所以语文课教学任务的首要工作，应该是让学生擅长谈话，用语言进行思考。一些教学经验丰富的教师坚信，一些学生始终学不会语法，主要的原因在于语言对学生而言，并不是促进他们智力发展的有效工具。

我在学校里工作了 33 年，得到了一条经验，语文教学体系的前提条件，是要培养孩子们的创新能力，把他们学的词语形象化。学生们要产生自己的想法，而不是重复其他人的想法。我曾经有机会把一个预科班一直带到高中（这是非常幸运的，也是真正意义上的幸福），因此我跟这些学生一起走完了一条完整的相互认识的道路。在跟他们接触的过程中，我坚信：

应该让孩子们保持好奇心、求知欲望以及智慧的灵动性，让他们脑海中生动的想象力永不熄灭，同时让他们的智力得到发展。想做到这些，日常开设智力开发课程也是十分必要的。

学龄前儿童在 6 岁的时候，每周要来学校两次。他们都是未来的小学生，我会带他们去树林里，到田野岸边和果园里玩耍。他们要学的"课本"就是周围的自然世界，那里有太阳云朵，有鲜花树木，有各种颜色的蝴蝶，有各类美妙的声音。我每次带孩子们外出参观，就好像带他们读了一本关于自然界的丰富多彩的书籍，而且每一页上都有属于自己的名称，比如大自然中的动植物、微生物、水中和陆地上的各种生命、麦穗和种子，春季里整个大自然欣欣向荣，正在复苏，秋天的时候到处都是落叶，是天气寒冷的征兆，蚂蚁运输食物，天上有云雀在飞翔……孩子们经过亲身体会，可以学习到事物和词汇之间的深层联系。这就是一种思维课程，孩子们在思维课程上获得的成果，是课堂上教科书中没有办法提供的。在大自然中，孩子们不仅开发了智力，还用身心来感受周围的世界。他们在学习词汇的时候，能够觉察到每个词语的感情色彩。词汇就好像火苗一样，将孩子们头脑中的思维力量点燃起来。他们在上这一类思维课程时，不仅仅是用耳朵来听，还需要用各种感觉器官去感受词语的意义和魅力，比如说和煦的暖风，天空中闪耀的星辰等。这些词语本身会发出声音，会有色彩，能够在孩子们的脑海中形成一幅画面，可以鼓舞人心，令人难以忘怀。

这些词语都是形象生动的，自然而然会刻印在孩子们的思维里，变得具有深刻性。从天赋而言，每个儿童都是诗人。可是，要想响起他心中诗的旋律，要想开启他创作的源泉，就一定要让他善于觉察与发现每种现象与事物间的诸多联系。比如，面前有棵绽放着花朵的树。孩子们看见了摇摆的树枝、繁忙的蜜蜂、自在的蝴蝶、洁白的花朵与闪烁的光点。我向学生们指明这些事物间多达几十种的关系，由此激起了他们的活跃思维，学生们开始编不同的故事。只有当孩子亲自见到那些事物，才可以找出它们之间千丝万缕的关系——有关树枝与蜜蜂、有关蝴蝶、有关开花的果树与春季的阳光，便能编出千奇百怪的有趣的故事，而且每个故事还不一样，都有独特的情节。

以下便是在思维课上，我的学生所编的几则小故事。在我们学校，自预备班至七年级，都是在听这样的课。

花朵与花瓣（创作人：三年级丹尼娅）

一朵大丽花盛开了，洁白而美丽，花朵上有一只蜜蜂，飞来飞去，在花蕊中采花酿蜜。

这朵大丽花有 42 片花瓣，里边有一片花瓣，非常骄傲。

它很自恋地说："我是这 42 片花瓣中最美的，如果没有我的话，整朵花都不会盛开，所以我是最重要的。它们都离不开我，如果我走了，这朵花会变成什么样呢？"

于是这片骄傲的花瓣一使劲儿，就摆脱了整个花朵，跳到了地上，落到了玫瑰花丛中，睁大眼睛看着整个花朵会变成什么样子。

但是过了一阵，那朵花什么也没发生，依然绽放着，面对着阳光微笑，而且还有蜜蜂过来采花酿蜜。

花瓣心情很不好，于是离开了花朵。

走着，走着，碰见了一只蚂蚁，蚂蚁问："你是谁呀？"

花瓣回答："我是那个最美丽最重要的花瓣啦，没有我的话，那整朵花都无法盛开。"

蚂蚁摇头说："你是花瓣吗？我见过的花瓣都长在花朵上，而你只有两条细腿儿，这样的花瓣我从来没见过。"

花瓣更加郁闷，继续往前走，很快夜幕降临，花瓣就枯萎了，但是那朵花依然绽放着。

花朵少了一片花瓣仍然是花朵，但是花瓣离开了花朵就什么也不是。

带翅膀的花朵（创作人：一年级娜塔莎）

夏季里发生了一件事，那天夜里，刮了很大一阵风，有一颗长着毛茸茸翅膀的种子被大风刮进了草原。种子飞呀飞呀，最后落在草地上。

青草看见种子，十分好奇地问："你是谁呀？"

种子回答说："我是花朵啊，而且还长了翅膀，我飞到这里来，打算在这个地方慢慢长大。"

青草非常高兴，因为它有一个新邻居来了，它很欢迎这个新邻居。

冬天很快就过去了，青草都变成绿色，种子落到了地里，长出一根很强壮的茎叶，上面开了一朵小黄花，十分艳丽，好像小太阳。

青草惊讶地说："哇，原来它竟然是蒲公英。"

谁是最聪明的（创作人：三年级加里亚）

有一天，绵羊、山羊和公牛聚在一起，大家讨论谁是最聪明的。大家都说自己比别人更聪明，因为谁也不想承认自己比别人笨。

因为争论不休，所以它们一起去找驴做评判。

于是驴提出了一个问题："你们都说一说，青草为什么会长大呢？谁说得更有道理，谁就是最聪明的。"

公牛说："青草能长大，是因为天经常下雨。"

山羊说："青草能长大，是因为有阳光照射。"

绵羊在旁边一句话也不说，过了一天，两天，三天，一周都过去了，绵羊仍然沉默不语，最后驴判断绵羊是最聪明的，因为它一句话也不说，证明心里有很多想法，而山羊和公牛虽然解释了问题，但它们的答案并不正确。

我手里有上千篇这样的故事，都是孩子们自己编写的，每一篇故事都有独到的见解和特色。你们阅读到的只是其中的三篇故事。我想再次强调，只有当词语真正进入到孩子的精神世界中，被他深刻地理解，并且用作创作手段的时候，才能获取惊人的成效。这种训练方法要在童年和少年阶段的初期广泛进行运用，如果在孩子6～10岁这个年龄段的时间里，没有完成训练任务的话，以后也很难再弥补。假如一个孩子在低年级的时候不会用词语进行创作，也不会用词语进行思考，那么当他升到五年级时，再去重新操练这种非常细腻的思维活动，就没有任何意义和价值了。

目前学校执行的智育和教学体系，我认为应该从本质上进行改革，使之变得更加科学化。在学校的王国里，孩子们应该可以将丰富形象的词汇、创新能力和思维能力相结合，学生的一切精神活动和智力开发都以这三项内容为基础。

思想训练——开启大自然的旅程

如果只让孩子记忆，只让他死记硬背，不让他思考，不让他感知和观察事物，那么孩子就会变笨，长此以往，就会丧失学习的意愿。这是一个极大的弊端。

很多人都发现，学龄前的儿童具有非常敏锐的记忆力，而且他们记住的内容十分牢固，不容易忘记，对此大家都会感到惊讶。比如说一个 5 岁的孩子，他跟父母一起去树林或田野里漫步，等他完成这个旅程之后，回到家里，他会始终沉浸在树林中那些生动多彩的画面里。旅程中发生的一切事情都会深深刻在他的印象里，一个月过去了，一年过去了，父母又打算去田野，孩子会迫不及待地期待憧憬，希望那个美好的清晨赶快来到。因为在他的记忆中，在很久以前，他曾经跟父母一起去过树林和田野。父母会惊讶地发现，有很多形象的细节还保存在孩子的记忆深处，并且散发着耀眼的光芒，他可以轻而易举地回忆起当初有一朵令人惊讶的鲜花，长着两种不同颜色的花瓣。孩子的父亲会很吃惊地听孩子不断讲述，有兄妹俩变成一朵花的美妙故事，而这个故事是在一年前，当父母带孩子来到树林里时，父母讲给孩子听的。那个时候孩子好像并没有听爸爸在讲什么，因为他当时正在抓一只蝴蝶，他没有全神贯注地听故事，又是如何将周边世界极其微小的东西保存在记忆中的呢？

主要原因在于，孩子对周边的事物有灵敏的感知力，尤其是那些颜色鲜明、形象生动、有声音有色彩的东西，都会深深地保留在记忆中。比如说孩子会经常回忆起那一朵美妙的花瓣儿，然后问爸爸："兄妹俩还可以找到对方吗？你以前说过的，植物都是活的，都是有生命的，如果是这样的话，兄妹俩应该可以看见对方吧？他们能够互相交流，彼此说话吧？"这些问题会让孩子的爸爸感到诧异，在一年前为什么孩子没有提出这些问题？而且那一朵生动鲜明的花朵，还有故事中的感情色彩，是怎样在孩子的记忆中保持这么长久的？父亲经过了解，又发现孩子不仅能记住那朵花朵，还能回忆起树林边的空地上面长满了很多鲜花，好像地毯似的，以及散步那天蓝蓝的天空，还有远方传来的飞机的声音。

我心里也经常思考这些问题，不断地问自己：为什么孩子在学龄前能有如此丰富的想象力、灵敏的记忆力，对周边的世界有高度的感知力，而当他进入学校两三年之后，甚至都无法记住一条语法规则。他在记忆"草原"这个词语的时候是如此的费力，而且也很难搞明白9×6等于几。造成这种退化的状况，究竟是什么原因呢？

经过研究和观察，我得到了一个让人担忧的结论，学生在上学期间，他们每天不停地学习新知识，而这些知识与他们的精神世界早已脱节。恰恰要让孩子们心中保持鲜明生动的画面，让他们维持灵敏的感觉，思考现象和各种客观对象，孩子们的记忆才会稳固，他们的思维才会变得更加灵敏。因为孩子们的精神世界持续受到生动、感性活水的灌溉，他们才会提出各种稀奇古怪、令人意想不到甚至饱含哲理的奇妙问题，让大人们都深感诧异。

当孩子们进入学校之后，千万不要让学校的大门关闭，与他们的思维世界相隔绝，这一点非常重要。我竭尽全力让孩子们在童年阶段每一年都去大自然中旅行，让他们持续地认识和了解周边世界，在脑海中持续地保持生动鲜明的画面，让感觉、感性和形象给他们的思维提供丰富的养分。思维方式和准则好像一座形体均匀的建筑物，而这座建筑物之所以可以组成得十分和谐，是因为受到大自然的启发，大自然本身是一座更加均匀和谐的建筑物。孩子们学到各种知识存放到脑海中，不能变成单调的知识仓库，不能成为公式、真理和准则的厂房。想要做到这一点，必须教会孩子们独立思考。从思维方式和记忆属性来说，当孩子们在学习世界的规律时，我们不能将生动形象的自然世界遮掩起来。我十分确信，周边世界是孩子们记忆、思考、学习的场所，是培养他们形成逻辑思维的阵地。让周边世界伴随着孩子一起进入学校，这样的话，他们的记忆力和逻辑思维根本不会变弱，反而会得到加强。

当然，我们也不建议无限扩大自然界对智力教育的影响力，有一些教师产生了偏激的想法，他们认为，只要让孩子们生活在大自然的环境中，就是一切智力教育发展的终极推动力。这种想法是荒谬而片面的，因为只有当孩子主动去接触大自然，积极地认识大自然，并且运用思维能力探求大自然现象背后的因果联系时，周边世界才能成为学习和教育的强大动力。如果只把孩子放进大自然中，让他们看、听，但并不思考，这是过于注重直观性，将孩子的个性思维绝对化，并且将他们的知识活动局限在感觉的范围内。我们不应该让孩子的全部思维方式直观化、具象化——这里包含着画面、声音、颜色等思维类型。

学生们起初是用颜色、声音和画面，启发思维、进行思考，但是这并不表明他们应该永远停留在具体化的思维上面。随着年龄的增长，形象思维必然要过渡到抽象思维，理解概念是不可缺少的一个阶段。带孩子们在大自然当中的时候，我努力让他们慢慢地接受这些概念。多年的教学经验令我深信，学生们学习这些概念，对他们头脑中产生抽象思维有着巨大的影响。但是学习抽象概念的前提是，要认真探查和研究充满生命力和鲜活形象的现象和对象，不认真思考领会亲眼所见的这些东西，不是逐步地从具体现象慢慢过渡到抽象概念上，那么想让学生彻底明白那些概念，简直是不可能的。学生们在探究大自然的时候，会形成一些疑问，而这些问题都有利于推动从形象思维过渡到抽象思维。我教学生观察大自然，让他们了解具体的事物和现象，同时懂得寻找事物之间的因果联系。这样的话，就将具体画面跟思维方式紧密结合，经过一段时间的训练，学生们就会慢慢了解抽象概念，学会使用抽象的思维方式。当然，这个过程是长期的，是需要好多年才可以完成的。

按照季节性安排学习

  按照季节性安排学习，这一点关系到学生的身体健康和发育，这也是让学生增强体魄、提升健康、全面发展的关键问题之一。一年中分四个季节，在每一个季节中，人体的活动能力各不相同。比如说，我们都知道，人体的防御能力在春天会减弱，而到了秋天则会增强。在教育工作中，考虑季节周期性的波动变化，对于学校安排任务尤为重要，因为教师工作的对象，都是正在成长和发育的年幼身体，以及正处于形成过程的稚嫩大脑，外部的季节和环境对大脑会产生巨大影响。这样一来，在春天的学习任务和脑力活动，不应该像秋天一样进行同样安排，这一点对于低年级学生更为重要。

  我建议，低年级学生全年各个季节的脑力活动安排如下：二月底的时候，大概是第三学期的中期，要结束语法和算术方面最为重要的理论学习。到了第四学期的春天，脑力活动要包括拓展、加深、整理以前学过的知识，春天要重点培养下一年能够顺利进行学习的必备技能。这个季节应该专门用来完成难度最大的观察任务，在春天还应该为下一年的两个学期积累理论知识的事例。我在上面谈到，学生的知识和技能往往发生脱节，正是因为学校在春天和秋天时同样灌输复杂的理论概念，由此而引发的严重后果。

  在初中和高中，春天时应该尽可能在最大限度上减轻脑力活动，因为学生体内的维生素储备耗尽，经常在春天时，青少年容易视力减退，出现眼疾问题，而眼睛在脑力活动中的作用不言而喻。很多学校在教学实践中，往往存在这样的状况，他们把大部头的文艺作品阅读，以及为了复习而阅读背诵很多页的历史和文学课本放在第四个学期。这种复习方式是机械式的，十分不可取，因为这样的复习跟学习新教材毫无区别。春天的时候，应该在教学法上有所更新，那么教师在第四学期备课时，应该把学生已经学到的知识引入到积极的脑力活动中，这才是教师教学法的主要方向。不必让学生按教师提出的问题概括总结教材，也不必死啃书本儿。

教师通过综述讲解概括教材中的系列问题，就可以使课本的知识"活起来"。考虑到高中生学习的疲惫状态，教师还应该采取一些有效的措施，减轻他们在复习上的沉重负担。

在这几年里，我都给初三的学生布置夏季作业，让他们阅读下一年所要学到的文学作品，这样就能减轻他们的脑力负担，使他们在下一年春季不至于紧张过度。

有的教师可能会问，究竟要怎样做，才能真正减轻第四学期的脑力强度呢？事实上，是很多学校给学生布置大量作业，让学生在巨大的压力下喘息呻吟。那么，如果前三个学期脑力活动安排得更加紧凑，又会怎么样呢？

这是我们在教学工作中最困难、最紧迫的任务之一。但是我可以坦然地说，普通的中小学大纲根本不存在负担过重的问题，亲爱的同行们，真正的负担过重，其实来自日常的教育工作以及教学法，如果教师的教学工作安排得科学妥当，如果把少年儿童的潜能都开发和利用上，那么普通中小学的学生不仅可以学一门外语，甚至还可以学两门，而且在小学时就能达标，达到真正掌握外语的程度。为了使实际的教学工作负担不至于过重，教师究竟应该做些什么呢？回答这个问题并不容易。这就像让我们回答怎样才能让学校里不产生学习差、品行不良、素质低下的青少年男女一样。防止学业负担过重，就意味着：第一，在孩子 3～5 岁时，就要关注他，为他培养丰富多彩的智力基础，让他在家庭中获得智力发展。要做到这一点，就需要提高孩子父母的教育素养。第二，不能让知识和技能脱节，一定要确保学生在学好知识的基础上，同时掌握学习技能。因为知识和学习技能是学生从事脑力活动最重要的工具和手段。第三，要在实践工作中，始终贯彻教育心理学的理念，这也是教学法中最重要的基础原理。即学校里没有抽象的学生，教师要把知识传播得更为扎实深刻，就意味着他需要了解每一个学生，观察每个学生的脑力活动。第四，要关注知识的发展和积累，让知识"流动起来"，而不是堆积在脑子里，成为过重的负担。第五，不能让学生的日常学习变成永无止境的补习功课，也不要没完没了地让学生做那些未完成的作业。总之，如果不想让学生负担过重，就要做到以上说到的所有方面。此外，还有两个重要条件，跟我以前谈到的很多问题一样，都与学校的工作制度紧密相连，后文再做解释。

认字教学与图画教学结合起来

现在，我们来浅论一下学生们应该如何阅读和书写。关于这个问题，我思考一年以上了——在孩子们进入学校开始集体生活之后，仅仅入学几天之后，对他们而言，写与读就变成了一件如此吃力的、困难的、百无聊赖的事情，他们在通向知识的坎坷路途上居然要碰到如此多的困难。这些挫折来源于将学习变为了纯粹的阅读书籍。我发现，孩子在课上是如何全力以赴地去分辨字母，可是那些字母却在他们面前不断跳跃着，错综复杂地成了没有办法分辨的花纹。但是我也同时发现，当这份作业具有某些趣味性、可以和游戏融合在一起时，尤其是在没人对孩子们提出硬性规定（"你必须牢记，假如没记住，那么就不留情面了！"）时，孩子们是可以非常轻松就把字母牢记在心的，而且还可以将字母拼接成词语。

我曾领着一大群学生（6岁的学龄前孩子）去一个小树林，给孩子们讲述甲虫与蝴蝶之间发生的故事。此时，一只长有角的非常大的甲虫引起了我们的关注，它当时正顺着一棵小草的茎爬着。它试了很多次，想要飞起来，但是最终还是没能摆脱那棵小草。学生们细细地对这个甲虫进行观察。我眼前放着一个画本，我便用铅笔将这只昆虫画下来。其中有个学生让我在这幅图画下面题上字，我便用印刷体的大写字母注上了"жук"（甲虫）。学生们非常好奇，便开始反反复复念这个词语，并且很认真地看这些字母；对他们而言，这些字母好像和图画一样。有些学生在沙土上面学着写这些和图画一模一样的字母，有些学生使用草的茎去编织这些字母。每个字母都有如让学生们回忆起什么东西似的。比如，对孩子们而言，字母ж便犹如那只甲虫一般打开翅膀，想要飞却怎么也飞不起来的模样……几个月过去了，我去这些学生所在的班级听课——此时他们已经进入学校学习了。教课的女老师常常发牢骚：教认字真是太难了。但是也非常巧合，恰恰这节课要学的是字母 ж。学生们的脸上呈现出笑容，班里出现了唧唧私语声：学生们一遍又一遍地反复念着，ж у к 这个词语，可以清楚地分辨出字母 ж。学生们一个接一个地举起手来，让女老师极其惊讶，为什么每个学生都会写 ж у к 这一词语？这堂课上得是那么愉快、那么开心……这对于我而言，也是生活所教给我的一堂教育课。

孩子们应当活在童话、游戏、音乐、幻想、美丽、创新、图画的世界中。在我们想要让他们学会写与读时，依然应该让他们身处这样的世界中。是的，在孩子们开始走上认识的第一级阶梯的时候，他们的自我感受是什么样的，他们的情绪是怎样的，这都会对他们日后如何走向、迈进知识的道路产生影响。一想到对很多学生而言，这第一级台阶便成了无法克服的挫折，便让人感觉害怕。请你们用心观察一下校园里的生活，便会觉察到，很多学生恰恰是在学认字期间，便对自己的能力丧失了自信心。尊敬的同事们，让我们一起来想办法，让学生们在步入第一级阶梯的时候，不要感觉如此费劲，让他们在迈向知识的每一步当中，都犹如鸟儿矫健又敏捷的飞翔一般，不能如同背着一个沉重的包袱，疲惫不堪、无精打采地行走着。

我的方法是，带学生们去旅行寻找词语的源头，让他们到大自然中去观察自然界各种各样的美，同时我也会想尽办法让学生们感受到词语的音乐感。对于孩子们来说，让他们感受到每一个词语并不仅仅是一个符号和象征，也不是一种现象和对象的标签，词语具有丰富的感情色彩，每个词都有独特的意味、丰富多彩的颜色。还有一点非常关键，孩子们听到一个词语的时候，就好像听到一首动听的乐曲。词语发音本身具有的音乐美感和词语呈现出的体现大自然的美，二者相结合，可以在孩子们的脑海中产生出一些图画。这些图画可以表达人类情感的声音，这就是学习字母的乐趣。如果孩子们无法感受到词语中飘散出来的芬芳，也没有见过丰富多彩的颜色，我认为这时候还不应该教学生认字。假如教师非要强迫孩子们学习词语不可，那么就是在带领他们走上一条艰难的道路（虽然孩子们最后一定会克服挫折和困难，但是过程是要付出极大的代价的）。

对于孩子们而言，只有在认字成为一种振奋人心、生动形象的生活景象，里头满是具有生命力的形象、旋律与声音时，读写教学这个过程才可以相对容易简单些。想要使孩子们记牢东西，首先得是有意思的东西。应该将认字教学与图画教学有效地结合在一起。

我经常和学生们携带铅笔与画本去词语的"诞生"处展开"旅行"。以下是我们起初某次"旅行"的情景。我的目的是想给学生们看看 луг（青草地）这个词语的美妙之处与细腻的感情色彩。湖边有一棵柳树，我们在那儿停下脚步，抬头看向远方，那里有一片青草地，在阳光的照射下绿油油的。我对孩子们说："你们快过来看，这里的风景多美啊！"在那片草地上飞舞着很多的蝴蝶，还有一些蜜蜂嗡嗡叫，在草地的更远处还有一群牛在吃草。因为距离太远，所以那些牛看起来十分渺小，好像玩具一样。青草地远远看去，好像一条绿色的河流，而草地上的树木就像河岸一般，那些牛群就像在河里洗澡似的。我让学生们快看，那边还有很多漂亮的鲜花，让他们听一听草地上发出的旋律：那里有蝈蝈的叫声和小虫子的嗡嗡声。

我将青草地画在了自己的画本中：画上犹如白绒球一般地分散在青草地上的白鹅和牛群，再画上地平线以上的白色云朵与朦胧可见的袅袅炊烟。学生们对这个安静美丽的清晨景色着迷了，也开始画了起来。我在这幅画的下面写上了字母"луг"。对绝大多数学生而言，字母就是图画。每幅图画都像点什么。到底像什么呢？好像一根青草的茎。折一下这个茎，便是一幅图画 л。再折一根茎放在上面，便组成一幅新图画 у。学生们便在自己所画的图画下面题上 луг 这个词语。之后，我们去读一下这个词语。对大自然旋律的敏感性，有助于学生们觉察到词语的音响。于是，孩子们牢记住了每个字母的样子；他们给每幅图画都添加了活音响，这样很轻松就可以记住字母了。词语的图画被当作一种完好无缺的东西进行感知，词语可以读出来，但是这样的读法，并非长时间开展综合训练与音的分析的结果，而是主动积极地重现和孩子们刚画过的视觉对象相契合的音乐的声音的形象的结果。在这样的声音感知与视觉感知互相融合的情形之下，由于不但给词语的视觉形象还给它音乐一般的声音里添加了丰富的感情成分，所以就把单一的字母与这个短词一起记牢了。亲爱的读者们，我并非想说我找到了一种新的认字教学方法，只不过是在现实中，对科学已然证实过的东西重新体验了一次：不勉强记的东西，反倒更易牢记；被感知对象的感情色彩在牢记过程中具有非常关键的作用。

一定要让少年学会阅读

完善的智力教育中非常关键的先决条件，是要不断巩固这门学科的基础性知识，并且要求学生能自觉主动地掌握这些知识。教学始于这些基础性知识，因为知识是一层层叠加上去的，如果无法掌握这些基础性知识，后期更为高深的内容更难以掌握了。

在小学阶段，学生们需要学会最低限量的词汇的正确写法，学会算术基础的定义、公式和法则。在少年阶段，依然按照相同的方向继续学习。假如不将一门学科的基础性知识牢牢地记在脑子里，那自学便无从谈起。

在准备初中的课程时，我们所有老师都要明确一个问题——有哪些知识应该是孩子们必须牢牢记住的，不能忘记的。我们要避免孩子们去记那些"只需领会就行了"的知识。在我们看来，依据少年学生的思维特点，他们应该做好进行创新性智力活动的准备工作——这里谈及的创新性智力活动，是对各种各样的现象与事实展开思考与探究的一项活动。多年的教学经验让我坚信，孩子们那种不正常的脑力劳动（持续的死记硬背）会产生思维的懒惰性。那种只是知道死记硬背的孩子，或许可以记住很多知识，但是在需要从他记忆中查找一条基础性知识时，他头脑中的所有知识都混在一起，变得极其混乱，以至于他连一项非常基础性的智力作业都不知所措。假如孩子不会挑需要记忆的知识去记，那他连思考也学不会。

比如，在一个少年学生创作文章时，他才想到每个词语怎么写，在解数学应用题时，他才想到简单又方便的乘法公式，就这样，他压根不可能去思考。有些东西，学生不能临时抱佛脚，等到用的时候才去回想，应该学会智力活动，随时随地就可以运用。好像一个有丰富经验的工程师，可以随手把自己的工具拿起来用，却不需奋力寻找一样（因为他对自己的每个工具都非常熟悉），一个对智力工作挥洒自如的孩子不需要紧张地集中精力进行思考，便可以从自己的知识仓库中将基础性知识拿出来运用。

在青少年阶段，这一点起到非常关键的作用。少年时期抽象思维发展得十分迅速，因此原本应该熟悉的一些基础知识，学生们往往会抱着不太重视的态度。（学习空间和时间，他们认为宇宙是无限的，那么记住这些公式有什么用呢？）然而，一个人如果缺少认识具体对象和事实，没有这些知识基础就不会产生抽象思维。一个人的记忆中应该储存一些"信手拈来"的基础性知识，随时可以进行运用，缺少这一点，到了少年阶段，思维中就会出现混乱的状况。也就是说，学生的抽象思维能力容易出现错乱，这会对他的智力发展产生负面影响。

我们非常关注这点，让孩子们既可以采用随性的方法，也可以采用不随性的方法去牢记基础性的知识。在我们学校里，有专门的"思维教室"，摆放了很多直观教学的用具，还有一些专门提升思维的设备。这些用具和设备提供给学生使用，让他们进行自我检查，对记忆加强训练。每个学生都有一个记事手册，里边写着自我检查的内容，手册里记录一些需要熟记在记忆里的基础知识，比如：物理规则、化学和数学公式等等。有的时候我会跟学生进行关于心理素养方面的交流沟通，我让学生们定好一个时间，每隔一段时期，就要检查他们储存在记忆中的基础知识，把这些知识拿出来复习一遍。

在小学阶段的各个年级，我们非常注重养成学生朗读、书写、推理、观察与阐述自己想法这些方面的能力。假如在少年阶段，这些能力没获得发展与提升，那对他们来说，学习则成了一件非常困难的事情。

我们每位老师都要密切关注，让学生快速阅读的能力获得改进。少年时期需要大量的默读，默读在提升阅读能力方面起到关键性作用。初一的学生在阅读一篇文章时，应该随意看一眼，就能理解长句子的内容含义，如果一名少年缺乏这种阅读能力，他的思维会变得异常迟钝。而且思维通道中会出现很多死胡同，让他的思考活动在死胡同里无法运转。一个学生在阅读时，看一眼内容却无法理解完整的句子，以及句子之间的逻辑含义，甚至也不能在读完一句话时就猜到下面一句话的意思，这样的话，学生不仅成绩无法提升，还会影响他大脑智力发展的进程。一个学生缺少阅读能力，就会让大脑中极其细微的连接性纤维失去可塑性，妨碍和压制大脑的发展，在大脑中的神经元和神经元之间，无法确保顺利连通。简而言之，一个学生如果不擅长阅读，他必定也不擅长思考。

事实上，这些技能是至关重要的，其中隐藏着智力发展的进程，也存在着智力缺陷和匮乏方面的危险。在小学阶段，教师就要将这些能力传授给学生，那么到了中学时期，教师仍然需要具有较高的教学素养，不断锻炼少年们的阅读能力。在学生五、六年级的时候，每位教师都应该让他们持续练习带有表情式的阅读。练习这一方面的阅读能力，主要是为了将学生的眼睛和思维进行连接，缺少此类阅读训练，学生不能养成视觉引发思维的习惯，无法在阅读的同时进行思考，无法理解文中内容。也就是说，一定要让学生学会一边阅读，一边思考，一边理解。这种能力的背后存在心理学的复杂因素，是外界的刺激物对大脑的内在影响和操控。

一定要让少年学会阅读！有些学生为何会在童年阶段聪慧机敏、勤学善问、理解能力强，可是到了少年阶段，却智力下滑，冷漠地对待学习，脑筋不好使了呢？原因就在于他们不善于阅读！人类的大脑是复杂的，假如其中一部分不足够发达，便会妨碍整个大脑的正常运转。在大脑两个半球的皮层中，有些地方是专门管朗读的，它们和大脑一些最富创新性、最为活跃的部分是紧密相连的。假如在专管朗读的那些地方出现了死角，那皮层的所有分析能力发展便会遭受障碍。这当中存在着一种危险，人脑的两个半球皮层习惯发生的事情，是很难改变的，如果一个人在青少年时期无法学会用视觉引发思维，也不能领会阅读句子时内容逻辑层面的完整意义，无法理解一句完整的话语，那么他以后再也学不会这种技能。

有一种现象值得我们深深思考，有一些学生写家庭作业的时候比较费劲，但是他们的学习成绩并不差。之所以存在这种现象，并不能完全归结于这些学生更聪明，比别人拥有更多的才华，而通常是因为，他们具有较高的阅读能力和朗读能力。而较好的阅读能力可以促进智力发展，推动智力飞跃的进程。

将学生带到思考的世界中

还有一种令人触目惊心的状况，就是学生上课时坐在书桌后面游手好闲、消极懈怠，他们一天中的大部分时间都无事可做，日复一日、年复一年地荒废时光，这种状况会让学生步入歧途，甚至可能任性妄为。

怎样做才能让充满愉悦、催人奋进的脑力活动在学校拥有主导地位呢？对于这一话题，足以写成长篇大论了，但我现在只想说主要的建议：一些学校和教师出现可怕的常识错误，就是他们把学生的主要心力引到消极地背诵课本知识上，就是让学生反复牢记教师课堂上讲过的知识点。当然，在学校里完全不死记硬背也是不可取的，但是这种刻意记忆只是脑力活动的一部分。一个人来到学校里，不是仅仅为了往大脑中填充知识，更重要的是为了变得聪明又具有智慧。可惜的是，很多教师常常忘记这一点。因此，学生的智力不应该都用在背诵上，而应该用在思考上。真正的学校应该是一个积极思考的阵地，比如说，我布置一名初中学生回家读 10 页课本，而他今天又从课外的科学读物中读了 20、30 或 40 页，他读这些书并不是为了熟记和背诵，而是出于思考、认识和发现，满足好奇心的需要。只有这样，这个学生才能成为善于思考的人。

教师应该设法将学生带入思考的世界中，这是能在学生面前展现的最美好的事情，教师应当为学生指明方向。

学校活动里应该存在思考活动，那么怎样才能让学生的思考和思维活动占主导地位呢？每个学生都有精神需求，如何让学生喜欢上思考，渴望认识、发现事物，渴望求知呢？

对此，教师们应该最大限度运用自己的智慧，因为在每一个少年儿童的心里，都渴望获得知识，都有求知好学的火苗。当教师使用智慧点燃这些火苗的时候，就能将学生带入到一个神奇的思考世界。教师在教学工作的过程中，要不断向学生展示出思考和求知是极其美好的，不仅具有吸引力而且富有趣味性，让学生们学会在思考中表达自我个性，让他们懂得如何思考，如何用思考指导行动。教师在学生面前展示他的智慧，会让学生对他产生钦佩感，从心里对教师折服。只有这样，教师才能成为学生心灵的引导者，以智慧征服他们，教导他们不断前行。一名教师如果热爱自己的事业，同时他充满智慧、善于思考，他在课堂上就有能力让全体学生保持肃静，也有教学技巧能让学生全神贯注地听讲，并且在讲授知识的同时激发学生的道德感和自尊心。教师如果具备这样的能力，就很容易树立一种威信。而另外一类教师，他在课堂上没有什么内容可讲，学生在他的讲课过程中也无法体会到他的思想和智慧。这类教师的境遇十分可怜。教师只有通过思考和展现个人智慧，才能引导和驾驭学生们的心灵，点燃学生们的求知渴望，同时激发学生们对书籍和知识的向往。

另外教师还应该努力做到，让学习本身具有目标和计划。我从事教学工作35年，在这漫长的时间里，直到第20年我才终于明白，在课堂上，教师首先应该关注两件事情：

第一，教给学生能力范围内的知识。
第二，要使学生的思维变得更开阔。

如果无法将这两件事结合起来，就会让学生感觉学习是一种负担和苦恼。教师必须进行一些特殊工作，竭尽全力让学生变得更聪明。我们不能理所当然地认为，学生只要掌握了知识，就一定会变聪明，事情远不是想象中那么简单。

教师自身首先应该是一个善于思考的人，他自己对学习产生深刻的体会和认识，认为学习本身是一种幸福，同时也是高尚的智力活动。通过多年的教学研究，我十分确信，当一个孩子刚进入校园，踏入学习的殿堂时，他心中带有一种期待和渴望，当未来离开学校的时候，他能成为真正的人才，不仅是受过教育，而且是高素质有教养的人才。学生的心中只有抱有这样的目的和前提，他才可能对学习充满好奇，凡事喜欢钻研，变成一个勤奋的学生。

教师要教学生善于思考，并对他的学习生活本身进行思考。这些思考是十分广泛的，很大程度上脱离课堂上学到的内容和知识。事实上，教师在课堂上要不断拓展课外内容，而学生学到更广泛的知识，开展跟课堂知识没有直接联系的思维活动，他才能学会思考，反过来在课堂上才能更加顺利地学习。出于这个缘故，我们学校的教师都十分重视开展思维活动，我们认为，学习不应该局限在课堂上，学知识不是把一些规则和定义从教师的脑袋里转移到学生的大脑中（只是简单的机械搬运）。我用一个比喻来说明，在课堂上的四面墙壁外，学生们还应该有一块广阔的田野，他们可以自由地在那里从事创造性活动，进行思考和智力活动。这块田地可能是很小的，哪怕只是装着泥土的一个箱子也好，最重要的是让学生可以同时看到、观察、动手劳动，如果能做到这三点，就能激发生动活泼的思考，让学生的智力得以磨炼。

向日葵朝着太阳转是为什么？下雨的时候蜘蛛钻进巢里，天晴的时候出来结网，又是为什么？猫的眼睛为什么可以在黑夜看见东西？播种之前为什么要把种子拿到太阳底下晒一晒？如果学生们对这些问题进行深入思考，他们的想法会从一件事上转移到另外一件事上，这样的做法也意味着学生可以从不同角度研究某一件事，探求其中的真相。在思考和研究的过程中，学生们先进行观察，然后产生疑问，接着进行思考，思考的过程中再进行观察，我们对学生所有的思维训练，全部意义都在于此。学生在日常学习中，经常进行这类思维训练，在课堂上就更容易理解所学的知识内容。当然，我认为对学生的思维训练不必拘泥，不必千篇一律，让第1个学生观察草原植物，第2个学生可以研究水里的生物，第3个学生去温室里养花草，第4个学生拿一些木材和金属配件建造房屋，第5个学生把金鱼放在鱼缸里饲养，第6个学生去种树，精心培育出树苗，第7个学生研究异世界的超时空现象。每个学生都有独特的兴趣和爱好，有属于自己的创造性活动。没有任何兴趣和爱好的人，根本无法产生发现和思考的乐趣，就无法培养出任何才能，他的灵魂是死气沉沉的，无法塑造出独特的个性。

教师要关注学生的脑力活动

机械的定义和理论，就像铁锈一般腐蚀着教学过程中的精密仪器，对于学生来说，这是百般折磨的现象之一。上课首先应该针对具体的学生，比如说教师明天要给五年级学生讲百分数概念，如果他备课时只考虑讲解百分数的方法，而没有想到上课时的生动场面，那么在他眼前就不会浮现某个机灵敏捷的学生，还有那个头脑笨拙、理解迟钝的学生形象。那么，这种备课只是抽象理论的推导而已，如果教师不了解他的学生，不了解听他讲课的学生都是什么样的人，他就无法准备好这节课。按照统一化的要求，教师把几节课进行设计，做出备课计划往往都是死板的列表。首先在一个生动活泼的课堂上，要求教师随时对十分钟前认为正确的东西进行修改和调整。当然，对这种死板的列表规划进行批判，并不意味着在教学中无法预知5节课或者10节课以后的状况，出现这种情况的话，教学大纲已经失去了意义，对于学校工作而言，也变得很不严谨，放任自流。当然我们预先要做的应该是，思考如何能达到教学目的，为教学目标选择一种途径和方向，而不是细抠教学中的具体细节。在每一位老师的课堂上，都会出现千变万化的教学细节，虽然不同的老师上课所讲的内容中彼此之间存在相似性和依存性，但是对于单堂课而言，变化又是极其复杂的。

一个人是否擅长总结和分析，跟他的脑力活动息息相关，甚至可以说是他脑力的核心所在。这里所说的不仅指学生，也包括老师的脑力活动。我们的全体教师不遗余力地研究一个重要课题，就是关于大脑思维素养的问题。对于教师而言，大脑的思维素养主要体现在：教师在讲授教科书的时候可以使用一些教学方法和技巧，通过讲解教材，他可以很清晰地看见学生的大脑思维如何进行、如何发展。我这里重点要说的是一种"反馈原则"，反馈是教学法中的重要原则之一。每一个富有经验的优秀教师，在课堂上都会遵循并执行这个原则。

对课堂上听课的反馈状况进行分析，能得出一些具有重要意义的结论，对实践有指导意义。课堂上，教师让学生学习、理解知识，都应该包括在学生独立自主的学习活动中。上课时认真听讲和思考远远不够，学生们还应当亲自动手做一些事情，才能真正地掌握知识。一定要将"思考"落实到底，因为思考不是一种状态，而是从亲手做事情中体现出来的效果。只有这样，学生们在课堂上才愿意认真思考，不会出现那种"上课走神开小差"的状况。在课堂上教师应该让学生们使用草稿本，并非为了记录黑板上现成的内容，而是在上面写写画画，整理自己的思路，成为深入思考、展示思路的便笺。同时，教师要密切关注，学生在思考过程中，在课堂的脑力活动中，他的思维如何体现在草稿本上。

教育工作和教育过程其实是对学生的脑力活动进行指导，这样一来，就特别强调教师在指导过程中的创造性意义。教师讲一堂课，不是把衣服样板事先测量剪裁好，然后摆在一块布料上。教育的关键在于，教学工作的对象不是一块布料，他们都是活生生的人，是一颗颗敏感又娇弱的心灵。所以真正的高手裁缝能把衣服样板放在心里，上课的时候展示高超的教学技巧和教学艺术，只要有需要和必要，教师可以随时调整教学计划和课时计划。对于有经验的优秀教师而言，他可以清楚地感觉到讲授知识过程的逻辑性，学生思维的发展也具有一定的规律性。从而他可以调整课程结构，让课堂服从于学生的思维发展特点。如果一名教师事先准备好教学计划，上课的时候一成不变，死守着他的计划，那么在课堂上他什么也讲不好。具体说来，他讲完一节课，学生还是懵懂无知，什么也不知道。因此优秀的教师应该善于调整计划、改变计划，当计划偏离具体的教学任务时，他也可以进行掌控，调整课时和教学计划，这不是任意而为，也不是不尊重教学计划，这反而是对教学工作本身的最大尊重，因为教学过程中存在极大的创造性。当然，创造性也并不意味着，教学工作的过程完全自由随意，无法捉摸，或者完全来自教师的灵感，无法预见下一步要发生什么。事实上情况恰好相反，优秀的教师都可以对课程和教学进行精准预判，他们反复钻研教学过程中表象和规律之间的关系，这样的话，他们就可以在课堂上果断地改变教学程序和计划。

由此能得出结论：学生的脑力活动可以反映出教师脑力活动的效果，是教师脑力活动的镜子。教师在备课的时候，教材不能作为课堂知识的唯一来源，而真正可以驾驭教学方法的高手，是站在学生的角度来看待教科书。如果有一名教师在课堂上只是原原本本忠实地复述教材，那么可以断定，这名教师距离教学工作的高素养境界还相差甚远。

此外还有一个重要问题，是关于脑力活动的。我们学校的教师对此进行了多年研究，也就是"如何掌握知识"，这是一个困扰很多教师的难题。近几年，我们经过观察，发现一个现象：一些教师在上课时绞尽脑汁，希望自己讲的知识通俗易懂、清楚明白，每个学生都能听懂，下课了就不用再思考。对此，我经过总结，认为这类教学法可以用"二分法"评价：从教师的角度来说，他们竭尽全力，把课程讲得简单易懂，可以说他们上了一门好课。但从学生的角度，尤其是学生的脑力活动来考虑，这类的课只能是非常平庸普通。因为教师在课堂上不让学生动脑筋思考，把学生的脑力活动降到了极限，所有内容都讲解给学生听，所有答案都告诉了学生，课堂上就没有掌握新知识的可能性。因为任何新知识对于学生的头脑来说，都是一种触动，他的思维和情感会产生好奇，激发他不断进行探索和研究，从而产生疑问，有了疑问就渴望解答，从而产生内在需求。学生通过这样学习知识的流程，会把知识真正变成他自己的东西，这样才能说是掌握知识。

"掌握"这个词，本身就意味着需要积极主动地思考，对各种事实和现象抱有好奇和研究的态度，运用各种知识概念进行推理、进行判断，然后得出结论才是"掌握"。

掌握知识的过程，可以比喻成建造一座房屋，老师应该做的，只是给学生提供一些建筑材料，比如说砖瓦、水泥、灰浆等等，具体的建造工作应该由学生主动思考，亲自动手去完成。但事实上，我们经常可以看到，有一些教师不愿意让学生去努力，不想让他们费劲儿去干一些笨重复杂的工作，教师帮助学生把房子盖完了。那么学生得到什么呢？他们会变得理解力下降，头脑笨拙，不够灵活。而只有让学生亲自动手、深入思考、反复操作、不断实践，才可以真正地掌握知识。

当学生们在教室里聚精会神听讲，教室里一片寂静，每个学生都在深入思考，教师就要对此非常重视，因为此时是学生掌握知识的关键时刻，而课堂上应该经常出现这样的时刻。当然，教师在课堂上也不能不讲，应该提出问题，让学生们努力去理解、思考、回答问题，解决问题，这样他们才能真正地掌握课堂上讲的知识内容。

此外，还有一个重要问题，就是关于如何巩固知识。课堂上教师刚刚讲过一个问题，学生也听明白了，而教师也认为学生完全听懂了，于是就让他们回答问题。事实上，这样做无法真正巩固学生的知识，最多在他们的头脑中留下了一些浅层印象。而这种印象还带有迷惑性，因为回答问题的多半是最优秀的学生。

教师们要想让学生真正巩固知识，就应该让他们进行独立思考，对现象、事物和事实进行分析，当学生听完课，似乎理解了教科书讲的内容，那么这个时候，教师就要留出 10～15 分钟的时间，提出一些问题，让学生们进行独立思考，让他们严谨周密地进行研究，聚精会神地思考问题。这一个过程非常重要，因为真正的思考才是巩固知识的重要过程。

同时，在教师留的作业中，学生也要通过观察和分析才能把题目做出来，比如说黑板上画了两条平行线，再画一条直线跟平行线相交，然后教师开始讲解夹角问题。学生这个时候就应该拿出草稿本，仔细回想他们刚刚听讲过的内容，以及似乎已经理解的知识，他们要在本子上画角的图形，然后标明角的名称。动手操练方法，是真正深入到教材的知识内容中，对学生掌握知识而言，也是一种自我检查方式（因为在学生画图的时候，教师已经把黑板上的图擦掉了）。每个学生通过回忆知识点，就可以仔细回想和思考一遍自己理解的知识，以及那些尚未理解的内容。而教师在课堂上利用这样的时间段，可以对学生进行仔细观察，分析每个学生在听课时的思维状况，分析他们对知识的思考和理解达到什么样的程度。

研究性学习法：让学生独立思考

有一种司空见惯的现象，大概很多教师都知道，就是对于学生的智力教育，一些学校基本上置若罔闻。教师上课讲到一个新知识点，比如三角函数，学生认真听完了全部讲解，然后教师问学生有哪些疑问，教室里鸦雀无声，没人说话，也没人提出问题。

这样的情况下，教师就会觉得学生全都听懂了，完全理解了所学的内容。于是教师开始提问，把学生一个个叫到黑板前面来，让他们复述刚才听的内容，但是学生们根本没有理解内容，一知半解，很多地方都不清楚，教师就非常无奈，没有办法，只好给学生再讲一遍。他怒气冲冲道："你们明明都没听懂，为什么不提问题呢？"但事实的情况是，学生没有听懂教师讲什么，也就提不出问题，因为不知道该怎么提问。对于缺乏经验的新教师而言，这件事情简直匪夷所思，但其实这种现象十分常见。

因为学生并没有意识到，他们对教材内容是否真的懂了，教师在上课的时候没告诉学生，究竟什么内容是必须理解的，在学习教材的思维活动中到底要达到什么目的。要使思考和思维成为货真价实的智力活动，思维就必须有明确的目的性。也就是说，思维本身就具有解决问题的性质，教师要善于启发学生的思维活动，通常要提出一个问题，给他们一个任务，让他们想方设法去解决。有了一个既定的目标，学生的智慧就会朝着任务目标聚集，在解决问题的过程中，很多困难和障碍都显现出来，他们不得不加大力度动用智慧。这样一来，学生的智力活动就贯穿在解决问题、克服困难的整个过程中。

还有一些教师，他们对开发智力理解错误，上课的时候，会把内容讲得非常简单。

他们有一种错误观念，认为只要学生听懂了，没有任何问题，那么就是对知识掌握得十分牢靠，理解十分透彻。我认识一位小学女教师，她的工作态度十分认真，课前勤奋备课，为了让学生在课堂上能学会应用题的条件，她事先做了很多准备，比如准备图片、准备表格，甚至还把应用题里提到的一些实物都带到课堂上，这位老师简直被称作是"算术应用题的高手"。从表面上看，学生在课堂上听得清楚明白，都会解答应用题，对于算术应用题，他们应对十分顺利。但是，当这些学生到五年级之后，就会出现反转的情况，很多教师对他们的表现大为诧异，凡是那位女教师教出来的学生，到高年级的时候都不会做算术应用题。事实就是这样残酷，女教师费尽心力，花费 4 年的时间，竭尽全力保护她的学生，要让他们学得简单明白，让他们在解答算术应用题上没有任何障碍，不碰到任何难题。女教师以为，学生们已经完全掌握了算术应用题的各种解题技巧，而实际上，她的学生根本没有积极主动地思考。

另外一些优秀的教师对这个问题采取不同的做法。我们学校有一位女教师，她在算术课上只讲解新应用题的各种条件，在讲解的过程中，主要依靠学生独立进行思维活动，目的是让学生把不懂的地方找出来。教师越能清晰树立这样的目标，学生对自身智力活动的目标也就认识得越清晰。这位女教师特别重视让学生自己编数学应用题，她先给学生提供一些前提，比如数量之间的依存关系等，然后启发学生，让学生主动思考，自己编写应用题。对于学生而言，这样的作业非常有趣，他们非常喜欢。因为作业不是孤立的，是跟周围的世界现象紧密相连的，能够增强学生对周围各种事物的兴趣，同时启发学生可以看到事物与现象之间的因果关系。学生们进行独立思考，不断地编写和解答应用题，随着这些训练越来越多，他们的能力不断提升，并且深刻地理解所有的抽象概念都不是孤立存在的，而是与世间万物的具体现象密切相关，周围世界的具体事物才是抽象概念的本质。

一般来说，学生想要提升智力，必须从具体的感性现象过渡到抽象概念的推理，这是提升智力的重要条件。在小学时期，这种过渡和转化也非常重要，因为童年和少年阶段正是从形象思维向抽象思维跨越的时期，在这一过渡期，学生的思维发展十分迅猛。对于形象思维向抽象思维的过渡，数学学科具有极其重要的价值和意义。

一位优秀的数学老师在讲课的时候，能启发学生看到具体现象和抽象之间的联系，比如在教三角函数时，教师想方设法直观地告诉学生，什么是正弦、余弦、正切、余切，然后直观地概括三角形各种条件因素之间存在的关系，教师会启发学生在现实生活中找到这些客观关系。

这类课堂存在明显的特点，就是教师从不把现成结论告诉学生，也不会直接阐述一个正确的定理，而是让学生对学习对象采取研究和分析的态度，让学生们提出各种可能性，对研究和分析结论做出种种解释，最后经过对比，在实践中做出判断，对各种解释提出肯定或者否定的答案。学生们在课堂上经过这类实践（实践从狭义上来说，是对各种客观现象和事实，进行观察分析和思考），积极主动证明一个解释，同时否定另外一个解释，在研究和分析的状态下，学生们不是消极学习知识，而是开动大脑，积极主动地获取知识。这样一来，知识并不是一块堆积物，而是经过思考和努力获得的财富，它将会形成一种信念，学生会极其重视知识。

这种学习方法具有研究性质，无论在人文学科还是自然学科中，教师们都可以加以灵活运用。课堂上学生研究和分析某个问题及现象，通过积极研究的方式，能够大幅度提升智力，这与他掌握知识的深度息息相关，同时也考验学生运用知识的实践能力。在教师上课的时候，一些学生真正能做到从事智力活动，比如在语文课上，他们会对语言现象进行深入思考和分析，然后反复对比，主动解答问题，在寻找答案过程中克服各种困难。这是一个完整的智力活动。在这样的过程中，学生获得的知识牢牢记在脑海中，可以在记忆中长久保存，不断巩固和深化。更重要的一件事是，这种智力活动能让学生培养成良好习惯，让他们在日常生活中、在实践中灵活运用知识。

对于人文社会学科的教学工作而言，一些有经验的教师，他们会灵活掌握这种研究型的学习方法，尤其是文学课和历史课，研究型学习更有效果，成效更为明显，在课堂上，教师能让学生进行独立思考、提出问题，并完成各种学习任务。教师要正确利用研究型学习方法，让学生们独立学习教材，广泛阅读文学作品，参考各类历史文献，这些都是智力活动的重要过程，是可以达到开发智力目标的手段。另外，教师的教学目的，是要让学生掌握现象背后的因果和规律，尤其要研究和分析那些隐藏的、没有阐明的内容。比如课堂上学习古代史，教师在课后布置一些作业，提出几个问题，让学生进行思考和解答，当学生翻阅教科书的时候，他们无法找到现成的答案。但是为了完成作业，把问题回答完整，他们必须在课后对各种事实材料进行研究分析，还要对比历史现象和事件，通过思考和研究，理解历史现象之间的因果关系，最终深入到现象和事件的本质。当学生为了完成作业，反复阅读相关资料和书籍的时候，这种阅读已经不是简单地看一遍书，也不同于他们第一次阅读的效果。因为在阅读资料的过程中，学生想做的是将问题从资料中抽离出来，而不是为了背诵，也不是为了记住各种历史事件的细节（比如斯巴达克起义的过程细节），他们要从资料中寻找起义的本质和规律性。如果学生想做到抽取实质和规律，就必须非常熟悉历史事件的细节。这样一来，学生既能掌握具体知识，同时也能总结抽象的结论。在这类人文社科的课堂上，学生们开发智力，进行脑力活动的过程，正是将形象思维发展为抽象思维的过程。

在高中的历史和语文课上，学生进行独立的智力活动，其对象要从具体的材料向学科的主体思想过渡。这个时候，他们不仅要分析历史事件和现象，分析文学作品的人物形象，还要研究周围世界的历史和现实背景。学生在分析研究的过程中，依靠自己独立思考而努力获得概括大量事实现象的知识，那么这样的知识是十分宝贵的。

对学生的思维活动进行观察发现，如果学生的抽象思维（概念、理论、判断）是通过他们自己研究和分析周围世界发展起来的，那么他们就可以培养出一种十分宝贵的智力素养。不仅可以通过直接的观察，同时也可以用间接的方式，去研究、认识、探索世间万物。

劳动和智力发展的关系

学校提供的智力生活是否丰富多彩，很大程度上取决于能否把智力活动与体力劳动有机联结起来。我的学生上小学的时候，就发现在一些小型的集体劳动中，比如课外的科技小组和农业小组，有着丰富的智力活动。这些课外小组是教育学生的一种重要形式，而这些智力活动的价值，就是想让每一个学生在较长的一段时间内，尝试挖掘自己的天赋和能力，在具体的劳动中发现自己的爱好，并找到自己喜欢做的事情。

在我们学校，学生每周都要去教学工厂进行劳动，这是学校提出的教学计划。学生们在工厂里要学习加工木材和金属，学习制作各种机械模型，在教学大纲中，学生需要完成的劳动项目就只有这几项。然而，学生的兴趣爱好是多种多样的，这些劳动项目能满足学生的智力活动吗？答案是否定的。为此，我们组织了各种类型的课外小组，目的是让学生积极开展智力活动，有效地跟劳动相结合，让学生在自由的空闲时间里，仍然可以进行智力和精神活动。我认为，课外小组可以让学生的思维探索充分发挥，没有课外小组，就不可能存在真正的智力发展和教育，更不会有情感和审美教育。学生在课外小组要使用双手进行劳动，他们的双手是开启智慧的老师，如果不动用双手，他们就会对死板的知识失去兴趣，知识不在实践中运用，学生们就会缺少激情，而教学工作也会缺少情绪刺激。

我们学校的学生课外活动小组，在小学三、四年级的时候，就要求学生们主动加入，所有的课外小组都让学生自主选择。最开始，小学生们不知道要参加哪个小组，不知道该如何选择，那么就需要给他们留一段时间，让他们慢慢了解小组，也慢慢了解自己。一个学生可能从这个小组转到那个小组，他的旧爱好被新爱好所取代，这个过程对主动选择自己心爱的活动，是非常必要的。总会有那么一天，学生们了解了自己的天赋和兴趣爱好，找到最适合他们的课外活动小组。在这个问题上，教师们不必操之过急，更不必强迫学生参加某个小组，将他们硬性分配到各小组中。当然，学生的自我认知过程缓慢而又复杂，他们在参加小组活动的问题上犹豫不决，因此教师也不能听之任之、放任自流。在这期间，教师要努力做到一点，想尽一切办法在学生的内心里点燃热爱劳动、参与劳动的火花。也就是说，教师要帮助学生动手去做一件事情，让他的双手帮助他开启智慧。

在学生的智力和精神生活中，课外阅读占了十分重要的地位。这些阅读跟必须背诵、熟记的学习内容没有任何关系，这只是一种对创造性劳动产生兴趣，从而自我激发出来的阅读。学生想通过阅读，更好地取得成果。阅读可以开启学生的智慧，开阔学生的眼界，让学生在智力方面形成个人风格和特点。同时，这类阅读还能促进学生对事物本质进行深入思考，从现象深刻理解背后的规律和因果关系，学生们如果从课外阅读中养成了良好习惯和学习态度，就可以把这些习惯迁移到课堂上，对于学习教科书的内容也很有帮助。

学生如果非常喜欢创造性劳动，就不可能去死记硬背。如果他在劳动中没有智力活动和精神生活，那么在课堂上才会出现死记硬背的状况，这样不仅会消耗学生的智力，还会使他的精神变得空虚。

在课外小组中，学生们可以展开创造性的劳动，不断地开发智力。在这里，教师们竭尽全力让每位学生都能成为积极主动的劳动者，让他们善于思考，进行探索，让他们参加充满乐趣的创造性劳动，在鼓舞人心的智力生活中认识自己，认识世界。一个人的学生时代要进行自我教育和自我认识，他不仅要发现真理、认识真理，同时还要将智力活动与他个人付出的创造性劳动相融合，这样的话，他就可以深切地感受到，他自己通过努力钻研思考，从事创造性劳动，终于揭示出大自然的本质奥秘。

课外小组的智力活动都带有研究性质，当学生进入中学时，学校有几个"少年育种和土壤研究小组"，学生们选好种子，收集并保存好肥料，把它们都混入土壤中，再把土地重新翻松。如果没有研究和思考激励着他们，这些劳动显然是非常单调乏味和令人厌倦的。

因此，必须把思考和研究的意图放入他们心里，激起他们的求知欲。将体力劳动和思考融为一体，这才是真正丰富的智力活动。紧张而辛苦的体力劳动，从来都不是教育的最终目标，而只是实现开发智力意图的一种手段。在这个过程中，思考才是最重要的，双手并不是消极的行动者，事实上，双手能让头脑变得更聪明。跟这些"学生设计师"一起劳动，看见他们的双手好像是在检验脑海中的设想和意图，这一切都让教师们看到教学的奥秘，以及其中蕴含的教育力量。双手的劳动才是检验真理的标准，在劳动的影响下，思维可以更加积极地工作，而获得的发现和成果又能增强学生人格的自尊感，让他们内心感觉到作为人的尊严。

我认为学习与劳动的紧密结合，在于劳动时深入思考，在思考的同时进行劳动。每一个学生都要在好几年内接受这种创造性劳动的训练，我曾思考过一个问题：这类训练如何在智力发展中体现出来？而生活给我做出了答复：让思维与体力劳动进行结合。

双手的劳动不断地实现着头脑中精密的设想，这样就可以让学生变成一个聪明的思考者，他们不断地研究和发现真理，而不是在消耗现成的知识。这些课外小组中的创造性劳动，让很多学生学会了思考。日复一日，年复一年，他们表现出宝贵的特征：学生力求从自己积累的知识中，找到能跟新知识紧密联系的东西，并力图用他们已经理解的内容和思考所获得的东西，来印证新知识的真理性。凡是参加过创造性劳动的学生，都能避免死记硬背，他们绝不会背诵一些无法理解的东西。

因此，劳动和智慧相结合，是智力情感的首要源泉。

我的学生中有一些头脑比较迟钝，他们要花很长的时间去理解数学、物理、化学、历史上的概念性原理和规则。有时候教师们觉得他们的内在动力和精神力量消耗殆尽了，很快就要坚持不下去，他们的头脑再也无法对知识进行思考。如果不是用劳动来鼓励他们，不是靠双手和大脑结合产生的思维力激发他们，他们在学习知识时感到的内部疲劳，就会影响他们的学习能力。这一点对于学习能力强的学生也是一样，每当内在力量不足时，就要尽力吸引学生去参加具有研究性和创造性的劳动。

我们学校为学生开辟了几个从事创造性劳动的工作角，比如无线电工、电子学、生物化学、土壤学等。一个人在学生时期，如果没有在复杂的图纸和仪器面前激动万分，钻研入迷，似乎除了这项有趣的活动外，世上什么也不存在，那么他很难得到完整的教育。在这些工作角里，学生们化身为思考者和研究者，他们对于科学家们的伟大贡献由衷地敬佩和赞叹。这些工作角可以点燃未来设想的各种火花，学生的创造性思维都具有独特的性质和风格，很多情况下，那些无法直接观察到的事物，才是他们的思考对象。对这些现象和事物的深入思考和掌握，都是在学校劳动与智力相结合的阶段进行的。

当学生上初中的时候，学校开辟了一个"难题之角"，让学生们来到这个角落里，就好像走进了科学宫殿的大厅。这里的各种难题挑战着学生的意志，磨炼着他们的性格，学生们可以通过亲身体验，明白什么是自我教育。

通过劳动发掘才能和爱好

人才要全面发展，每一个学生都应该有个人才能和爱好，这对于学校培养人才来说，是一项非常重要的任务。

对于当下的教学工作而言，教师们要及时发掘并发展学生的才能和爱好，也要尽可能了解每个学生的兴趣所在。我们学校的教师曾经立过一个这样的目标：自己教过的学生不能毫无个性。也就是说，有的学生来到学校里，对于任何事情都不感兴趣，学习任何知识，看到任何东西，他都不激动，也从来不向往。上课的时候，学数学公式，教师带领大家朗读一首抒情诗，但有的学生就是态度十分冷淡，对此毫无兴趣。为了避免这种状况发生，教师们想尽一切办法，让学生入学之后在几天之内就喜欢上一件事情，或者爱上一门课，喜欢一件东西，由此发展他们的才能和爱好，把他们带入创造性的校园生活中，并逐渐形成稳定的兴趣爱好和生活志向。具体来说，应该怎么做呢？教师如何在学生身上发现他们的兴趣爱好，并点燃创造性的热情呢？

学校的在校生每年有 500 ～ 550 人，一个新入学的学生来到学校，第一眼就可以感受到一种强烈的气氛，那就是到处都充满创造性的学习活动。但在很多情况下，刚入学的一年级小学生，不明白什么是创造性活动，但是他能从心灵中体会到校园里充满激情和兴奋的气氛。

让学校始终保持这样的气氛，这一点对于教师而言也非常重要，因为这样的话，教师就不用多费口舌，不用一味地说教，高年级学生的日常生活和学习里，充满了智慧和劳动的乐趣，他们本身就是鲜活的例子，能够吸引那些低年级的学生，让他们产生浓厚的兴趣，主动参加创造性的劳动。在学校里每个学生都有自己"心爱的角落"，他们可以在那里自由自在地活动，从事创造性劳动，在低年级学生的身边，往往有一些优秀的高年级学生给他们做榜样。

为了挖掘每个学生身上的创造性精神，必须在这些"心爱的角落"里，为学生提供各种重要的劳动种类，还要考虑每个人的年龄特点，把这些劳动转化成真正适合孩子去从事的活动。当然，也要防止一种形式上的危险，如果劳动项目选择过于严苛，或者单纯为了适应孩子的兴趣点，那么就会让学生们失去兴趣，远离这些劳动。

我们所有的教师都非常重视唤醒和激发学生艺术创作的才能，特别是应用艺术技能。学校有一个小型陶器工厂，学生可以制作器皿和各种各样的瓷像，这里有给小学生专门准备的工作角，他们可以做泥塑，为木偶剧团做玩偶。在艺术绘画的小组里，学生们通过图画和人物形象展示自己的想象力。而在合唱团、民乐队和少年琴手小组里，那些有音乐天赋的孩子，得以发挥他们的才能。学校里还有很多个文艺创作小组，定期举办学生作品展览会，名为"我们的创作"。

然而，在我们学校里发展学生艺术创作才能，主要的目的并不是把他们培养成音乐家或者画家。我们的责任是，全面发展每一个学生的个性，挖掘他们的天赋，让他们拥有艺术创作的才华，使他们感受到丰富而完整的精神生活。

我们学校全体教师都认为，课外小组工作的重要任务，就是让这些学生的劳动与学习紧密结合起来，因此每位教师在课堂讲授教学大纲指定教材时，十分注重激发学生对劳动的兴趣和爱好，这样就引起学生们的求知欲。他们渴望知道更多的东西，而这正是对劳动产生兴趣的重要源泉。在所有创造性活动的小组里，只有通过劳动才能认识客观事物，劳动越紧张越丰富，对客观自然规律的认识，也就越深刻越迅速。

我们还有一种"联合课外小组"，参加的成员是拥有不同的技能水平、参加过不同劳动训练的学生，这样的小组极具创造力和生命力，在教育学理论上是可行的。而他们的合作似乎是自发的，比如二年级的学生跟五年级的学生一起劳动，五年级学生跟高中学生一起劳动。这种表面的自发合作才真正体现独立性：都是因为对劳动的热爱和迷恋，才让他们走到了一起。

我们的学生，是在创造性活动的气氛中学习和生活的，各式各样的创造性活动好像各种不同的磁铁：磁铁引力越强，学生参加的劳动就越有趣，在这方面获得的提升就越明显。那么，以学生独立性和创造性为基础的教学过程中，教师的作用体现在哪些方面呢？表面看起来，教师似乎是旁观者，所有的课外小组都是学生自己在忙碌，但事实上并非如此。教师的责任和任务就是不断让学生对劳动保持热爱，不断点燃他们创造性的火花，让他们的兴趣持续地燃烧。

发展个人爱好和才能，是一个灵活的变动性很大的复杂过程，天赋和才能相类似，都是丰富而多方面的。因此，学生在这个项目中训练一段时间之后，有可能在另一个项目中取得更大成绩，而要在劳动中取得成绩，必须付出很大的努力，他自己会看到，也会感受到自己虽然已经做了很多，其实做得还是很少。

激励学生不断去取得新的成绩，这是发掘学生天赋和发展才能的一种有效方法，但在具体实践中，这个方法并非一帆风顺。在我 27 年的教育生涯中，遇到过几十个这样的学生：他们在很长一段时间内，无法在任何领域取得任何明显的成绩，其中也有一些学生对体力劳动抱有极为厌烦的情绪，但是不管他多么讨厌劳动，我们对他的教育还是他必须在劳动中取得成绩，哪怕只是最微小的成绩。而对于那种"双手什么也不想做"的懒学生，在一开始的时候几乎是强迫他进行劳动。不过我们教师的体会是，要让他去做那种可以取得成绩的劳动，这种情况下，最好的办法就是教师陪着他一起劳动。我们学校有一个十分懒惰，对任何事情都没有兴趣、漠不关心的学生，在长达 8 年的学习时间里，教师们找不出一种好方法教育他，他甚至连学开摩托车都不感兴趣，而这件事几乎所有青少年都喜欢。有一次我们带他和其他学生一起去田野耕种，教师跟他一起劳动，告诉他应该怎么使用机器，怎么发动马达。教师多次运用这个办法启发他，最后他终于喜欢上农业机器的工作，当他取得了一些成绩之后，我们就引导他去完成更艰巨和更复杂的任务。

所谓的天才和技巧，在我们理解，首先是为了达到目标而克服困难的顽强精神。只有在取得新的更高成就而从事艰难劳动的过程中，才能展示出学生的天赋和才华技巧，才可以从新的方面扩展他们的兴趣爱好。有些学生从没展现出他们的天赋，我们对于培养这一类学生的才能给予特别的关注。在他们中间，不仅有学习成绩中等的学生，也有一些优等生，我们教师确信，每个人都可以在某个劳动领域中达到较高的技巧，因此我们要激发这些学生的创造力。在这个过程中，起到决定性作用的是对劳动的坚持、意志力、克服困难的勇气，以及遇到失败挫折不气馁、不放弃的精神。我们努力让学生的注意力集中在一件事情上，深入到这件事情的精细微妙之处。如果学生第一次没有成功，教师帮助他从头开始；如果第二次也失败了，教师就会建议他从另外一个方面入手，或者暗示他应该如何正确地去做这件事。

我们学校的全体教师努力做到，让学生从事的所有活动都充满智力发展的内容，即便那些最简单的手工劳动，也应该渗透研究性的、专业性和试验性的精神。让一个学生参加体力劳动是很容易的，但是要教会他把双手和智力发展努力结合起来，这是十分困难的。然而正是这种有效的结合，才能找到培养学生劳动兴趣和爱好的方法。而对那些态度消极的学生，我们起初会强迫他们完成一些体力劳动，然后努力让他们通过在劳动中去认识自我，发现征服自然界的途径。如果学生把体力劳动当作达到创造性目标的手段，说明他们能克服懒惰习惯，开始热爱劳动了。

我们有一个设想，再过两年时间，我们学校四年级起的所有年级，每周都要安排一个小时，供学生去钻研他最喜欢的学科，我们给这个学时起的名称叫"创造性学时"。起初列入课表时每周一个小时，以后随着教学计划的推进，初中安排每周两小时，高中每周三个小时。每个学生都利用这段时间去研究感兴趣的事情，深入进行理论知识探索。全体教师要在这一段时间内，让每个学生的创造思维与体力劳动紧密结合。而学生的学习活动地点，是根据他们个人爱好和劳动性质决定的。有的学生可能去翻看书籍杂志，有的学生用显微镜看生物细胞，有的学生需要用铁锹检验一个设想，有的学生在车床上加工木料。"心爱的劳动"时段，会变得更加丰富多彩、形式多样，我们全体教师将努力做到，让学校能够完全满足所有学生的个人兴趣和爱好。我们也提出一个设想，开辟"难题研究室"，把一些最复杂的设备和装配图作为创造性的任务，陈列出来，让学生去解决。

我们提出的第二个设想，是建立一个"农业新科技小型机械化研究室"，让学生亲自动手，进行研究和制作，发明一些能够减轻农业劳动的新机器模型。每个学生都将掌握一种通用的学科专业能力，力求成为这一行的能手和精英劳动者。

小学的基础教育

"究竟什么是小学？"人们对于小学的重要意义和决定性作用，讨论已经很多了。"牢固的基础知识都是在小学打下的""小学是基础中的基础"，当谈到初中和高中教学出现的问题时，谈到学生基础不牢固、知识浅薄的时候，我们常常会归结为是小学没打好基础所致。而小学教育之所以经常饱受攻击和责难，是因为它没有给予学生日后所必需的、在基础范围内一定要掌握的知识和能力。

的确，无数的经验可以证明，小学最应该先教会学生如何学习，这一点已经为教师们的实践经验所证实。小学最重要的任务，就是教给学生在一定范围内、巩固基础知识的能力，教学生学会"如何学习"，包括一系列与掌握知识有关的工具和基础能力：阅读能力、书写能力、观察世界和现象的能力、思考能力、用语言表达思想的能力等等。这些能力都是必要的工具，没有工具，是根本无法掌握知识的。

我在小学从事教学工作的时候，一直努力地做到精准判断：哪些东西是小学生必须熟悉、牢牢掌握在记忆里的，哪些内容和能力是小学生必须学会的。然而小学的任务并非只有这些，教师在任何时候都不能忽略他的教育对象：应该是一个完整的孩子。

小学一到五年级（7～11岁）正是一个孩子的成长时期，虽然成长过程并非到小学毕业就结束，然而这几年确实是孩子成长发展最快的几年。这一时期学生不仅要为将来的学习做准备，积累一定的基础知识和基本技能，方便以后顺利学习，同时还应该学会过一种丰富多彩的精神生活。小学阶段是学生道德、智力、情感、身体、审美获得完整发展的重要阶段，这种发展是非常客观实际的，而不是一种理论空谈。这就要求学生不能冷冰冰地只是为了未来获取知识而做准备，还要求学生有着更丰富多彩的精神生活。

我们有许多优秀的小学教师，他们不仅是孩子学习知识的启明星，更是名副其实的生活导师。在一些小学里，小学生的命运极为悲惨，身上好像背着一个大口袋，教师没完没了把东西往他的口袋里装，就这样，小学生们把沉重的负担一直背到初中和高中。在很多教师看来，整个小学生活和学习的意义就在于此。

小学必须在一定范围内掌握知识，在这个问题上如果有任何模糊和不确定的地方，都会给小学教育造成障碍，也会严重削弱后面的教学力量。如果不明确规定，小学生应该掌握哪些知识技能和学习技巧，就没有办法办好学校。很多小学出现严重缺陷，原因之一就是教师往往忽略这一点。在一年级和二年级，究竟学生应该理解和掌握哪些规则和定义？究竟小学生应该学会书写哪些字词句？应该牢记哪些正确写法？有些教师力图做到减轻小学生的脑力劳动负担，但他们也忽略了一点，就是不仅要让小学生认识一些东西，做一些有趣的事情，还要让他们把一些内容牢牢记住并且永久保存在记忆里。

当然，小学的基础教育是日后学习和教育的重要前提，但是同时起到重要作用的，还有他们要掌握的那些基本知识。如果小学生不能熟记和牢固掌握这些知识，就连所谓的"一般发展"都谈不上。一个人的"一般发展"，就是能够不断地去掌握知识，拥有掌握知识的能力。而要做到这一点，就必须学会如何学习。

完成小学教学任务的同时，还有一点应该引起教师的注意。小学生是头脑神经系统迅速成长的孩子，不应该把他们的头脑当作一种"死装置"，这个装置交给老师，需要老师不断把知识镶嵌在记忆里。7～11岁的孩子，他们的大脑正在发育当中，如果教师不关心学生的大脑发育，忘记他们大脑系统的发育特点，完全不考虑大脑两半球皮层的快速发展，那么很快，学生们的大脑会变得十分迟钝。

所以，教师们不能把小学阶段的学习看作不断灌输知识、加深记忆和死记硬背，这些都会让学生反应迟钝，变得愚蠢，损害小学生的身体健康，不利于他们的智力发展。我们的目标是努力使学习成为丰富多彩的精神生活的一部分，促进小学生的全面发展，丰富他们的智慧内容。小学阶段的学习千万不能死记硬背，小学生日常要生活在童话世界里，做游戏，听音乐，幻想，创造，过审美的生活，让他们的学习活动充满智力乐趣，处处都生机蓬勃。

我认为，小学生在学习过程中可以成为一个发现者和创造者，也可以去外面的世界成为旅行者。通常我的教育理念是，建议小学生到大自然中去体验劳动的乐趣，去观察思考，对事物进行推理，同时自己动手创造东西，并为此而感到骄傲。小学生要学会帮助别人，为别人创造美好和快乐，体会从中获得的幸福，要经常去自然界，欣赏大自然的音乐，欣赏艺术，体会艺术的美感，用这些审美的活动丰富精神世界。去关心别人，关注别人的痛苦和快乐，就像关心自己一样。

同时，不能忘记一个明确的严格规定：小学生究竟应该学哪些知识，他必须学会写哪些字，必须记住哪些词，以及必须牢记哪些数学公式和规则。

教学中的刻意记忆和理解性记忆

学生聪明敏捷的重要特征之一就是观察力。用智慧的眼睛去查探事物背后的关系，发现事物的本质，这就是观察力。跟观察紧密相关的，还有智力发展的许多方面：求知欲——想要认识和了解周围世界某种现象和事物的积极态度；系统性——有明确的目标指向，指导如何选择观察认识的对象、概念和规则等；包容性——把积累的知识保持在记忆中，并在智力发展的过程中指明方向。此外，还有条理性、灵活性、独立性和批判性等等。

人的智力是在掌握知识的过程中得以发展的，但是我们必须明确"知识"这个概念，它是极为复杂和具有多面性的。首先，在"知识"的概念中，包含了基本的真理和事实，以及各种规则、数据、说明，还有相关的各种关系等。这些内容对于学生来说，应该永久保存在大脑中，牢牢地记住。因为在学生的日常生活中，这些内容是随时随地能够碰到的，经常使用的知识，如果不在实践中进行运用，就会成为堆积物，当需要的时候没有办法从大脑中提取出来，也就无法对知识加深印象。这样一来，知识无法使用，就是死的东西，对于后续的学习来说，知识没有用武之地，那么就无法产生更有效的智力活动，也不能让知识促进智力发展。其次，在"知识"的概念中，还包括了更加广泛的内容，这些东西也许不必牢记在大脑中，但是需要深入理解。学生要善于运用书籍中保存的各种各样的知识，也要善于运用人类历史上存在过的广阔无垠的知识宝库。

知识的这两个含义，彼此联系，但又有所区别，因此在对待具体资料时，要采取不同的态度和方法。有一些知识内容是要永久保存在记忆里的，保存在记忆里的这些东西，是可以解释各种事实、现象的钥匙，它是思维的基本工具。而这些知识必须永久牢记，还要在日常生活中反复运用和验证，让这些工具在记忆中不至于生锈，也不会变成累赘的堆积品。我们平时要努力做到，把这些保存在记忆中的事实、现象、定义和概念等，通过反复运用，将它们用于实践中，从而可以获取新的知识，并从事创造性的活动，并且在记忆中加深印象。每一位教师都应该在自己的学科中，探索出如何反复运用那些必须保存在记忆中的知识的方法和途径。我们学校的数学教师们设计过一些工具和仪器，让学生在解代数方程时，用这些工具复习各种乘法公式，然后再用这些公式来解答题目。

我们针对各科的教学大纲进行了严谨的分析，把学生必须掌握和牢记的知识范围，全都列出来，其中包括各种公式法则、定理规则，各种术语和地图，还有对动植物和物质特点的各种说明等等。学生们在课堂上学习这些知识，进行专门的记忆，然后在课外作业中不断运用，加强巩固记忆。我们让学生牢记乘法表，因此做了一个数学箱，具有速记乘法表的特殊功能，学生使用数学箱，看起来像是一个十分有趣的游戏。我们还准备了地图和地理路线之类的游戏，在上面标注出地理名称和位置，让学生们沿着地图路线不断旅行，目的是让他们记住地理名称。我们还希望学生能记住各种植物的特征和细节，因此在学校的教学试验田里，教师们按顺序排列种植各种植物，让学生们来到试验田，从一棵植物走到另外一棵植物，然后提出要求，让他们回想记忆中植物的特征和所有细节。

教师们所做的一切，都是为了给理解性记忆创造各种有利条件，而理解性记忆的重要价值，早已被科学所证实。理解性记忆也可以减轻学生的脑力负担，它的效果取决于，学生对某种理论知识的认识过程，是采取一种什么样的脑力劳动。比如说，学生听过一个有关于物质构造的有趣报告，或者读过一本引人入胜的有趣书籍，那么当他日后在课堂上遇到这类材料时，就可以为理解性记忆创造有利条件。我们努力让一些抽象的概念通过理解性的记忆方法保留在学生的脑海中，比如"国家""民族""运动""机能"等抽象概念。学生通过理解性记忆所获得的知识越多，当他们真正需要背诵，要熟记某些内容时，也就越容易记住。

"理解性记忆"是智力发展的重要条件，它能把大脑解放出来，不用于死记硬背，而是用于思考，用于深入理解事物和现象背后的本质。理解性记忆可以避免最大的记忆弊端——死记硬背，我们的教师尽力避免让学生死记硬背不理解的内容。

数学教师在开始教新的定理时，一定要让学生先理解构成这些定理的各种因素、事实、现象、规则，以及它们之间的依存关系。学生要通过使用图画、教具等方法，搞清楚他们是怎样理解这条定理的。学生对定理本身思考越多，了解得越深刻，定理就越容易记住，因为以理解为基础的记忆是最牢固的记忆。

因此所谓的掌握知识，其实就是要善于运用知识。

鼓励学生尝试"超纲"

每个学生的智力成长都是独一无二的，每个学生的聪明才智都各有千秋。只要一个学生心智正常，他就一定拥有某种能力和天赋。有一点十分重要：要让学生的天赋和才智成为在学习中取得成果的基础和前提。不要让任何一个学生在低于他才能水平的状态下学习，在每一级入学的学生中，每一个班级都会出现一些具有数学天赋的学生，以及拥有机械天赋、模型设计天赋、植物栽培天赋、化学天赋、文学天赋和历史天赋的学生，我们应该在学龄前就点燃这些天赋和才能的火花。

我们遵循的原则是，每个学生在学习中，都应该达到他努力进取、力所能及的成就。这一点可以帮助我们，让全体学生全面发展他们的智力，防止出现学业拖后腿的现象。我们不会让那些天赋很高、很有才华的学生在低于他们能力水平的状态下学习。如果我们让一个原本能成为少年自然科学家、未来的自然学者的天才学生，降到一个平庸书呆子水平，那么还没等学生明显表现出天赋和才能时，就已经扼杀了他的才华，不可能让他发挥出天赋和潜力。

我认为要防止班上的学生成绩落后，变成差生，就必须让那些天赋和才能很高的学生，在他们有能力达到高水平和创造性活动的学科上，超越教学大纲的限制。比如说，一个初中生对植物学很有天赋，我们就不应该限制他只读中学教科书，而应该让他学习更多的生物化学，研究土壤的微生物。在这种情况下，对那些学习落后的差生也有很大帮助和影响。因为集体的智力生活是相互联系的整体，我们确信，如果一个班上有几个优秀学生，他们钻研教学大纲以外的内容，研究现代科学的前沿问题（比如半导体、量子发动机、电子仪器等），那么这个班级就永远不会出现物理考试不及格的学生。

能力较强、天赋突出、水平较高的学生，对那些学习较差、平庸无奇的学生会造成极大的督促和影响，因为这是一种频繁的精神交往而产生的复杂过程。在学生日常的交往过程中，各种学科小组、技术小组的活动，还有各种课外活动，包括科技晚会、智力竞赛、陈列展览等，都对他们产生积极影响，并起到很大的鼓舞作用。

数学教师给学生布置家庭作业时，应该出几种难度不同的题目，让每个学生都可以挑战能力极限，找最能展现能力的题目去做。由于脑力活动是在集体环境中进行的，所以这些题目就带有创造性的才能、竞赛的性质。学生们谁都不甘示弱，都想在难题上考验自己的能力，在这种相互竞赛的气氛中，天赋和才能往往能发挥出来。我们学校的每一届学生中，都会有两三个天才"数学家"，他们早在初中的时候，就已经在学高中和大学的教材和习题集。

针对这些有才能的学生，教师应该主动引导他们去学习教学大纲以外的知识内容，这样一来，班集体的智力活动就不是整齐划一，而是丰富多样，就连学习较差的学生也会受到鼓舞，不甘在学习方面落后。在我们学校有一位优秀的物理教师，他因材施教，按照学生不同的能力进行授课，在课堂上学习教材的某一个章节时，他会事先列出一些理论方面的难题，让班级中最有才能的学生进行思考，研究解答问题，他在课堂上布置这些理论资料，然后让学生在课外的业余时间进行研究解答。

激发学生对课外活动和课外小组的兴趣，有一个重要的方法，就是让学生们接触到一些难题，这样才会促使他们去阅览室和图书馆，让他们在科技展台翻阅小册子，去实验室查找相关资料，翻阅科学内容的书籍。同时，这些科学上的难题，还会成为他们课后谈论和争论的主要内容。在学生们进行争论的过程中，可以揭示出科学问题的真理，也能促进他们的大脑发育和智力发展，使他们的思维变得成熟。让他们接触到的知识不一定是要记忆的，但当他们必须去记忆某些材料的时候，也会变得更加容易。

使用何种教学法

经过多年的教学研究，我们可以得出一些经验。教学法主要可以分为两大类：一类是教师提供给学生初次学习知识使用的技能和方法；还有一类是让学生理解并思考知识内容，并且能够对知识进行实践和应用的方法。

由于每个学科的主要特征不同，各学科的教材内容也不同，所以在不同的课堂上，教学法也都有各自的特点，比如文学课上，教师使用演讲法，具有它自身的特点，而在数学课上如果教师使用演讲法，则是另外一些特点。教师在劳动过程中运用展示法，来展示劳动技能，主要是考虑劳动和理论知识之间的相互联系，并对其进行对比展示。而在自然常识课程中，教师使用观察法，跟物理课上使用的观察法进行比较，两者不仅是知识内容感知方式不同，而且开发的大脑范畴和脑力活动性质也不同，因此两种观察法存在本质性的差异。

教师能否准确而灵活地使用各种教学法，这关系到智力教育的成败问题。教师对教学法进行创造性运用，也取决于对教学法细节上的变化和掌控，同时还要考虑到教学法受到具体环境的影响。任何一种具体方法的使用，都存在各种制约因素，而这些无法事先进行规定，也不能在教学法中标注具体的操作流程。对于教学法的使用，教师们要不断实践，因为实践才是检验和运用理论的源泉，只有通过不断地实践，教师们才能把教学法的理论进行全方位的展示，进行多方面的尝试，从而理解它自身的特性。

想实现完整的智力教育，应该具备一个重要条件，就是教学法、课程结构，以及课堂的所有组织因素和教学因素，都应当与教育、教学目的相统一，要与学生的全面发展相统一。学生掌握知识的目的在于，把知识通过各种形式在日常生活中进行运用，并让学生在与其他人的道德关系、劳动关系、社会关系、审美关系中，以学习过程中所形成的信念和精神力量，当作为人处世的指导。正因为如此，在实践中运用知识的本质，能体现出一个人的道德发展和智力发展的统一性。总的来说，对于经验丰富的优秀教师而言，他们在备课的时候，总会全面而周密地进行考虑，他们课堂上所教的知识内容是如何输入到学生头脑中的？在学生的大脑中是如何运转的？如何进行理解的？他们会根据实际的情况对教学法进行选择。

教学和记忆的过程就在于，对某一个概念或规则所阐明的各方面事实和现象，要逐步进行深入理解和思考。所以在学习语法时，学生的课后作业，比如相关的课外阅读，针对某一条规则做的练习等等，都具有重要的意义，而掌握语法要求长期对所学的知识进行反复运用。

我们在语法课上还有一种极有优势的教学法，就是让学生独立做练习，在练习中解释、灵活运用语法现象和事实。学生们通过对语法现象进行解释，逐步理解语法规则的本质。教师为每一条语法规则编写了一系列练习，让学生们在较长的一段时间内独立完成。而对于那些要反复思考很多事实和现象，才能理解规则的学生，教师要挑选一些补充性的作业，有时发一些练习卡片，里边包含着丰富的纠正语法的材料。

在数学、物理、化学教学中，学生以前学过的定理、规则和公式都是用来掌握新定理、新规则和新公式的。这些学科的教师，应当把知识的实际运用作为最重要的训练方法。教学法一定要与智力教育相适应，这一点也决定了课程结构和课程阶段之间的相互关系。

我校全体教师为小学、初中和高中分别制定了课程结构，在制定课程结构时，遵循以下几条原则：

第一，学生的课后作业跟他在课堂上第一次学到的知识紧密结合，对知识进行理解、思考及运用。这样一来，掌握和巩固知识就不仅仅是课堂的一个阶段，知识的巩固和掌握是长期过程，这一过程中不仅包含相关的练习、实验，以及其他类型的课后作业，还包含了由此所掌握的新知识。

第二，通过各种各样的方式运用知识，不仅能让知识得到发展和深化，同时也是考查和检验知识的主要途径。我们努力让学生通过对知识的运用，来反馈对知识的掌握程度，教师要不断获得一些有效信息，观察学生是如何进行思考的，每个学生掌握知识时取得什么样的成绩。教师能否及时掌握每个学生脑力活动的情况，取决于他能否正确地选择一些题目，让学生可以运用并检验知识，能否考虑到学生的自立能力和个人天赋，尤其是能否考虑到学生脑力活动的个性化和独特性。

第三，掌握和巩固知识具有长期性和渐进性的特点。如果教学大纲规定，学某一章节需要三个小时，这并不意味着三个小时之后，学生就必须完全掌握这些知识。知识是在一个较长的时间内，逐步掌握、拓展和深化的。知识的掌握和理解是在课堂上、在家庭作业中、在课后自学阅读中、在准备报告等长期过程中进行的。教师为学生安排的各种作业，目的是巩固、拓展和加深知识的理解，那么作业就应当分配在一个较长的时间内完成。

依照以上原则组织课程，这些课程的特点是具有较大的多样性和灵活性，在一到四年级大多数的语言课和数学课上，教学首先要从以前获得的知识开始，在这样的课堂上，学生不断加深对以前学习的知识、规则、定义和其他概念的理解。

这是很重要的教学法，我们在小学、初中和高中都采用这类教学法，凡是那些让学生必须牢记，永远保存在脑子里的内容，不要让他们脱离具体实践死记硬背，而是要带有目标性，在完成任务的过程中，让学生经常回想，反复复习而达到记忆的目的。这些目标和任务包括解答各种应用题，编写创造性的书面作业，进行实地考察和测量等。数学教师编写了一套三角习题，让学生在解答习题时不用背诵公式，就可以记住三角函数。

每一节课堂以加深和运用知识为目的，学生都要做一些创造性的作业，只有让学生学会使用语言，学会写作文，他才算真正掌握了知识，真正成为可读可写的人。只有让学生自己编写应用题，特别是编写方程式，在这个过程中表现出创造性，他才能真正学会解答各种数学题。我们深信，当一个学习很差、在数学上有困难、成绩不理想的学生，他自己可以编写应用题了，那么他的数学一定会有较大的提升。

在高中里，我们给学生更为广阔的综合技术训练，让他们养成脑力活动和体力劳动相配合的高素养，巩固实践技能和本领，培养对知识和劳动的热爱，让学生们自觉做好准备，日后选择什么样的专业。因此高中的教学方法、课程结构特点、课堂作业、自学比重、实践运用知识等，都要与以上目标相统一。

高中各种教学法的共同特点，与小学和初中相比，主要在于更大程度地独立获取新知识，并运用已有的旧知识，采用更灵活多变的方法，从事独立而有意义的脑力活动，以及把自己的知识和技能教给同龄和年幼的学生。高中的理论技能和技术范围更加广泛，如果在获得知识的每个步骤上，无法跟知识运用、独立思考探寻相匹配，那么高中学生是无法顺利完成学业的。

我们在高中所采用的主要的教学法明显具有智力活动的特征：

第一，运用以前所掌握的知识技巧去获取新知识，并以此为目的，独立进行思考、分析各种事实现象。

第二，让学生学习独立运用课堂上讲的知识，并培养灵活运用知识的能力，拓展和深化与此相关的技巧和才能，完成与之相关的实践作业，比如做练习、进行运算、编写应用题、装配各种机械模型等。

第三，在自然环境下，以及在实验室里，独立完成对现象和事实观察研究的过程。

高中教学法的特点、教学内容的特点和知识的运用特点，三者彼此连接的关系更加明显。

有一个重要的问题，我校全体师生都十分重视，那就是处理好课堂讲解和课外实践作业之间的关系。课堂上的讲解，为学生们课后独立完成作业提供了指导方向，教师讲授的不仅是理论知识，还要告诉学生如何进行研究，让他们学会实践，以及阅读参考书的方法。对于自然学科和基础学科来说，这一点十分重要，教学经验丰富的物理和化学教师，他们特别重视实践指导，在课堂讲解的过程中，就指导学生如何独立完成作业，教会他们独立实践的方法。

初中时期智力活动的特点

初中生的主要特点是，在智力和情感上不断得到发展和巩固，不管是针对客观实际的现象，还是思维发展的过程，在初中时期，其思维和智力都已经提升到一个较高的阶段。在这个时期，情感活动和智力活动之间的联系，虽然还不够紧密和牢固，但已经比儿童时期更为深刻。初中生对情感，尤其是对具有重大意义的公益活动的情感，已经有了主动意识的发展。

在认识周围世界的各种现象和事物本质时，初中生不仅能够留意到那些表面的、显而易见的、感官体验的特征，还可以注意到隐蔽的、不易察觉的本质属性，并且他们能更主动地对后一种属性进行思维和智力上的分析。这一特点体现在初中生的兴趣爱好上，也体现在他们的志向和目标上，尤为关键的是，往往体现在他们主动而踊跃的活动中。

我们曾反复做过一个实验，把一幅重大历史事件的图画拿给 7～8 岁的小学生看，再拿给 13～15 岁的初中生看，并为他们讲解图画的内容。有一种情况是，所有学生都对图画体现的感官内容表现出极大的兴趣，而另一种情况下，学生会留意图画中某种运动状态和斗争的内部原因，比如在《勇士》这幅画中，7～8 岁的小学生最感兴趣的是：骑士们穿的衣服、拿的武器、精致的马具、漂亮的马鬃，以及荒凉阴暗的环境。而初中生在同样的画面中能发现很多隐秘的、不易察觉的内在联系。比如，他们经常会提出一些问题：在画中那个古老的时代里，人们怎么制造出这么精细的武器和马具？他们有没有专门的作坊来制造这些东西？为什么骑士停留在空旷的平原上，不怕敌人发现他们吗？敌人用箭射他们怎么办呢？骑士们的领土跟敌人领土的边界在哪儿呢？为什么画里没有乡村和城市呢？

七八岁的小学生参观科技小组活动室时，在那些陈列的机械模型和零配件当中，最感兴趣的是各种零部件怎么让机械动起来的，怎么操作才会动起来，究竟哪个零部件动了，导致整个机器才动起来的。而初中生（尤其是男孩子）最感兴趣的是零部件内部的构造设计，安装位置是怎么安排的，零件之间有什么密切关系。当学生们看到机械或机器模型时，小学生在绝大多数情况下，都会要求模型动起来，如果一个模型不会动，他们就觉得很无趣。而初中生则相反，他们看着那些正在动的模型时，就会要求把它们停下来，然后仔细观察模型的构造，甚至有一种想把模型拆开的冲动。

我们拿一些金属零件给学生看，有一些是经过抛光的，有一些是刚刚车出来的，小学生对这些金属零件的态度是，将两种零件拿起来进行比较，然后说抛光的零件好看，刚出来的零件不好看；但初中生的态度则完全不一样，关于零件是如何从车床上做出来，又是怎样加工成光滑零件等，这才是他们最关心的。

小学生首先看到的是事物的表象、现象和事件呈现的突出特点，并且根据特征在脑海中形成感知印象，并提出评价和意见（这种评价首先是情感评价）。初中生常常从观察的事物和现象中，寻找与表面相反的特征，尤其对象是人的时候。比如说，有一个好人，初中生一定要找出他不好的地方。初中生无法解释优点和缺点交织在一块儿的复杂性，所以他们在评价人的时候，经常会犯一些主观性的错误。初中生身上还保留着儿童的某些特征，喜欢把周围世界一切现象和事件简单地归纳为"好"与"不好""正确"和"错误"，尚未培养出对于各种充满矛盾的本质、特征、倾向进行反复观察、对比、分析、研究的能力。初中生似乎是刚刚睁开双眼，对周围世界进行观察，但他们会逐渐意识到，生活中的一切事物并非看起来那么表面化、那么简单，而对人的评价更不能凭借最初印象进行判断。初中生渴望分辨事物，判断现象，评价某个人，在这个过程中产生的矛盾性与复杂性，既包含着初中生精神特征的优点，也包含着他们的缺点。这些优点和缺点会在未来的发展过程中，形成某种既定的方向。而方向是否正确，则取决于初中生的成长环境、受教育程度以及长辈们对他们的榜样作用。

初中生的特点之一就是，他们具有批判性思维，他们对人对事总是持有一种批判态度，初中生不会像小学生那样，百分之百信任老师和家长，听从长辈说的话，初中生也不愿意无条件地接受长辈们提出的要求。他们往往好像故意寻找一些理由反驳长辈。出现这种现象，主要原因在于初中生的智力正处于发展过程中，这与他们脑中的具体思考目标之间，存在很多无法协调和适应的地方。比如，初中生试图在思维上分辨别人对他说的话是对是错，但他们的智力发展程度还无法判断这些。

初中生这种批判精神和态度，如果想得到正确的发展和引导，首先需要一个关键条件，就是要满足他的好奇心，并且竭尽全力鼓励他保持好奇心。在教学工作的实践中，我们努力让初中生参与具有研究性的、积极主动的、创造性的活动，尽可能认识更多东西，了解更多内容。这种认识可以引导他们在精神中形成自己的信念。

初中生在智力发展上具有积极性，不仅喜欢独立地从事脑力活动，同时还要求这种脑力活动具有目的性和意义性（遗憾的是，我们的教师往往忽视这一点），初中生渴望从脑力活动中体验到一种智力情感。我们的教师考虑到这样的特点，就尽量安排初中生的智力活动，主要集中在对事物、现象的评价描述和分析上，至于对事物表象细节的思考，特别是背诵和识记尽量减少。尽量让这些内容服务于独立的、有创造性的思维活动。比如说，在分析历史事件时，教师要求 14～15 岁的初中生做出一个结论：该事件在历史上起到什么的作用和影响？初中生在回答这些问题时，能够看到他们思维活动的目的和意义，他们就会对这个学科更有兴趣。

很多教师认为，一些初中生极其倔强，他们不愿意承认自己是错的，也不愿意改正错误。但这只是一种表面现象，实际上学生只是装作非常坚持的样子，他们在脑海中也会不断思考，渴望寻找到正确的答案。我们对初中生的观察表明，当他们意识到自己的错误时，内心的感受是极其深刻的。由于这个年龄阶段，自尊心在不断成长，所以我们不能要求他们能够冷静客观地、深思熟虑地对自己提出的观点进行批判。由于初中生的思维具有主动性和积极性，他们就会竭尽全力表达他在想什么，他们持有什么立场，而且他们在内心十分确信他们的观点和信念是正确的，这一点非常重要。正是因为如此，在初中时期，学生希望自己的言行高度一致，甚至达到苛刻的程度，他们的批评意见也非常直率，甚至会极端激烈。

初中生的智力发展也会体现在学生集体的情感关系上，很多男生对同班同学感到失望，不愿意彼此交往，他们更渴望与年长的学生进行智力交流。在初中时期，这种现象尤其明显，初中生喜欢在高年级同学中寻找自己的伙伴和朋友，而那些兴趣广泛、知识丰富的高年级学生，在初中生心中的地位是极为崇高的，很具有威信力。初中生的理想，就是跟那些在高中不仅学习好，而且还从事某种研究性、创造性活动（比如制作可以活动的机器模型）的学生交朋友。

　　初中生积极主动地发展思维和情感，还有一个重要标志，就是他们开始喜欢记日记。学生们把自己的想法、观点、立场记下来，不仅仅是为了记忆，或者留作纪念，也不是为了给将来使用，而是为了探寻自我思想中的真理性和正确性。初中生经常把日记当作个人隐私和秘密，不对任何人透露其中的内容。

高中时期思维活动的特点

随着学生们进入高中，他们的抽象思维和概括能力，不断地提升和发展，这一点是格外突出的，并成为高中生最具有代表性的特征。

在研究这些现象和事实的时候，初中生对于确定背后的因果联系还有一些困难，那么到了高中，确定研究对象和现象逻辑关系所需要的理性思维，已经在高中生身上得到相当程度的发展。

面对感知对象，并对其进行判断和推理，高中生已经能够做到。他们可以灵活运用自己的思维，从各个方面和角度进行考察和分析，找出其中存在矛盾的地方，并形成全新的概括和总结。这些概括和总结经常可以脱离思考对象，从而把思维引入到另外一个更高的境界。高中生对于判断的极端性和绝对性态度也有所改变，判断的绝对性往往会附加在某种设想上（成年人喜欢把高中生的这种倾向称为"探究哲理"）。同时高中生已经在证明过程中，懂得将存在矛盾的判断证据，作为某种假说可以成立的主要条件。这在实践当中会表现出有趣的规律：一个真理得到证明所花费的时间和努力越大，学生对这个真理就越加信服。

高中生对于各种事实、现象、因果关系的解释和判断，具有十分浓厚的兴趣，他们对于课后独立阅读的态度也发生了变化。那种只有曲折情节，而缺乏深刻思想性的文学作品，已经无法满足高中生的需求。在很多优秀作品中，阐释人类精神生活的、充满哲理性的、解释社会关系以及世界观的内容，高中生们特别喜欢，不仅乐意反复阅读，摘抄在本子上，而且还对其进行分析和思考。学生经常在书页旁边写下一些评语，看起来像是跟作者进行辩论一样。

高中生喜欢利用事实和现象，来揭示人们头脑中意想不到的因果关系。比如说，教学大纲中有一个不起眼的问题，往往会成为学生们争论的焦点。在课堂上学习三角"测量不能到达的两点之间的距离"这一节，学生们发生激烈的争论：是否只有熟悉教材的理论，才能完成上述测量？有的学生指出，在三角公式还没有产生之前，世界上就已经出现了一些方法，对三角进行测量，这些方法都是符合数学规律的。的确，有个别学生甚至想出了其他的测量方法。在这里我需要指出的是，高中的学生在学习数学时，他们渴望理解的已经不仅是习题和公式，还有自己的解题思路，以及对问题的思考方向和角度。

高中生对于人与社会的关系、人与自身的关系等问题，都有过特别深刻的分析和思考。他们想要弄清楚事实、现象和事物当中的各种矛盾，以及多方面的复杂关系，以便可以得出较为客观的结论。高中生在学习文学和历史的时候，在与人谈话、辩论、做报告的过程中，都十分关注这些问题，比如历史事件是否具有客观性？个人在历史事件中起到什么样的作用？个人跟社会、权利和义务之间有什么关系？幸福与义务、自由和纪律之间有什么关系？

由此证明，学生们在高中已经掌握了一些辩证思维的方法，而辩证思维证明一个人智力发展已经达到高级水平。它是合乎智力发展规律的：以富有情感的形象思维和具象思维为起始，朝着抽象的逻辑思维进行过渡。

高中毕业的时候，学生们已经懂得自然界和人类社会发展的基本规律，在日后考入大学或参加工作时，他们会根据这些学到的规律性知识去解释说明某一个事实现象或事件，独立完成某一项工作。这样，高中教学就担负着一项重大使命：一个人在日后的精神能力发展如何，要看他在初中和高中时获得了哪些知识。

我们总能在高中生中发现一些特别聪明、能力水平极高的学生，他们平常喜爱钻研，在头脑和智力发展上远超过同龄学生。对于人类的思维方式如何，这些学生总是抱有浓厚的兴趣，想尽一切办法弄明白智力和思维等问题，搞清楚它们的本质和奥妙所在。最初的时候，这些学生会喜欢阅读一些人类认知过程和精神活动方面的科普读物，后期又会钻研这方面的学术著作。他们如饥似渴地倾听教师们讲的每一句话，如果他们所做的假设性判断得到印证或加强，他们就会进一步研究自己的思维方式。这些学生想方设法运用他们已经知道的辩证逻辑和抽象思维的法则，并在各种实践场合中利用它们去掌握大量的新知识。而教学大纲以外的补充材料和非必修的学科，在他们的精神领域中不断起到作用，并且日益得到加强。

青少年身上特有的一种精神，即在争论中要表达自我思想和看法的渴望，在这类学生身上表现得极为明显和强烈。他们以极大的积极和热情准备各种报告，宣讲他们认识世界和解决问题的看法和立场。他们积极组织各种辩论会，并将观察各种现象所获得的结果和结论写在日记本中。

我们花了10年时间对这些智力发展水平较高、能力较高的学生进行观察（这些学生有人16岁，有人18岁，年龄并不起决定性作用），结果表明，这些学生在人文学科方面阅读了大量书籍，而且都是非必修的内容，尤其是在文学、历史和心理学等方面，他们学习了更广泛的知识，往往超出教学大纲以外，因此拥有丰厚的知识量，相对于教学大纲规定的内容来说，他们掌握的知识量超出了好几倍。值得我们注意的是，这些学生并不是每个人都对人文科学感兴趣，事实上他们大多数人都特别喜欢自然科学，而且主动选择把自然科学作为专业。在班集体中，这类学生往往起到了带头作用，主导整个班集体的学习氛围，他们时刻对知识有迫切需求，求知欲和好学钻研的精神鼓舞并感染着其他学生。他们的钻研精神，对整个班集体的智力生活都产生重要影响。

很多高中生在对某个问题做判断下结论时，特别喜欢刨根问底，一根筋地"探究哲理"，而且希望通过一些充满矛盾的内因，来检验某个真理或者证明某个问题。尽管如此，但是他们对思维的原则性要求更高，也更严谨，也比初中生更加敏锐。尤其对于人类社会的政治生活、道德问题、艺术审美等方面的重大问题，高中生会提出更加严谨的要求。

他们非常瞧不起那些态度不坚定、立场不坚定的人。学生们认为，这不仅是因为这类人缺乏原则性，做事不够坚定，更因为这些人自身不会思考，人云亦云，缺少主见。在学习能力很强的高中生看来，没有原则、立场不够坚定的人，不但在道德上有缺陷，而且也不能把任何重要严肃的事情交托给他们。因此，高中生经常是以满腔热血的激情，捍卫自己的立场和观点，他们会十分愤怒地谴责任何不正确的行为和思想，这一点不足为奇。因此，在各种辩论会、读书讨论会，以及问答会上，有那么多富有争论的观点吸引着他们。从高中生的立场和观点来看，向那些不正确的思想妥协，就等同于容忍不道德的行为，对此等闲视之。

学生要掌握的重要技能

我曾在 20 年前制定过这样一个目标：学生在几年级，在第几学年达到一定水平的智力素养和成绩，应该掌握哪些最重要的技能和学习技巧，掌握哪些基础的概念、规则、公式、定理、结论等，在记忆中得以巩固，达到永远无法忘记的程度。

我分析过初中教学内容中包含的一切知识技能和学习技巧，学生智力发展、信念培养以及增强教养等，都如同活的血肉一般，依附在一个"骨架"上，而这个"骨架"就是一些实际技能和学习技巧。没有这些东西，就不可能实现教学过程，也不可能完成教学任务。这些有关学习的技能是：观察周围世界的现象，对此进行思考，表达出自己的观点，对所见、所想、所做的事情进行评价，以及阅读和书写能力等。一个学生要在学校里度过 10 年时光，为了能顺利地获取知识、掌握知识，他在这 10 年的时间里，不应该只学读和写，而应当在学习的初期阶段就已经掌握读写技能。掌握并熟练这些技能（尤其是阅读技能），时间越早越好。在刚开始学习的时候就掌握，那么以后学生的学习就变得十分容易，他就不会感觉到学习负担过重。但是学校的教学往往在这方面存在很多弊端，让学生在整整 10 年的时间里，都在练习读和写。由于学生还要同时掌握各种系统的科学知识，结果就是，他既没有学会掌握读和写的技能，也没有学会那些系统的科学知识。

我把学生在 10 年的读书期间，所必须掌握的技能和学习技巧排列出来，如下：

（1）学会观察周围世界的各种现象。

（2）学会思考，对思考对象进行比较、对比，可以找出不懂的内容并对其提出各种疑问。

（3）学会表达自己的思想，对于自己看见的、观察到的、所思所想所做的事情进行表达。

（4）能够流畅地阅读，学会富有感情地理解性地阅读。

（5）能够进行快速的、流利的、正确的书写。

（6）能够分析出阅读内容的完整逻辑性，以及各部分之间的相互联系和因果关系。

（7）对于某个想要了解的问题，能够快速地找到相应的参考书。

（8）能快速在书中找到相关问题的资料。

（9）能在阅读的过程中对所读内容进行初步的逻辑分析。

（10）在听教师讲解的同时，能把听到的内容简要地记录下来。

（11）能在阅读课文的同时，听懂教师对课文的讲解和分析，以及课文中各种逻辑部分的组成。

（12）学会写作文，能把自己从周围世界看到的、观察的、思考的事物讲述清楚。

通过对各年级学生的学习状况进行观察和研究，我制定了一系列规则，学生应该在何时掌握技能和学习技巧，在几年级（有时候还需要定出第几学期）这些技巧和技能必须达到符合要求的标准。只要粗略看一下这张列表，就会让人觉得忧心。平时教师和学生遇到的各种困难根源，也一下子都显露出来，有些困难简直成为教学进度的绊脚石。

比如这张列表中有两项技能：第一，能够流畅地阅读，学会富有感情地理解性地阅读。第二，能够分析出阅读内容的完整逻辑性，以及各部分之间的相互联系和因果关系。

实践证明，学生们一直到初中才能掌握流畅阅读的技能，学会富有感情地理解性地阅读。然而小学的教学大纲对文学阅读提出任务，要求学生能掌握阅读的技能，并早在小学三、四年级，就有一个教学目标，让学生要学会分析阅读内容中的完整逻辑关系，这的确是十分令人费解的事情。学生们还没学会阅读，大纲就已经要求他们对所读的内容进行逻辑分析，而实际上，学生在五年级还无法进行流畅阅读，也没学会富有感情地进行理解性阅读。这种阅读意味着，在读的时候不需要考虑阅读过程，而是要考虑所读的内容是什么。但是在这一阶段，学生的主要学习任务之一是，掌握历史、地理、生物等学科的逻辑性，对教科书进行逻辑分析。

具体该怎么做呢？学生对于基本技能还没有掌握扎实牢固，可以给他们布置更复杂的学习任务吗？或者意思是说，学生还没有学会阅读历史资料，不会对阅读内容进行分析，这种情况下不该给他们布置家庭作业吗？这些做法肯定是不对的，如果这样的话，学生的学习时长会延长到15年。这样看来，对于最常用的基本学习技能，学生应该越早掌握越好，也就是说，学生应该尽早地掌握比较复杂的学习技能，当他们日后需要学习新知识时，需要借助这些学习技巧。如果学生不尽早学会流畅阅读，在阅读时进行深刻理解，有感情阅读（学生在阅读的时候，不必考虑阅读的过程，只要思考阅读内容即可），要是这样的话，书籍就无法成为学生吸收知识的重要源泉。

这张列表显而易见应该是另外一种模式，尤其是掌握技能和学习技巧的曲线，应该有较大变化。学生只有学会了流畅地阅读，在阅读的时候带有情绪，能够深入理解阅读内容，他才会对阅读内容进行逻辑分析。如果学生做不到这一点，他对教科书没有进行深入研读，考试成绩就很难及格，而学习对他来说也不是有趣的事，更不会产生什么创造性活动。

以后，学生在阅读技巧和能力上，还应当再继续提高一步：学会在阅读的同时进行思考，不仅要思考所阅读的内容，还要思考阅读以外的东西。比如老师对教材内容的指导，自己对阅读内容的看法等等。这些阅读技能在初中时期是十分必要的，一直到高中进行创造性脑力活动时，仍然要发挥广泛的作用。如果学生没有学会如何分析阅读内容的完整逻辑性，以及各部分之间的相互联系和因果关系，如果他还没能掌握快速阅读的技巧，那么他在阅读课文的同时，又怎能听懂教师对于课文内容的指导呢？这种现象在教学实践中随处可见，学生根本还没有学会对阅读的内容进行逻辑分析，可是教师却要求他阅读的时候要从所读内容中得出概括性结论。

从这张列表中，我们的全体教师都能发现很多问题，尤其是次序混乱、无法配合的问题，同时还有一些怪异现象也都显露出来。因为从这张列表中，我们无法对学生的学习进度进行准确判断，学生上哪一个年级的时候，应该学会流利地书写？学生在什么时候，能将教师讲课的内容全部记下来？书写快速而准确的，既不会遗漏也没有差错。只有在这种时候，教师们才可以确定，学生的确是掌握了边听讲，边将教师讲解的思想内容记录下来。教学的现实状况是，学生上了十多年的学，几乎自始至终都在学习如何快速书写，当小学三、四年级的时候，快速书写的技能对学生而言，还是遥不可及的，既然如此，他又怎么可能学会写作文呢？但是在我们的教学大纲里，小学生三、四年级的时候，应该能够把所见所闻的内容写成作文。

学会观察周围世界现象，学会表达个人思想，这两种技能往往是紧密相关的，离开这两种技能，教学工作是无法进行的。但是十分奇怪的是，我们并没有任何专门培养这些技能的课程指导，学生们从未在专门的课堂上学习怎样观察世界和现象，也没有哪位教师可以确定地说："我已经在教学工作中完成了培养这项技能的任务，我的学生全都已经学会了怎样观察世界上的事物和现象，学会分析事件的本质特征。"

学生掌握流利的书写技能也分为几个阶段，第一阶段要在二年级完成，第二阶段要在四年级完成，到四年级期末的时候，每个学生都应当掌握快速书写、字体成形的技能，并且能书写得较美观。学生在书写过程中不必再考虑单个字词的写法，而是把精力放在思考书写的内容上。在四年级的第二学期，学生要一边听教师讲解，同时还要进行思考，把讲解的内容记录下来。这项技能的训练要一直持续下去，完全掌握要在六年级期末。

熟练掌握写作文的技能也分为两个阶段，第一个阶段是预备阶段，当学生可以流利地掌握书写技能之后，开始第一个阶段（也就是说，从三年级初开始）。而第二个阶段在四年级的第二个学期开始，在六年级时完成。

学生在学习任何一种技能时，都要跟其他的技能相互结合，这是一项重要原则。学生在掌握一门新技能的过程中，就已经在预备另外一门技能。新技能较为复杂的时候，学生们想要掌握这门技能，必须依靠那些已经掌握的不太复杂的技能进行辅助。

各项学习技能之间存在着顺序性和依存关系，还有彼此之间互相衔接的状况，只有搞清楚这一点，我们在教学实践中才能将各种设想执行下去。列表中所展示的一整套的学习技能，对于教师来说，已经成为我们彼此之间对自我的要求，而对于校领导来说，管理教学过程的重要指导方向，就是建立一整套掌握学习技能的体系。

如果在教育过程中，这些框架是稳固而牢靠的，也就是说，学生必须永远掌握和牢记基础知识技能，那么整个学校的教育体系也是稳固而牢靠的。在列表中反映出来的知识体系中，我们只列出了一些必须牢记和永远保持在记忆中的内容，为什么要这样呢？主要是为了在必须牢记的知识，和那些只要理解不必记忆的知识之间，画一条明显的区分界线。如果让一个学生把所有知识内容全部都牢记下来，那他其实什么也学不到，甚至连必须牢记的内容也记不住。而且教育过程中缺少牢靠而稳固的骨架，这通常是学校教育工作中最严重的缺陷之一。

教师要守护学生的信任

教师的工作对自身性质和职责来说，就是要不断关心学生的身心健康。请教师们无论何时何地都不能忘记：你们所面对的学生，他们的心灵极其脆弱，极其容易受到伤害。学生来学校里，并不是要找一台冷酷机器，把知识从一个头脑倒进另一个头脑里，而是师生之间时刻都要进行心灵交流和接触。如果教师认为，学生们都是极其顽强的，都是能克服各种困难的英雄，那么这种想法未免太天真，同时也是危害极大的。然而遗憾的是，很多教师就是这么想的，这种教育思想上的错误往往会带来很多害处。实际上，学生都是脆弱而无助的。当我看到那些第一次跨进校门的孩子时，我时常会想到刚刚绽放的、带点红色的桃花，要想让这些花朵最终能结出果实，园丁们需要付出多大的心血和劳动？学生在入学的最初几个月，经常会遇到极大的痛苦："别人学习都很顺利，但是我学不会那些知识，别人都得了 5 分或者 4 分，但是我只得了 2 分，我什么都不会，什么都不行，我是一个没用的人。"

这种极度悲观的情况会造成学生心灵狂躁，变得极其粗暴，对什么都漠不关心、无动于衷。他们为了避免与教师进行不愉快的谈话，或者为了逃避各种惩罚，开始学着耍滑头，说谎骗人。学生没有完成作业，或者在课堂上不能回答老师提出的问题，害怕教师批评他，害怕给他打一个低分，他就谎称"我的作业本丢了"，实际上是把作业本藏起来了。这种现象很令人痛心，在作业本上打分数成了一种非常恐怖的东西，孩子们把它看成一条沾有剧毒的鞭子，教师往往会借助父母的手去挥动这根鞭子，这类事情时常发生。

教师不应该像高高在上的监管者，有一颗不近人情的心，给小学生打了 2 分，同时还期盼不懂教育学的家长对孩子采取极为粗暴的惩罚手段。我建议年轻的教师们，应该像珍视最宝贵的财富一样爱护孩子们。因为他们对你充满了信任，这朵娇嫩的花非常容易被摧残，被晒枯萎了，被不信任的剧毒残害至死。教师们所谓的关心学生的生活和身心健康，关心他们的幸福和利益，关心他们拥有完满的精神生活，就意味着教师要守护学生们对你的信任。

教师也要具有学习的愿望，对知识充满渴求，渴望了解智力活动的奥秘。教师们拥有这些志向，沿着知识的小路向上攀登，才能达到教学技巧的巅峰——教师跟学生之间进行心灵交往，达到一种和谐的境界。只有教师关心孩子个人的尊严，才能使学生通过学习的途径真正受到教育。教育的核心本质，就是让孩子始终如一地体验到：自己是有尊严感的，是一个勤奋好学的脑力劳动者，是祖国的好公民，是父母的好儿女，也是一个有崇高志趣、富有激情、勇于探索、不断进步的好人。

我从来不给小学生不及格，如果孩子有什么地方做得不够好，我会对他说："你可以重新做一遍，只要多下点功夫，你一定可以更好。我还没有给你打分数，你试着再努力一些，一定可以得到好分数。如果有哪里不懂，明天上课之前早点儿来学校，我和你一起想一想。"教师要让学生始终能看到自己在进步。在每一天里，学生努力了，花费力气了，都不能没有成果。

师生之间友情的建立，是要付出很多精力，付出巨大努力和辛苦的。有些教师认为，要想建立师生之间的友谊和感情，不能单单停留在学校层面，要带领孩子们去参观，去旅行，和他们一起坐在火炉旁吃烤土豆，和他们一起分享快乐。但这些看法是片面和错误的，教师和学生之间能否建立友情，是要用我们的力量、我们的思考能力、我们的聪明才智、我们的坚定信念，以及我们的道德情操，去鼓舞学生进行思考，培养他们的思维和情感。为了建立师生之间的友情，教育者本身必须拥有巨大而丰富的精神财富，缺少了这种精神财富的支持，亲密关系只会是一种庸俗的亲昵，而这些对于教育本身来说，是危险的。

如何对待学习有困难的学生

医生要细心检查病人的身体，找出疾病的起因，然后决定如何治疗。教师与医生一样，也应当细心研究孩子的智力发展、情感状况以及道德完善的情况，对这些进行深思熟虑的考察，找出学生在学习上遇到困难的根源，然后采取一些因材施教、符合学生个人特点的教育方法。同时，教师还应该开拓另外一条思路：他能够提前预知学生在学习上可能会出现的困难。当然，要做到这些并不容易，单靠个人力量不行，还要依靠社会各方面的力量。

在我们的教师群体中，有一些人每天都让学生感到绝望，甚至有时直截了当地对学生说："你是一个烂泥扶不上墙的人，是一个没有任何希望的人。"这种做法是不能允许的。教师必须热爱自己的职业，必须守护职业的神圣荣耀，高举人道主义精神的旗帜。医生可以长年累月治疗一个病人，他们可能比教师掌握了更多的依据和理由，更能做出一些悲观的结论，但是医生相信科学技术的力量，也相信病人本身拥有的精神力量。在教育工作中，人道主义的最高境界就是：我们要依靠对自然力的深刻认识，去克服一些被自然本身决定了难以克服的困难。为了成为一个真正的教育工作者，我们必须深刻研究学生的心理现象、精神世界，以及学生心理、生理、头脑等方面出现的各种复杂过程，研究学生对周围环境存在各种各样的依赖情况。

孩子从1岁到8岁这个年龄段，头脑有可能变得迟钝，如果这个时候教育者没有发现这一点，也不懂得这一点，没有去研究查找学生偏离正常智力发展的根源，那么学生在日后的智力活动中会碰到更多困难，而且情况会越来越严重。如果教师把这些原因和根源经过深入调查研究，都已经搞明白了，那么就可以动用教育技巧这一强大的力量帮助孩子。

智力教育能够形成人的精神面貌、道德品质和公民身份，而且对这些方面的影响和作用越来越大。我们不能容许学校里有这样一些学生，他们觉得自己学习不好，所以干什么都不行，这是道德上的一种创伤，而且也造成一个直接的后果：一些青少年离开了学校，然后又离开工作岗位，整天游手好闲、四处闲逛，成为社会上的不稳定因素。在未成年人和青少年当中出现违法行为，其主要原因之一就在于，一部分青少年觉得自己的智力水平比别人低，因此内心受到痛苦的煎熬。同时，他们的家庭环境较差，造成这些原本只在学习上有困难的学生在道德行为上也会出现问题，更有违法犯罪的危险。

一个人身上所拥有的东西，都是在他出生之后，依靠他与别人之间的关系，与社会之间的关系，慢慢在他身上积累而成的。每一位教师和家长都应该牢牢记住这一条重要真理。为什么有的学生把应用题的条件读完，转眼已经忘记应用题的开头？为什么他在脑海中无法把苹果、篮子、树木这三件东西联系起来？难道是大自然在选择分配时把他遗忘了？难道是他的头脑长得跟别人不一样？为什么有的学生在学习上遇到那么多困难呢？

孩子周围的人似乎不太留意他们的好奇心，以及好奇心的不断觉醒和拓展。而孩子好奇心的产生和发展，主要取决于成年人要不断地把各种物品、事物和现象展示在他面前，当成年人把这些东西展示在孩子面前，数量越来越多的时候，他就会产生更多的好奇心，提出更多的疑问，他也更加感到惊奇和高兴。而在孩子的意识和潜意识当中，也会对美的东西感到惊奇和赞叹，同时对人类的智慧和双手灵巧的技艺感到赞叹。因为所有的这一切（物品、现象、事物），都是人类思维的棱镜，周围世界的各种信息都是通过这些东西反射传导过来的。一个孩子在认识事物、发现现象的时候，他的头脑并不是自然而然地进行发展，使他的智力得到发展，头脑中产生各种惊讶和好奇的，实际上是人类思想几千年积累的经验，在发生着作用。

在孩子刚上学时，就会反映出学前教育存在危害性极大的问题，就是学龄前所处的环境，并没有激发他进行学习和认知的欲望。没有认知的欲望，从本质上来说，就是没有进行智力教育。我们设想出一种方法倒是可以尝试：每位小学教师都设计一套可以试用几年的智力基础教育大纲，这个大纲规定，学生应当从周围世界看到并发现哪些因果联系？在他的认识欲望不断加强的过程中，应当经历哪些阶段？学龄前教育机构尤其需要这样的一个大纲。如果一个孩子无法每天从周围世界的现象中发现各种因果联系，那么这样的环境就不适合儿童的智力提升，而儿童的好奇心和求知欲都难以得到发展。

当我带着一些在学习上有困难的学生，去大自然或者去劳动场所的时候，我始终留心让学生们对周围世界的各种物品、事物和现象有所感知，并且在感知中产生极为鲜明的情感。带领孩子们上这类"思维课"的时候，我努力在学生的头脑中唤醒让他们感到惊奇和赞叹的情感。

这类课程对于那些在智力发展上受到压制的学生来说，简直就像空气一样必要。

在全体学生都要上基础文化课的同时，对于在学习上有困难的学生，教师要特殊安排这类课程。这类课程和活动要根据学生智力发展的程度，以及所取得的成果进行安排，大概需要持续2～3年的时间。这里我需要再次说明，开发学生智力的课程，不会看到立竿见影的效果，可能给学生上了100节课，看起来都是毫无成效的，这个事情坚持的过程非常煎熬，可能要到了第101节课的时候，你才能从孩子眼中看到一丝充满好奇的火花。

这里所说的可以看见的、能够预测的成果，在很大程度上并不是指学生掌握的知识量，而是他的好奇心，是他喜爱钻研的精神，是能够分辨出什么东西不懂，是寻求个人兴趣爱好，是提出问题并寻找答案，是不断增强认知的强烈欲望。

还有一点需要说明，当那些学习上有困难的学生和能力特别强的学生在一起上课时，教师需要对前者付出更多的耐心和关心。不要对他们说出任何一句失望的话，也不要用手势让他们觉得教师对他们已经失去了信心。在每一节课堂上，那些学习感到困难的学生都应该迈出一小步，哪怕在认知的道路上只是取得一点点成绩也值得鼓励。可能在几个星期，或者几个月内，这些学生所完成的作业，与班上大多数学生的作业难度不同。教师们不要担心这一点，只需要让他们去完成专门为他们挑选的作业，并且对他们的成绩进行评价。但愿所有的教师对这类学生都能循序渐进、持之以恒，同时时常保有充足的信心和耐心，这样他们的头脑就会得到拓展，也会迎来豁然开朗的时刻！

教反应迟钝的学生解应用题

数学课上进行的脑力活动，是开启学生思维能力最好的钥匙。学生成绩落后的原因，很大程度上在于他没有学会思考。他周围世界的各种事物现象，以及背后的相互关系和因果联系，都没有成为学生进行思考的重要源泉。

教学经验证明，如果在童年时期，就让孩子通过到自然界去观察，从而接受大量脑力活动的训练，那么上学之后，班级上就不可能出现数学考不及格的学生。

让世间万物教会学生思考，这是让所有正常孩子都能变得机敏聪明、勤学好问的极为重要的前提条件。我给教师们提出建议，如果学生对哪些知识无法理解，如果学生的思维好像关在笼子里的小鸟，不管怎么折腾都毫无成效，那么就请各位教师认真检查一下自己的教学工作，看看你们的学生，他们的思维意识是否已经变成一条干涸的小河？是否已经与生机蓬勃的思维源泉断流了？而这些源泉就是周围世界各种事物和自然现象。你们要想方设法将学生的思维河流跟自然界以及世间万物广阔的知识海洋连接在一起，等到那时，你们必将看到，从学生的头脑中是如何喷涌而出思维的水流。

但是，如果只是认为，周围世界万物能够自发地教会孩子思考，这种想法也是不可取的。如果没有进行理论思维的指导，周围世界的客观事物就会像一堵高墙，将学生们的思考视线遮挡起来。只有学生能从周围世界万事万物中抽象出概念，只有当他进行抽象思维的时候，自然界事物才能成为他进行脑力训练的最好学校。周围世界各种现实、各种事件和现象，充满着鲜明的形象，这些东西必不可少，这是为了让学生能够认识，能够了解世间万物之间的相互联系，而这也是客观事物主要的特征之一。认识世间万物的相互联系和相互作用，是学生进行抽象思维的直接来源，而这一点也是拓展数学思维的重要条件之一。学生在课堂上能否顺利解答出应用题，取决于他平时是不是善于观察，能否从各种事物和现象之间找出它们的相互联系和作用。

要想让学生在独立思考的过程中，能够解答出数学题目，并让他的脑力活动取得成果，我们还需要在学生的记忆里保留和巩固一些概括性的理论内容，比如乘法表、自然数列的组成等等。缺少这些必要的理论概念支撑，想进行数学思维是不可能的。

有一些学生在很长一段时间内，都无法理解算术应用题的题目和条件，而我并没有给他们做过多解释，最重要的是，要使这些孩子通过自身的努力，去理解世间万物和现象之间的相互联系，理解事物背后相互作用的本质。但是当他们还没有做好理性思维的准备时，对事物和东西不会比较和分析，在他们的头脑中，思维无法活跃起来，不能像泉水一般涌流。这种情况下，我会带孩子们去大自然中，让他们观察各种事物和现象，并且反复对比，直到能发现事物和现象背后的本质属性，能发现彼此的相互作用和关系。学生们的注意力就这样被周围世界吸引，被引到一些现象上，并在他们的潜意识中形成数量关系。事物主要的属性之一就是数量，我教孩子们理解数和量，以及二者的依存关系。他们逐渐建立起一种意识，这些数和量的依存关系，并不是凭空编造的，现实世界中本来就客观存在这些东西。还有一点需要提醒，小学生不要一下子学会算术和使用数字，而应该让他们先理解数字的实质，以及数字背后的各种依存关系。

有个别学生进入三年级后，在解数学应用题方面仍然是束手无策。他从未经过独立思考解出过一道应用题（通常需要同学或老师的帮助）。这一点让我十分忧心，但我仍然相信，所有孩子都可以学会思考，我让他们在头脑中思考并分析，那些算术应用题里出现的事物和现象，通过这个办法训练他们进行抽象思维。除此以外，我还教他们进行运算。一个不会运算的思考者，也是无法真正掌握知识的。还有一点很重要，要让学生把一些基本的数学理论知识牢记在脑海中，缺乏这些基本知识也不可能进行思考。如果一个学生到了三年级，还要在加减运算上绞尽脑汁，那他是无法解出应用题的。

"头脑迟钝"的学生也能在数学方面获得进步、取得成功，这就引起我们全体教师的思考，我们可以用另外一种眼光去看待那些在学习上感到困难的学生。教师们任何时候都不要急于做出结论，不要给学生做出最后的绝对判定：某学生什么题也不会做，他的前途和命运已经注定了。一个学生也许在一年、两年、三年内，什么科目也学不好，但是总有一天他能够进步。因为人的思维像一朵花，是逐渐积累生命能量的，只要我们用智慧的源泉浇灌它的根部，让它接受阳光的照耀，花朵总有一天可以绽放。所有教师都应该教学生思考，在学生面前展示思维的原始动力和源泉，那就是周围的客观世界。让我们把人类最大的快乐——认识和了解世界的快乐给予孩子们吧！

让一个"差生"头脑开窍

　　有一个学生名叫巴甫里克，我永远不会忘记他。在学校里，像他这类的学生是比较普遍的，让很多老师都抱有同情心，这种同情是善意的。还有一些教师对他采取漠不关心的忽视态度。但无论怎样，教师们基本上一致认为：这孩子没有掌握知识的能力。

　　我还清楚地记得，他刚刚进入学校的时候，是一个活泼、爱玩好动、好奇心极强的孩子，但是没过多久，他就变得沉默不语、胆小谨慎。

　　巴甫里克刚入学的前几个星期，他就觉得自己跟其他同学很不一样。一般来说，一年级小学生学习字母拼成音节，然后进行朗读，这是十分容易的事，但是他却怎么也做不到，也不知道是什么原因，他在分辨一个字母跟另一个字母的区别时，需要费很大的劲儿。很多学生用心听一两遍诗歌，比如描述美丽的冬天，很快在脑子里记住了这首诗，但他却完全记不住，无论用什么办法也记不住。教他的女教师反复把一首短诗阅读很多遍，他也花费了时间努力用心去记，不停地回想那些诗句的内容，但仍然记不住。

　　女教师有些愤怒，生气地质问他："为什么你不好好学习？如果都像你这样，我在放学之后要补多少课呀？"那孩子害怕极了，全身缩紧，愁眉苦脸，忐忑不安地站在那里。

　　女教师向别人介绍自己班上的学生，对巴甫里克做出这样的评价：这是一个头脑不清楚，反应非常迟钝的学生。她认为巴甫里克对自然界的东西不感兴趣，而且也不喜欢图画，学习态度十分消极，对于任何事情都很少思考，也没有学会比较分析，无论学习什么内容，都要一遍一遍地重复。教师们要不停地教他，无论是简单的算术应用题，还是最基础的相互关系，他都学不会，怎么费力都解决不了，他学一件东西所花费的时间，往往比其他学生多两三倍。由于女教师认为，巴甫里克头脑笨拙、反应迟钝，所以他就应该花费更多的时间努力学习，因此女教师在学校里给他补课，一遍一遍讲解教科书，同时也建议他的母亲在家里督促他努力学习。

然而，有一次我带学生一起去田野和树林游玩，巴甫里克突然变得跟平常不一样了，一到了这些地方，这个平常头脑迟钝的学生，突然说话滔滔不绝，讲了很多有意思的事情，而这些事情都是他观察周围的动植物发现的。对此，我感到非常诧异，因为从他的描述当中，我发现巴甫里克有一种非常奇特的才能，他能观察到一些具体的事物和现象，表面看起来无法察觉背后的联系，而他却能发现这些现象彼此之间的隐秘关系。自从那以后，我在学校里对他的女教师说："巴甫里克绝对不是一个头脑迟钝、学习成绩差的学生，他有独特的聪明智慧，我们不应该用那些诗歌和算术应用题束缚他。"

但是他的女教师性情顽固，她是我们学校为数不多的一类教师（幸好数量不多），这类教师坚决认为：学生只有坐在教室里，对着教科书冥思苦想，学习时间无限拉长，头脑才会变聪明。于是她让巴甫里克坐在教室里，刻苦钻研教科书。日复一日，月复一月，几个学期很快就过去了，女教师想尽一切办法，想把巴甫里克的考试分数拉到及格线的标准。她认为只有这样做，巴甫里克才不至于严重掉队，这样才能救他的命。这种学习方法让巴甫里克吃尽了苦头，并且感到十分烦恼。他几乎不能参加任何课外活动，如果他跟同学们玩了一会儿，花费一点时间，女教师就指责他偷懒，不认真学习，不知道用功。总的来说，这位女教师不赞成学生参加课外活动，认为课外活动都是无聊的事儿，随便填充一下学生的课外空闲时间而已。所以她对巴甫里克的判断是，像他这样头脑迟钝的学生，就不应该有空闲时间，更不可能出现空闲时间，那么他参加课外小组就是不可思议的事情。女教师坚决认为，虽然巴甫里克参加了一些课外活动，但那些都是其他学生感兴趣的东西，事实上他自己一点儿也不感兴趣。她坚决认为自己的判断是正确的，为了证明这一点，女教师讲了一件事："有一次，我带班上的学生去参观生物室，那里有很多新奇有趣的东西，学生们都十分兴奋，叽叽喳喳提出各种各样的问题，还有一些学生恨不得马上动手做实验。只有巴甫里克一个人一声不吭，傻呆呆站在旁边，看起来心不在焉，他的眼睛往远处看，感觉十分枯燥无聊，而且他的双手什么也不碰，这些都说明他对这些事情丝毫没有兴趣。"

可是我当时心里在想：这个孩子有十分精细的观察能力，他用自己的方法去看待自然界，难道真的可以这样评价他吗？不，这位女教师一定判断错误了。

放学以后，我去生物室，发现有个学生在门口张望，原来就是巴甫里克。

我让他进来，我们一起看看那些植物。他进来了，开始观察对他来说十分新奇的现象。在回家的路上，他跟我说了很多激动人心的话。我从这些事情来判断，才明白女教师说巴甫里克心不在焉，究竟是为什么。那次参观生物室的时候，巴甫里克面前出现了一个他从没见过的新奇世界，有一些植物似曾相识，但是生物室的每一种植物，都有一些不寻常的新鲜感：西红柿的茎不是直的，而是像葡萄藤一样弯曲，西红柿结的果实也是一串串地垂下来，洋葱长得像西瓜一样大，还有那些大黄瓜，竟然长在瓶子里。巴甫里克瞪大眼睛，他心里在想，这一切是怎么弄出来的呢？他的思维拓展出去，已经不在生物室里，而是在充满阳光的植物温室里，在学校的室外田园里，他的头脑中描绘着奇迹一般的景象：如果在学校的试验田里种出一排这样的西红柿，长出来10棵秧苗，结的果实就好像葡萄一样是成串的，那该多好啊！想到这里，他又转念想到他自己数学考试不及格，似乎不应该去想这些有趣的事情，他脑海中想象的这些画面怎么敢说出口呢？

当我对巴甫里克进行观察的时候，女教师还是丝毫不放开这孩子，不让他离开她的视线一分钟。她仍然认为巴甫里克的智力发展，只能遵循读好教科书这一条路。然而事情说起来十分奇怪，如果这位女教师对巴甫里克不是那么关心备至，如果她能彻底让他放任自流，让巴甫里克接受学校课外生活潮流的影响，或许结果还好一些，这个孩子的智力发展不至于弄到畸形程度。学校里有这样一类老师，他们对学生十分关心，看起来充满善意，爱护学生，尽力想要提高学生的成绩。于是，他们让学生坐在教室里，对着教科书冥思苦想，死抠每一个细节，但是他们这种善意的爱护，却把学生的学习搞砸了。

对于巴甫里克来说，他终于完成了四年级的学业，整个学习过程异常艰难，当他升入五年级的时候，他的女教师提出了各种附加条件，并且向五年级的所有教师指出巴甫里克在课堂上所犯的各种各样学习错误，女教师写了一份教育鉴定和评语，还给所有教师转交了一份错误清单，并且要求巴甫里克以后要经常地对这些清单上的算术规则进行复习和训练。

升入五年级的最初几周，巴甫里克对教科书的学习更加费力，学习时间更长，同时也更加疲惫。几乎每一门课的教师都去找巴甫里克的母亲进行交谈，一共有8位教师找她谈话，可见情况十分糟糕。但是与此同时，巴甫里克在学校上课的状况似乎也发生了一些变化，在很多课堂上出现了新的现象。因为高年级的教师不像以前的教师那样，每天要求学生背诵听讲，高年级的教师更多地要求学生动手做事，这对巴甫里克来说，是充满欣喜和快乐的。他最喜欢上植物课，对植物学最感兴趣，而他的植物教师也非常擅长安排教学任务，他不仅教学生教科书上的内容，还让学生自己在课外获取各种新知识。植物教师让每个学生回家缝一个布口袋，还要做很多小纸袋，这样就可以方便他们随时收集各种植物材料，然后带到课堂上，上课的时候作为素材使用。学生每天上课都会带布口袋来，从里边掏出各样的东西，有树叶、树枝、植物根茎、花朵和种子等等。教师让大家用放大镜来仔细观察它们，并且进行详细的对比，同时要把它们画下来。

在植物课堂上，教师们才第一次发现，原来巴甫里克是一个极其聪明的学生，而且他极其认真努力。植物教师对他的评价是："这个学生全部的智慧，都展示在他的手指上。"在教学会议上，有一位教师向其他人介绍巴甫里克的情况，他评价道："这个学生非常特别，他的手可以做成一些事情，即便是经验丰富的园艺工匠也很难做到他的程度。"

在一节植物课上，学生们学习用各种方法把果树嫁接到野生树木上，教师注意到巴甫里克十分细心，他切开野生树木的树皮，然后把嫩芽跟枝条分离。老师一边观察他的工作，一边心里想："这才是真正的园艺技术！"巴甫里克从一棵稀有品种的苹果树上剪下一根有两个嫩芽的枝杈，然后开始进行仔细观察。

教师问他："你在看什么？"

巴甫里克问："如果不经过嫁接，可以培育出树苗吗？我如果剪下一根树枝，栽到土壤里悉心照料，它能长出树叶吗？"

教师在回忆这个场面的时候说道："那孩子说话时的语气让我十分震惊，我能深刻感受到，他提出的问题是经过深思熟虑的，很有可能已经做过尝试和试验。我知道，如果剪下苹果的树枝进行培育，然后让它落地生根，这种做法是十分困难的，除非是技术高超的园艺大师才能办到。当时我就告诉他，这么做是可以的，但是极其困难，有经验的园艺家才有可能做到。"

"我可以试试吗？"巴甫里克问道，他的眼睛里边闪烁着兴奋而快乐的光芒。

放学以后，教师领巴甫里克去了学校温室，详细地向他介绍，应当怎样准备这么一场令人兴奋的实验。

巴甫里克真正幸福快乐的日子到来了，他拿了一些玻璃和塑料，盖了一个小温室，然后从苹果树上剪下来几根枝条，在温室里栽种。他每天调制好温水进行浇灌，而且控制温室里的恒温和空气湿度，他栽种的树枝有一半都存活下来，并且长出新芽和发亮的树叶，幼小的芽苞绽放，茁壮成长。尽管如此，教师还发现巴甫里克似乎还有一些不满意。

他对教师说："那些能活过来的树枝，是我从树顶上剪的；死掉的树枝，是我从树中间和树底部剪的。这样看来，如果想要培育出新的树苗，恐怕就应该从树的顶尖去剪树枝。"

那位植物教师说道："当时我实在是太激动了，当我听到他说这些话的时候，我觉得他是一个真正的园艺工匠，是天才园艺家，甚至是未来了不起的园艺学者。因为他在做这件事的时候，不仅想要达到培育新苗的目标，而且还在其中探索研究复杂现象背后的本质，虽然他用的方法还带有一点孩子气的稚嫩。"

巴甫里克为苹果树培育新苗，在温室里做实验，这一消息迅速传遍整个学校，很多学生都积极参与进来，想用同样的方法培育新树苗，但最终成功的只有三个学生。除了巴甫里克以外，另外两人都是女学生，就连植物教师自己也承认，他的树苗也没有存活。这件事情给巴甫里克的生活带来巨大转变，而且对于很多教师来说，巴甫里克的例子也包含着极为深刻的启迪和教育意义，可以让教师们反思教学工作中存在的很多问题。那些问题给学生们造成困扰，也令教育者感觉担忧和不安。这件事情以后，所有教师都发现，以前巴甫里克身上存在的那些害怕、胆怯、犹豫和拘束的表现，通通都消失不见了。

当他在课堂上回答问题时，已经不再去绞尽脑汁回想教科书上怎么写，书里什么地方怎么说，而是通过自己的思考，大声说出他的答案，从他看到的、观察到的东西里得出结论。巴甫里克带着极其强烈的求知欲，认真听教师们讲课，这令一些教师觉得非常意外。他对教科书的内容理解越来越深刻，同时产生的问题也越来越多，有的时候，教师们根本没有时间来回答他提出的数不尽的问题。甚至有些教师对此表达了不满，因为在巴甫里克提出的一些问题里，他经常流露出一种疑惑的态度，似乎对教师所讲解的内容并不信任。如果我们仔细分析这种状况，查找他之所以提出那些问题的原因，教师们恐怕就会恍然大悟。因为在巴甫里克的思维里，对很多存在的事情和现象抱有批判态度，正因为如此，他的内心更加渴望弄懂某一个真理，查找某一件事情的真相。

巴甫里克在智力发展上的这一巨变，被教师们称为"思维觉醒"。他的转变有一个非常明显的表现，就是他对知识的最初源头非常感兴趣。他反复观察、检验和研究客观世界的各种现象，并且进行实践。在很多课堂上，教科书所讲的理论和概念比较抽象复杂，跟周围世界的事实和现象之间，看起来似乎没有多大联系，或者是联系不太明显。这样一来，学生们的思维就很难"觉醒"，或者"开窍"慢一些。但是对于巴甫里克来说，当课堂上学到的理论概念和公式法则越来越复杂、越来越难理解的时候，他就运用极其强大的意志力，不断努力、钻研思考，想尽一切办法攻克难关。似乎他想尝试在以前遇到的困难阻碍面前，要重新攻克一遍，在他以前曾经跌倒过的地方，他要重新站起来，彻底解决这些问题，取得最后胜利。

通过巴甫里克的例子，我们可以得出结论，他的思维觉醒，他智力的飞速发展，以及他后来对知识的渴求，知识兴趣的不断增强，这一切变化和结果，都与他那位植物老师有密切关系。那位教师对他进行谆谆教导，启发他的天赋和创造力。对此，连巴甫里克自己也觉得，他对植物栽培最有兴趣，这一学科是他最能表现聪明才智和智力活动的领域。我们可以看出来，如今巴甫里克正在努力弥补以前荒废的基础知识，同时他在学校的温室和生物室里设立了一些工作角，经常在那里做有趣的实验。比如他找了一块十多平方米的土地，种了几棵野生果树，同时栽培果树的新树苗，再将果树嫁接到各种植物上。在温室里，他栽种了一些无性繁殖培育的树苗。他孜孜不倦地进行着智力劳动，无论获得什么样的成果，他都不断努力地研究着、尝试着、试验着。他将果树嫁接到各种植物的枝条上，观察植物如何发育成长，彼此之间有什么影响和排斥。他还观察土壤对植物培育的影响，配置了许多混合土壤。为了想尽办法让植物的根部获得充分生长，他会把一棵树移植很多遍。渐渐地，巴甫里克的植物栽培兴趣变得更加广泛，并且对粮食作物培育开始着迷。

几年之后，巴甫里克在植物栽培上获得了很大的成功，并且完成了真正意义上的创造性劳动。他把人工培育出来的桃、李、柠檬嫁接到野生梨树和苹果树上，由此培育出一些新品种，产生可以抗寒的果树品种。他所培育出的新品种主要特征是：开花期晚，但是可以躲过霜冻期，避免寒冷对植物造成不良影响。到初中快毕业的时候，巴甫里克已经非常熟练地给土壤中添加农家肥和矿物肥，配置出复合型土壤，并用这些土壤种树，把老弱干枯的果树重新变成鲜活的树苗，重新结出果实。同时，这些土壤还能降低自然灾害给果树造成的损伤，在冬天的时候，能够加快树枝里汁液流动的速度。他还亲自动手，把一块无法栽种的黏土田地变成了异常肥沃的土壤，并在那里种植了小麦，每年所获得的收成比农庄大田里的收成多 10 倍。

同时，巴甫里克在学习上也一年比一年好，取得了更加优异的成绩，他的知识逐渐牢固，理解更加透彻。他的学习过程有一个突出特点，就是把学到的知识在日后的学习中加以反复运用，并且能够让它们在智力活动中占有稳固位置。

"教育"与"自我教育"

教育学从理论和教育实践两个方面来说，对于学生的个性和创造力的培养，以及梦想、兴趣、爱好的培养，都没有给予足够的关注和重视。如果说在学生低幼时期的教育上，这些弊端还不是十分明显，那么对于青少年教育，如果忽略他们个性的成长和完善，往往后果则不堪设想。

少年，以及青年早期，在智力方面、道德方面和社会思维方面的形成和发展，是一个极具个性化的年龄段。在这个年龄阶段，青少年的精神力量能否获得成长，取决于他在各个领域的活动是否积极，集体关系生活是否融洽，智力生活和智力劳动中的体验是否深刻，信念和道德的形成和成长是否牢固。青少年要学会认真观察和研究周围世界，学会认真观察并研究自我本身，努力认识并分析周围事物和现象，努力认识自我的内在世界，用自己的精神力量，使自我变得更好，自我更加完善，只有在这个时候，他才能获得各方面真正的成熟。也就是说，学生要在精神领域进行自我教育。

现在让我们分析一下，学校对青少年学生进行的各种教育工作吧，在这方面的教育与低年级儿童的教育有哪些区别呢？目前来看，往往是大同小异的。学校对待青少年学生，也像对待低年级的儿童一样，往往只把他们当作教育对象，而教育者和教师们的全部注意力，都集中在怎样让学生更多地学习关于周围世界的知识，了解更多的科学真理以及更多的道德标准，把这些通通灌输到学生的头脑里去。学生们了解并熟悉了许多事物，掌握了很多知识，但是他们并不认识自己，也不了解自己。然而必须让学生自己去追求、获得并且亲身体验，让道德准则成为学生独立自我人格和信念，这样才能真正成为学生的精神财富。我经常听到教师们提醒学生："你现在已经不是小孩子了，一定要好好考虑自己的前途，操心自己的未来命运。"一个学生该如何考虑自己的前途？首先他必须在自我教育方面做一些事情，比如他要通过实践做某件事情，进行自我锻炼，考验衡量自己各方面的能力。但是在学校里，学生对自我进行的检验和自我锻炼的知识能学到多少？关于精神生活方面的实践和锻炼又有多少呢？

比如说，教育学者们都认为，劳动对于学生来说，是最有力的教育手段之一，然而我们不能说我们的学生劳动太少，但是他们进行的劳动，是否能成为一种自我教育、自我个性形成的因素呢？还是他们只把劳动当成一种义务而已？

在学校里，教师几乎要教给学生各种广泛的知识，囊括了人类历史发展的全过程，但是学生掌握知识的时候，他们能否进行自我教育，又有多大程度能做到自我教育呢？有一种现象，有些教师在课堂上讲课时，对学生进行抽象思维的训练，但他们忽略了面前坐着的是一群活生生的个体。教师并没有针对每个学生的独立个性和特点，所以当学生在学习关于人类历史的知识时，在掌握各种技能的时候，他们往往兴趣不足、毫无热情，甚至是态度冷漠，对于知识无动于衷。无论教师讲到植物叶子在阳光照射下产生光合作用，合成有机物，或者是课堂上说到托马斯·康帕内拉坚持自己的信念，宁愿坐 30 年监牢也要拒绝所谓的获得自由和福利的诱惑……在学生的眼中，这些内容都是冷冰冰的理论，他们同样会用非常冷漠的态度来掌握这些知识。

许多教育家提出，应当尽可能用各种各样的方法，去获取学生们的"心灵"，尽量让他们参加文化和教育机构的活动，参加各种运动团体、各种组织的活动。如果有青少年变成了犯罪分子，或者打破某些道德标准，有些人就开始指责：我们的俱乐部、运动场、咖啡馆、活动室、室内体育场馆实在太少了，所以才会让青少年在马路边聚在一起，无所事事，没人监管他们，最后产生了犯罪行为。用这些来解释青少年犯罪以及不良行为的缘由，会把学校、社会、家庭引入歧途。这些解释包含了某种意图：我们要紧紧抓住青少年学生的手，永远不能放开，唯恐他一旦处于陌生的环境，进入孤单独处的环境，就会经不起坏人的引诱，走向犯罪道路。

然而我们不能认为，这种方法就是教育。

如果我们教育一个孩子，从他出生到成年，都搀着他走路，尽量用玩乐去哄着他，用满足去养育他。这样做的话，只能在他的精神世界里造成无尽的空虚和无聊，他甚至都不知道该如何打发时间。而这样的青少年，对于家庭、父母、兄弟姐妹、长辈们和各种家庭义务漠不关心，在他看来，这些都是日常琐事，毫无意义，不值得关注和关怀。

我十分确信，只有激发学生去进行自我教育，这才是真正的教育。让学生进行自我教育，教给他自我教育的方法，比安排他如何有效度过周末更加困难。在学校里，教师们和教育者们紧紧抓住学生的手不肯松开，一步一步送他走出学校的大门。这样的结果是，当学生离开学校，脱离学校的各种规章制度，来到社会上呼吸别样的空气时，他会感觉到茫然、不知所措。如果在学生身上出现这种状况，就说明学校的教育方法极其简单粗暴，没有完成学生的自我教育。而事实上，想要学生进行自我教育，比解决各种困难还要复杂得多。同时，只有激发学生能够进行自我教育，教师们才能彻底解决教育当中遇到的所有问题和困难。我在一所学校里教学，几乎整整工作了20年，多年的教育工作经验让我确信，以上的结论是完全正确的。

锻炼身体在自我教育中也占有极其重要的地位。每个学生要强制自己天一亮就起床，然后洗漱沐浴，而且要每天坚持。这是一件不太容易的事情，要长时间进行这样的锻炼，需要很大的毅力和意志力。如果教师只是采取简单的强制措施，是不会有成效的，那样的话，很多学生就会欺骗教师，说他们每天都按照要求去做了，而事实上他们只是躲在暖和的被窝里偷懒睡觉。全部的问题都在于，学生是否可以强制自己做这些事情。我们的学生都非常诚实坦白，谁做到了哪些，谁没有做到，都坦诚地说出来。有些人无法做到每天早上起床进行沐浴，那么就找其他人帮助他们，这也是自我训练和自我教育极其重要的方式。

学生精神生活的领域，包含坚持劳动、遵守纪律、保持作息规律、锻炼身体等。当一个学生刚刚步入青年阶段，在他自我教育训练中，这些因素会越来越深刻地融入其中。一个学生如果在童年时期体验过怎样克服自身的缺点，那么在他慢慢成长的过程中，时刻都会用批判态度看待自我。也就是从这一刻开始，他就获得了真正的自我认知。一个人如果缺乏自我认知，是无法产生自我教育的，更不可能形成自律。对于一个年幼的孩子来说，他在意识里尽管认为"懒惰是不好的"，在头脑里把这句话记得十分牢靠，也理解得十分透彻，但是如果他没有实践过这句话，没有在情感和体验中行动过,没有在实际生活中约束过自己,他就不可能成为一个坚强的人,也无法形成自律。

我们学校的学生在七八岁的时候要种一棵树,以此来纪念他生命中最敬爱的某个人。学生们要独立完成这项劳动任务,表面看来,这项劳动似乎是削弱了集体劳动的作用,但实际上,学生们独立劳动才是真正体现集体劳动的特性。因为每个学生都全力以赴,要把自己的劳动任务安排好,他们在心里对懒惰感到厌恶和排斥,同时也不想让别人看到他是懒惰的,是没有意志力的人。

种这一棵树要持续 6 年的时间,等到学生升入四、五年级的时候,还要再种一棵树,并且到他初中毕业的时候,都要一直照顾这棵树。这样一来,在我们的校园里,渐渐长成一片集体的树林,在树林中,每个学生都独立完成劳动任务,他们在干活的时候,会形成一种相互影响的关系,同时传达着某种精神观念:我的劳动不是在别人的强逼之下进行的,而是凭着自己的信念和良心在勤奋工作。虽然没有哪个学生说过他劳动的时候,其他同学能时时刻刻看见他,但事实上,他自己在心中可以感觉到这一点。

如果在某段时间里,有个别学生不劳动,想要偷懒,他就会被同学们嘲笑,说他无所事事,是个懒惰的人。同学们并不是嘲笑懒惰这件事,而是认为偷懒的学生意志力薄弱,他无法克服身上的缺点和弱点,也无法强制自己服从纪律,因此他是一个坏的榜样。

学生在成长的各年龄段里,都对同学们给予他的道德评价十分敏感。尤其当别人评价他的人格的时候,他能够从同学们的眼光中看到自己。这一点对一个学生形成自我意识和自我认知产生重要作用。在一个班集体中,如果没有一种集体公共的评价,对学生的道德品质、行为态度、劳动成果进行严格要求和约束,那么每个学生都会放任自流,很难正确认识自己。

除此以外,学生每天进行的学习和其他脑力活动,也可以为他的自我教育提供坚实的保障。学生升入四、五年级的时候,就要进行重要的意志力训练。教师会对学生提出要求:"你们要强迫自己每天早上 6:00—8:00 之内写完所有家庭作业,当你们能做到这一点,就会感觉到这种做法能减轻你们的脑力劳动和精神负担,而且会让你们有更多的空闲时间。"学生们遵照教师的建议去做,逐渐地体会到,早晨做家庭作业比放学之后做作业效果更好。有的时候，早晨花一个小时写作业，效果相当于下午花三个小时做的功课。

当然，教师建议学生早晨做功课意义并不仅限于此，更重要的是，要让学生明白，新的一天是从努力学习、认真工作开始的，他应该在早晨强迫自己完成作业，并且面对自我良心，在任务面前进行自我汇报。因此，早晨做作业这件事，对学生的道德教育和自我意识培养起到重要作用。

让学生明白美好的一天，要从努力开始，他就会懂得节省时间，利用空闲时间，感受到学习和劳动带来的快乐。只有让学生在少年时代体会过自律，并且能按照自己的计划推进工作，产生成果，由此产生自豪感和满足感，他在日后才会真正懂得珍惜光阴，懂得如何利用空闲时间。让学生在学习过程中进行自我教育，而不是简单地让学生只是学习和参加劳动，这种做法可以有效地治愈不理智的消磨时间。

有一个问题，多年来困扰着我：学生们不愿读一些具有较高价值的文学名著和科学书籍，这是为什么呢？他们平时在空闲时间只想读一点儿轻松娱乐的冒险小说，或者读一些内容浅薄的、没有任何影响力的娱乐作品，这是为什么呢？渐渐地，我终于搞明白了，对于学生而言，他们并不懂得真正的阅读是什么。因为他们不擅长思考，在读书的时候不去思考书籍内容的意义，也缺乏开启智慧和头脑的力量，所以他们无法欣赏优秀文学作品中的意义和艺术价值。目前有很多青少年精神空虚，造成这种现象的重要原因之一就是，他们没有进行真正的阅读。因此我认为，学生应该寻找一些有价值的书籍进行阅读，这件事应该占据他们整个理性世界和心灵。阅读优秀书籍，可以开启他们思考周围世界的路径，并对自我形成认知，能够让他们观察并理解人类的灵魂，能让他明白世界的复杂性，促使他们思考个人命运和前途。

教师们要研究学生的兴趣爱好和特长，针对每个人的具体情况，向他们推荐各类科普读物，最重要的是，要让读书成为青少年学生的智力需求，并且能够激发他们的求知乐趣。一个学生如果没有对阅读书籍产生浓厚的兴趣，我认为这意味着，教师并没有找到通往学生心灵的真正途径。我们要让学生安静地坐在阅览室里，踏踏实实读几本书，让他在阅读的过程中真正体会到快乐。只有这样，他才会产生愿望，把书籍借回家去，独立自主地进行阅读。

还有一件事十分重要，要让学生每天都有几个小时的空闲时间，可以让他们按照自己的需求和选择，安排自己喜欢的活动。为什么我们的青少年在毕业之后走向工作岗位，经常会感到生活枯燥乏味，不知道如何打发空闲时间？那是因为他们在上学的时候，从来没有过空闲时间，他们不懂得、也不知道时间是人类的精神财富，可以给人带来巨大的福利和益处。我们的全体教师都有过艰辛的努力，教青少年学生如何合理安排并利用自己的空闲时间。我们进行了无数次的努力，才让学生习惯在早晨做作业，下午留出半天的空闲时间，让他们在空闲时间里不是无所事事，而是从事各种他们喜欢的智力活动。在青少年时代，懒惰和夸夸其谈是最可怕的敌人。

我们在学校里设置了一些工作角，让学生们在那里培养对劳动和工作的热爱之情，以及刻苦钻研的坚持精神。如果一个学生没有做到废寝忘食、全神贯注地钻研他喜欢的东西，也没有从事过任何创造性的劳动，那么这样的学生，他的自我意识和个性就难以形成。

我们十分确信，当每个学生把这样的愿望变成自己的精神需求时，教育艺术和教学技巧才真正取得成效。当一个学生付出了心血，在别人身上看到自己付出的精神力量，他才有可能真正成长，自我意识才能真正觉醒。

高年级的学生主动跟小学生交朋友，这样也可以让他们培养出道德的自觉性。教师对他们的指导，是让他们的友谊与个人爱好息息相关。很多高年级学生把自己的书籍送给小学生，把自己进行的创造性活动，以及兴趣爱好都传给低年级学生。

人们习惯于将少年时期和青年早期称为"叛逆期"，在这个时期，学生的身体、智力、道德都在快速发展，给教育者们呈现出很多"叛逆"的麻烦和困难。在这些时刻，教师们一定要时刻保持冷静，把教育学生与自我教育结合起来，才能顺利克服这些麻烦，让他们顺利地度过"叛逆期"。

建议七十八：

让水源保持清洁

我眼前放着一封信，当我伸手去触碰它的时候，瞬间仿佛那是一块烧红的铁，炽热无比。

这是一个 19 岁少年写来的信，他被判处死刑，在等待末日来临时，他用练习本上的纸整整写了 48 页信，虽然句子前言不搭后语，但是态度确实非常真诚。

我给这个少年写了封回信，他的母亲又来找我，恳求我可以见他的儿子一面。但我和他的谈话很难找到共同语言……

让我非常震惊的是，这个少年身上有一种被教育者们称为"幼稚病"的存在，从他的信里，以及他对我说的话中，只有临死前的崩溃不安，甚至没有丝毫的内疚和忏悔，更没有对犯罪行为进行深刻反省。

他并不是一个拉帮结派真正的劫匪，只是一个空虚卑劣的、可怜的少年……他杀死了一个 16 岁少年，他们甚至素不相识。某一天他们在公园的小路上相遇，那个 16 岁少年不愿意给他让路，于是这个少年怒火中烧，刚好他口袋里有一把刀子，他就拿出刀子，动手把人杀死。当被害少年的母亲急忙奔上来，他也没有收手，又冲这位母亲刺了一刀，造成重伤……

一个人的精神空虚极其可怕，使得他不懂得生命是最宝贵的财富，不爱惜自己的生命，更不会珍惜别人的生命，这就是这桩罪行背后隐藏的实质内容。

我对这个犯罪者，是厌恶和轻蔑的。然而在这些情绪的背后，却有一种沉重感，似乎感觉失去了什么，如同一块沉重的石头压在我的心上，也许，这是对损失一个少年的沉痛感吧。我有这样一个悲痛的想法：如果曾经对这个少年进行及时和正确的教育，他原本可以不这样的，他本该成为一个健全的人。

在他写的信里，有些话希望引起人们对他产生同情："只有在死亡来临时，且永远不肯饶恕时，我才了解生命如此难能可贵。"而只有当真正巨大的灾难真实地降临到这个家庭时，他的父母才痛不欲生："怎么会发生这样的事？为什么会发生这样的事？"他们呼吁别人同情犯罪分子，呼吁别人的人道主义关怀，然而他们的不幸遭遇只能在某个程度上得到别人的同情，就好像看到一个人把自己喝水的井用土填上，然后遭受干渴痛苦的人一样。然而人之所以为人，因为有理智，我们要从井里的水源取水，那么就应该让水源保持清洁。

那些并不总是成功，有时是失败痛苦的经验教育我们：早在一个人的童年时期，就基本可以确定这个人的未来如何发展，也许在 15 年或 20 年以后，会有某种引入邪路的危险对他产生威胁。如果某个人身上出现一丁点哪怕出于假设的迹象，觉得他有可能成为犯罪分子，或者出现违法行为，就应该在童年时期及时制止，并预防这种危险，给他的生命注射强有力的力量以抵制这种危险。这一点在我们的教育技巧中，有着十分微妙的体现。

我们都能看到，少年儿童身上有一种天然的率真，我们的教育者应该直截了当、毫不隐讳地告诉他们：什么是好的，什么是坏的；什么是正确的，什么是错误的。教师要立即摆出严肃的态度，这一点丝毫不能含糊。我们时刻都不能忘记这一点，要使得孩子们第一次的社会经验在他们的生命中保持一辈子。比如，教一年级的时候，女学生玛娅找到我，说班上的维佳同学拿一根棍子在草坪上乱打，把草坪上开的很多花都打断了。她跑过来找我告状，并不是为了让我去惩罚维佳，如果我马上去处罚维佳，就会使她处于十分难堪的局面，让她感情受伤。她跑来报告这件事情，是为了证实某个真理和正义。我必须马上表明我的态度：维佳的行为是不对的，他的举动是一个坏行为。于是我们一起去找维佳，一起去保护那些花朵不受到损害。因为这对玛娅来说，是正义的真理和精神取得了胜利。同时这件事也可以成为一个警示，作为一块磨刀石，让学生对错误和罪恶永远不妥协，使他们的正义精神变得更加坚定，更加锋利。教育者们一定要注意，当学生的思想和心灵接触到非正义邪恶的事情时，教师不能在一旁冷眼旁观、漠不关心，而此时正是让学生迈向道德更高境界的绝佳时刻。

很早以前发生过一件事情，我与学生们一起远足踏青，在归途中来到村里，向一位老奶奶求助，要些水喝，老奶奶慈祥和气，她请我们到果园里去，拿出苹果和烤土豆给我们吃。我们向老奶奶表达谢意，吃完后继续出发。当我们走出了半公里路，这时才突然想起来，我们刚才吃完东西，把烤土豆的皮扔在地上，没有收拾起来。

"我们应该马上回去。"玛娅同学想了一下说道。

"是的，你说得对，我们应该回去，把扔在地上的垃圾收拾干净！"我立刻同意，十分支持她的建议，孩子们也都愿意跟在我身后，大家一起往回走，但只有一个学生没有动，他说想坐着歇一会儿，这时其他学生表示不满，一起指责他，他立马就放弃了休息的想法，跟大家一起行动。孩子们在童年时代，教师们就应该反复不停地做这类事情，让他们在心里树立正义信念，体验正义精神获得胜利的感受，让他们觉得自己是维护正义的参与者。在儿童时期，孩子会毫不犹豫地对非正义的行为表示愤慨和指责，而到了少年时期，教师再想激发他们内心的正义感，或者让他们对非正义行为产生愤慨，都是很难收到成效的，因为已经过了树立正义信念的年龄段。

教师跟学生家长都要思考一个问题，教育工作其实是要为学生的未来着想，学生应该明白并且体会到，在这个世界上，存在着一些卑劣的事情，有一些邪恶和丑陋的东西。

还有一点十分重要，对于年龄幼小的孩子来说，我们不仅要让他了解到，某件事是卑劣而丑陋的，同时，他也应该知道，有些卑劣、丑陋的事情可能就发生在他身边，但是因为他年龄小，对此无能为力，无法改变这个世界，无法让世界变得更好。这样一来，在学生的内心当中，就会对此产生一些担忧、焦虑和痛苦的感觉。随着时间的流逝，当他看见卑劣丑陋的东西，就会产生愤慨和厌恶，就会潜移默化地对自身进行检查，这是一种发生在他身上的微妙力量和影响。一个学生能追求美好的事物，以及对丑陋卑劣事物的深恶痛绝，当他形成这样的品质，对于他自我转变具有决定性的意义。

此外，学生还要有羞耻心，这是一种强力抗毒剂，能够抗击卑劣丑陋的东西。具体说来，羞耻心可以承载荣誉感，让学生充满道德、良心以及自尊感。

我认为，只有在这样的条件下，才可以实现教育的目的。一个人要想成为真正的劳动者、未来的丈夫和父亲、在意识上成为真正的人，那么在他十四五岁的年纪，那些他曾经废寝忘食读过的那些书，成为他灵魂深处丰富的精神宝藏。

如果一个青少年学生没有求知欲望，那是非常可怕的，而且十分不幸，既是家庭的不幸，也是学校和社会的不幸。一个学生缺少求知欲，就相当于用铁笼把自己关起来，这个无形的铁笼隔绝了广阔无垠的天地，未来很难确定，这无形的铁笼会产生什么后果，是不是最后就变成真正监牢了？

教师是青少年学生的教育者，他们的重大使命就在于，陪伴并指引每一个青少年学生，共同为他们的精神世界铸造一所大厦。

那么在学校，对青少年教育最重要的东西，就是用自己的心灵去接触这些孩子的心灵，这种工作能否经常进行呢？

事实上那些走上邪路的青少年，他们都是一些非常孤独的人，在他们的周围虽然有年长的，也有同龄的，虽然大家每天都在他们耳边叮嘱："不能这样做，这样做是不被允许的。"但他们依然孤单无助。

我十分确信，学校首先应该是人与人之间相联系、相接触的地方。在这里，根本问题不在于谁去教育谁，我们不这么谈问题，这些都是无稽之谈。关键问题在于，命运把教师们跟一些生机蓬勃的、复杂同时又极为有趣的青少年绑在一起，他们进入教师的生活，成为教师生命的一部分。如果不是这些青少年学生，那么或许我们所知道的、所体会的、所做的一切都不复存在。

很难找出恰当而形象的言语对学生们进行解释：到底什么是生？什么是死？什么是自由？什么是失去自由？这些不仅要进行解释，还要让每个学生对这些事情保留深刻的印象。对学生进行道德教育，其中一项关键任务是，让学生们深刻地理解，生命是宝贵的财富，有时强大有力、难以战胜，但有时也极为脆弱，无力无助、容易受伤。在学生的生活中，有时会发生这样的事情，有人说了一句非常冷酷无情的话，或是无视漠然地看了别人一眼，这些都会造成伤害，甚至能将纤细脆弱的生命线折断。

我对刚踏入校园的孩子十分关心，尤其关心他的家庭关系：他与自己的父母，还有那些他经常接触的人，保持怎样的情感关系和精神联系？只有拥有健康正常的情感和精神联系，孩子心中才会产生深刻的想法："这个世上有人非常爱我，他们也需要我，他们无比珍惜我的存在，只有我存在，他们活着才更有意义和价值。同时我也很爱他们，没有他们，我也不能活下去，他们对我而言，也是无限珍贵的存在。"

有了这样的想法和信念，孩子的道德感才会正常发展，才能够正常获得爱和幸福，在和谐的生活和劳动中成长。一个人的道德是否能获得健康发展，取决于是否存在这种和谐。

可能在有些孩子心里，这种观念还没有明确形成，但是只要它已经充满孩子的全部生活，孩子能够与亲人尤其是母亲有温馨而欢乐的精神交流，与父亲母亲有着密切而贴心的亲近感，这些都是产生"义务感"的重要源泉。

而青少年犯罪行为的原因之一就在于，他们对于亲近的人给予他们的关怀采取冷漠态度。

此外，只有一个学生懂得理智地限制自己的自由，控制自己的欲望，他才会真正珍惜生命和自由。而这种理智是非常有效的教育工具和手段。

我曾经教过一个男孩子罗曼，他非常任性胡闹，无法约束自己，他无缘无故地打同学，又无缘无故地把女孩子的连衣裙弄脏。

有一天早晨上课，小女孩儿廖霞哭着告诉我，罗曼把她扎小辫子的丝带扯走了，我把罗曼找过来，告诉他："罗曼，你这样做是野蛮人的行为，你不能任意而为，否则你以后就会在生活中摔跤，要是有大人们干这种事，就会被关进监狱，失去自由。你干了这种事也要受罚，伸出你的右手……"

罗曼把右手伸出来，我用一条绷带缠住他的手掌和手腕，把他的手绑在口袋里，不让他使用右手。

"罗曼，今天你就这样过吧，右手动不了，我陪你一起，让你不会觉得孤单无助。同学们，来把我的右手也捆起来，跟罗曼一样。"

学生们把我的右手也捆了起来，跟罗曼的捆法一样，罗曼简直震惊了，他不知道接下来会发生什么事，安静地等待着。

我对他说："现在我们开始一天的生活，看看绑住右手会不会过得更轻松愉快。"

那天我跟罗曼在一起，我们在学校里，一起去花园，一起上课，一起吃饭，待了一整天，形影不离。他终于明白失去自由的滋味，如果真失去自由，每一分钟都十分难熬。这件事以后，我又给他几次"教训"，虽然没有第一次那么严厉，但也让罗曼发生改变，最后他终于学会克制，管束自己的行为。

如果一个人在童年和少年时期，要体会一种高尚英勇的精神状态，有时候必须放弃那些可以让自己获得满足的愿望。没有这类体验的话，他将很难成为一个有道德的人，一个有用的人。

一个人没有羞耻感，是因为他不肯履行自己的承诺。当一个孩子缺少精神力量，没有做好精神准备，意志还不够坚定时，他不应该轻易许下诺言。如果学生自己主动许诺，教师要保持耐心，信任他的同时也要提醒："你要明白一件事，履行承诺需要强大的信心，所以你许下诺言的时候，一定要谨慎。你一定要牢记，如果你经常许下诺言，在别人面前提出保证，但转眼又忘记承诺，这是一种非常恶劣的坏毛病，它会腐蚀心灵，让一个人变得麻木，喜欢说谎，自己还觉察不到。"

建议七十九：

关于"全面发展"的一些建议

对于一部分学生而言，中学教育只是他们通往智力发展、智慧丰富、认识世界、趋于完善的开端而已，但对于另外一部分学生来说，他们连中学的教学大纲都难以掌握，只能十分艰难而勉强地学完中学课程。但并不是说，这样的学生就是没有前途和出路的。

学生之间存在着智力和才能的差异，早在童年和少年时期，这一点就已经渐渐地彰显出来。学生们彼此之间把这种差异理解为天生注定，并且意识到并非所有人的智力发展都能达到一定高度。但这种想法也是很多人智力受限的原因。这种情况，导致目前教育工作全面发展中遇到的一系列问题，也由此产生了极其复杂的困难。教育工作者的主要任务，就在于不要让一些学生心里感到，这种智力与才能的差异是一种不幸。然而遗憾的是，在一些学校的教学工作实践当中，一些学生知道自己在智力发展上是有局限的，因此他们不想学习，这是造成他们厌学的主要原因。让一个学生在童年时期，就感到自己智力似乎不够格，这样的状况在我们的教育工作中不应该出现。无论什么人，在他的童年和青少年时期，都应该在自我的精神生活中获得一种极为圆满的幸福感，同时可以享受到智力活动和创造力带来的快乐。

全面培养学生，发展学生个性，这是一个极为细致而又微妙的过程。在此过程中要面临的问题，在实际教育工作中能否得到解决，恰恰取决于教师们是否把学校和学生的精神活动束缚在教学大纲上，只用学习成绩进行判断。培养学生全面发展自我个性，主要技巧就在于，教师要善于为每个学生开启精神生活的一扇门，让他们通过这扇门进入一个智力发展的领域，并且在此领域中达到一个顶点，彰显自己，宣告自我的存在，从人性的自尊感中吸取源源不断的力量。让他感觉到自己并不比任何人差，他是一个精神丰富的人。教师即便在智力发展有困难、资质最为平庸的学生面前，也要这样做。

事实上，教师所引导的这个领域就是道德发展，在这个领域通往顶点的路途，对任何人来说都是公平的，都没有进行封锁，这里存在着真正意义的毫无限制的平等。在这里，每个人都可以成为独一无二的伟大的人。只有在这样的平等条件下，每个人面前都打开了一条通往思想、创造、劳动、审美、智力、财富的道路，全面发展的目标才有可能得到充分的实现。

学校本身应该成为一个道德丰富的主体，在每个人的行为中，在教师与学生的相互关系中，都应该要体现这一点。想获取道德的丰富性，就在于教师要让每个学生在某些智力活动的领域中，能获得极大的幸福和快乐，而这种智力活动领域的最高峰，应该是道德的真善美以及对道德的完善。我们学校毕业生中有几个女生，她们曾经在学习上感到十分艰难。在小学四、五年级的时候，我们让这几个女学生成为学龄前儿童和一年级小学生的辅导员。她们从这一项任务中，感受到了高尚道德的意义，并体验到自己的人格尊严，从而感到一种幸福感。如果不是如此，在整个童年和少年时期，她们都会认为自己是十分不幸的人，会认为自己低别人一等。而有了这项任务，她们的学习就有了可以寄托的意义，生活也有了目标。

一个人获得全面发展的自我个性，他一定是和谐的。然而，如果没有一种和谐的教育工作，就不可能达到和谐的个性发展。学生在学习中、课堂上、作业中，经常可以得到一个分数，但这些分数不应当成为衡量和评价他的唯一标准和尺度。学生们的年龄尚小，他们对这种日常的分数衡量以及评价体会，尤其感到敏感，他们极其脆弱的心灵因而受到影响。我们应当让学生通过亲身体会，确信周围的人们是用各种尺度来衡量他，人们是从各个方面整体地看待他，而不仅仅是用分数评价他。当学生进入学校的时候，他还只是一个不懂事的孩子，教师们不应该用"学生"这个身份，狭义地理解他、看待他，如果在教师的眼中，他只是一个头脑中塞满了各种知识的活物，他就不可能成为一个全面发展的富有个性的人。如果一个人无法在精神领域中宣告自己的存在，他就无法在心灵深处的某个领域成为自我的主宰，他就无法在智力活动和成就中确立自我的地位。如果他从未感到过自己是一个创造者，并从未由此而产生自豪感，如果他走路的时候无法自豪地扬起头，那么所谓的全面发展，所谓的培养个性都是无法实现的。

要想培养学生在需求方面的文明素质，让学生拥有合理的愿望，就要在学生的生活中，在满足他物质需求和满足他精神需求之间，建立起一道和谐而理智的桥梁。这正是学生个性获得全面发展的第四个问题，也是一个相当复杂而艰巨的任务。学校作为一个推崇高尚道德和精神文明的园地，如果没有丰富多彩的集体精神生活，想培养出这样的文明素质是不可能的。而学生的个性如果缺乏丰富的精神生活，也是不可能形成的。

十分遗憾的是，我们的校园生活有时会出现这样一种荒诞的现象：学生每天在学习，在不断地掌握知识，然而却缺乏丰富的精神生活。中学教育已经普及，对于学生而言，在学校的集体生活，还有他个人的精神生活都极为重要，具有重大的意义和价值。一个学生的智力发展和兴趣爱好，不应该只是与上课有关，更不应该仅限于准备功课。如果除了上课听讲、学习知识以外，学生一无所有，什么也不会，那么他的智力生活就被局限在学习的小圈子里。学校缺少创造性的智力活动，那么这里就会成为毫无吸引力的地方，对学生来说就是死气沉沉，每天来到学校都是一种沉重的负担，学习十分枯燥乏味，学校生活也非常单调。如果学校到处充满精神生活，学生们都生机勃勃，全面发展智力爱好，各种活动十分丰富，那么他们就会喜欢学校，愿意来学校学习，在课堂上掌握和学习知识时才具有主动性。学生拥有完善的精神状态，等他毕业之后参加工作，也可以将学习继续坚持下去。

学校的精神生活是一个极为广泛的概念，包含着许多层次和内涵，既要激发、满足与上课教材没有直接关系的智力爱好和兴趣，又要让学生将知识运用于实践，让学生在各种活动中使用知识，并在集体中进行知识交流，同时还要开展各种创造性活动，让独立个性获得全面发展，让学生发挥个人潜能，培养志趣，建立生活的目标。

学生的学习离不开丰富多彩的精神生活，丰富的精神生活的基础和核心，是学校集体生活和个人精神的和谐，只有二者保持和谐统一，学校才能吸引学生，让学生们渴望学习，愿意学习。在学校中总是有个别学生厌恶学习，这种现象十分令人担忧，这从侧面说明在这个学校里，恐怕缺少丰富多彩的精神生活。校园里只有学习，没有集体生活和个人精神的和谐统一，学生们一上学就懒惰，在课堂上十分散漫，盼望着下课，渴望尽快回家，摆脱各种学习负担，这些现象都是极其危险的。而形成这些现象的背后原因，主要在于他们童年时期精神生活十分狭隘，他们的学习和智力开发活动，都被局限在狭窄的范围内。

学生掌握知识之所以十分必要，不仅是为了以后的工作，更是为了享受一种与工作没有直接关系的丰富多彩的精神生活。这样的精神生活能让中学毕业的人做好准备，他将来可以从事普通而平凡的工作。我们不能单纯地教育他，只做好工作的准备，而是要把他培养成具有精神志向的劳动者。他愿意把自己的一生奉献给社会和他人，从而更加向往他未来从事的工作。这个问题极为复杂，它与前面的那些问题密切相关。在学校的教学工作中，一切问题都是相互影响、相互制约的。我们可以大胆地确定：

学生毕业后是否能向往耕种、饲养，是否愿意成为拖拉机手、泥瓦工、车工、厨师、面包师等，主要取决于他们在童年和青少年时期是以怎样的心态去读书，抱着什么目的去读书的，同时也取决于他们从学习和研究各种文化知识中发现了什么样的意义。

学生们毕业后是否愿意把自己的一生奉献给田地、建筑工地、机床、畜牧场等平凡而繁重的工作，这也取决于他们在学生时代的快乐源泉是什么，取决于劳动在他们的精神生活中占有什么样的地位，以及除了这些劳动以外，他们的精神生活中还剩些什么。

培养素质与劳动的结合，是合乎个人发展规律的，但是也确实超出了教学大纲的范围。但是素质教育可以让学生产生求知欲和好奇心，对知识的兴趣永不衰竭，具备了这一点，一个人可以终身保持学习的心态，他一辈子都对知识充满渴望，并且不满足已经获取的知识，他很难满足，总会觉得："我知道的东西还是太少了。"

如果教师对学生说："你们在学校里学到的一切知识，将来在工作生活中都能用到。"这个说法其实并没给他们指出一个正确方向。事实上，在普通的中学教育过程中，学生在学校所学的东西，只有极少一部分能跟生产劳动产生直接联系，而且在很大程度上，这些联系也是间接性的。我们教学生思考和认识世界，在他们参加工作后应该成为一个擅长思考和创造的人。但是绝大多数情况下，学生在学校里学到的各种知识，并不是他们在工作中可以直接用到的。而中学教育之所以是必要的，是要让一个人在接触了文化知识之后，能够感到自己是一个真正的人，从而觉得自己是优秀的劳动者，具有聪明才智，是自我的主宰者，并由衷形成一种尊严感。他们认为自己忙碌操劳，并非仅仅为了获得一片面包，这会给他们带来幸福感。

具体说来，如果一个人的荣誉和自尊感脱离了学习目的和愿望，那么教师想要培养学生的自律性、服从性和责任感，所做的一切努力都是徒劳无功的。同时，这些教育过程还会造成教师和学生之间的矛盾冲突。让学生充满对学习的渴望，这需要教师时时刻刻对此进行关注，因为这一点渴望是极其任性的、柔嫩的、不稳定的，需要不断地照料。教师每一分钟都要触碰它，不能以粗暴的、疏忽大意的态度去对待它，只有当教师学会照料保护这种渴望，学生才能学会自律、服从，具有责任感、义务感，也只有这样，这些东西才会在教师手中变成精妙有力的教育工具。

学习并不是意味着教师要机械地把知识从自己的头脑中灌输到学生的头脑中，学习本身是一种极其复杂的道德关系，而在这种关系里起到积极主导作用，具有决定性力量的是培养学生的自我荣誉感和自尊感。在此基础上，让他产生要成为一个好人的愿望。教师的主要任务在于，要灵活巧妙地使用一些方法，坚持不懈地对学生提出严格要求，在他的智力当中培植道德力量，帮助学生把学习看作是一种需要付出很大努力的劳动，只有依靠自己的力量去克服种种困难，才能从劳动中获得成果，而到那个时候，学习才会变成一种令人身心愉悦的劳动。这里有三个步骤，一是自己付出努力，二是靠辛苦劳动获得成果，三是享受到脑力劳动带来的快乐。学生依照着这三个步骤向前走，就会牢固地掌握知识，并且能够透彻地理解知识。一个真正有经验的教师或教育工作者，当他看到一个学生还不会学习，还没有理解学习都有些什么要求时，是很难对这些儿童做出评价的。

只有在这个前提下，学生才会重视教师给他做的评价，那么学校里才会充满一种热爱学习的氛围。同时，教师的评价次数不要过多，过多而频繁的评价会造成教育的贬值。教师在给学生做评价的时候，也不要只单纯评价所谓的能力，而是要对能力和劳动进行统一评价，并将劳动实践放在首位，这样评价才能体现道德的正确性。

在教育工作的实践中，我们尤其重视智力教育，而智力教育恰恰在于劳动和能力是和谐统一的，所有破坏这种和谐统一的迹象，都应当避免出现。如果一个学校里只有教学，却没有智力教育，就会造成很多学生知识浅薄，无法巩固。智力教育的本质就在于，让一个学生可以通过获得知识变得越来越聪明，知识对他来说，并非获得越多就变得越困难。能掌握多少知识，这个数量本身并不是衡量智力教育水平高低的标志，教师要承担的任务主要是，要让掌握了一定知识的学生进行脑力活动，使这些知识成为拓展他智力和能力的重要手段。要想让学生牢固地掌握知识，就要求每个教师能够成为学生智慧的培育者，这是学校教育工作中极为精妙又极难掌握的任务之一。多年的教学经验证明，一个教师自身所具备的教育素养，就包括他能用哪些专门的方法和手段，让学生在掌握知识的过程中，同时发展智力和能力。这些方式和手段，从本质上来说，应该成为衡量教师劳动成果的标准和要求。

一个学生的整体智力教育，包括他智力和能力的发展，很大程度上取决于他所处的集体以及他个人的精神生活是否丰富多彩。在学校里，我们应当让智力生活的火光永不熄灭，熊熊燃烧，教师和学生的智力兴趣爱好越丰富多彩，知识最重要的源泉——书籍在学生的心目中就越显得珍贵。那么就会极少出现限制智力发展，对知识抱冷漠态度的现象。

要完成这些使命，总体来说，需要解决学生牢固掌握知识的问题，这一点没有家庭成员的配合，是无法进行的。

学校教育的完善以及教育社会性的不断深化，并非意味着家庭的作用在减弱，反倒是家庭的作用在不断增强。只有这样，教育才能实现和谐发展。两种教育者——学校和家庭要步伐一致，同时对学生提出要求，学校和家庭抱着一致的坚定信念，志同道合，始终如一地遵循同样的原则。无论在教育目的、教育过程，还是教育方法上，学校和家庭都不要产生分歧和矛盾。

这是最复杂、最困难而又最难以解决的问题之一。教育过程中存在的相互联系和影响，在如今变得更为复杂。社会向学校提出教育学生的任务，但是如果整个社会（首先是家庭）不具备高度的教育素养，那么无论教师做出多大的努力，都很难达到完满的效果。学校里出现的教育问题，会在家庭中反映出来，而学校教育过程中出现的一切复杂困难，其根源都可以追溯到家庭中。学生的全面发展，以及个性的形成，归根到底取决于父母在孩子面前是一个怎样的人，也取决于孩子从父母树立的榜样中，如何认识人与人的关系、人与社会的关系。

从父母把孩子送到学校的那一天起，父母就成为学校举办的家长会的听众。在家长会上，父母们的教育学方面的知识水平不断得到提高，实际上，就是学校跟家长共同进行工作，这项工作细致而又艰难，其最终目标是培养一个全面发展、富有个性而又和谐的人才。其中最困难的事情就是，怎样才能使父母跟学校一起观察到并且理解孩子们的精神世界。父母和学校一起分析教育过程的原因和结果，并将教育看作具有明确目的性的智力劳动，在这项共同合作的任务中，我们的主导思想就是，学校和父母都要想到未来、看到未来。如果召开家长会这件事不能变成学校和家长的共同思考，那么就是白白浪费时间。学校跟家长一起考虑相同的问题：怎样才能确立教育的目标？教育已经把孩子们提升到哪一个阶段？教育工作取得了哪些实际成果？如何预防错误产生？如果不进行预防，会造成哪些严重的后果？家长和教师要成为好的教育者，必须具备哪些教育学知识？我们努力让家长认识到，在教育孩子的过程中，永远都不要忘记孩子们将来也是要当父亲或母亲的，他们也终将成为家长，提前做这些方面的工作，家长们也不应该感到意外。

学校是一个打造幸福童年时光的世界，但是照耀在这个世界之上的思想光芒，应该是我们想到学生未来要成为成年人。他们要拥有成年人的思想、情操和观念，这一切都是从无忧无虑的童年世界中产生的。培养学生道德的成熟性，是一个极为复杂的过程，涉及学生们正在形成的自我个性，以及他们对自然和社会环境的态度。在这一领域中，学生首先要从家庭的相互关系中履行一种公民义务。培养学生道德成熟以及成年化，很大程度上取决于他们对劳动的态度。更具体来说，取决于劳动在学生们精神生活中所处的地位。一个学生成熟到什么程度，体现在他是为什么而生活，对哪些事情费心，他的生活中充满哪些思虑，以及他对生活的追求意义有哪些体现。

成熟的公民往往是从这样的信念开始的：我要用我自己双手的劳动，履行对社会的义务。从学生十三四岁起，他们就应该渴望为社会创造物质财富，这种想法应该在学生的精神生活中占有重要地位。教师们不要把自己的教学工作仅局限于不停地提醒学生：你们现在是学生，主要任务是好好学习。如果一个少年感觉自己只是一个学生，是一个正接受教育的人，那么他就会对物质消费抱无所谓的态度，会毫无忧虑地生活，而这其实是向寄生状态靠近了一步。一个人变得成熟，趋于成年化，其根本的思想精神在于，他在十三四岁的时候就已经不把自己仅仅看成一个学生，而是看成一个社会成员。他自己对社会负有义务和责任，如果未来他不努力劳动，就会让一些人无法生活。

学校教育与劳动的结合正体现于此，而这种结合与道德教育不可割裂，也是学生个性成长中道德因素的本质所在。培养学生的成熟感，在很大程度上要看他如何掌握知识，也要看全体学生的智力生活是朝什么方向发展的。道德成熟和思想成熟不可割裂，如果一个学生只是获得现成的知识，把日常智力活动局限于对教材的死记硬背，这就会造成"道德上的幼稚病"。防止这个问题出现，最好的办法是让学生独立获取知识，只有当学生独立思考，从而获取知识时，学习才能变成一种劳动。这么做不仅仅是为了巩固所学的知识，更是为了培养学生学会独立思考，这样才能使思考变得成熟。

上述的每一个问题都存在相互联系、相互制约的关系，我们要把全面发展学生的个性，作为统一的整体进行研究。

教育的首要工作是关心孩子的健康

我反复地强调，我们要关心孩子的身心健康，这是每一个教育工作者最重要的工作事项之一。孩子所形成的世界观，他的精神生活、智力发展，能否巩固所学的知识，对自我力量是否充满信心，归根结底都取决于他的生命活力和精神焕发。我在教小学期间，把所有对于学生的关心和操劳全部统计了一下，起码有一半的精力和时间是花在关注他们的身心健康层面的。

教师想要真正关心学生的健康，与学生家长保持联系是十分必要的。我跟家长们进行谈话（尤其是那些一、二年级学生的家长），绝大多数话题都是关于孩子的健康。我向家长们解释，学校不给学生布置过多的家庭作业，学生们应该记住的各种知识和定义，都在学校课堂上完成背诵，学生们回到家之后，主要是做一些练习，目的是帮助他们可以更深刻地理解并巩固教材所教的知识。除此以外，学生回到家里要做的事情是，多阅读书籍，动手绘画，或者观察周围世界，也可以写一些观察思考的作文，朗读喜欢的短诗歌，背诵优美的诗句。在课外安排的各种脑力活动，都不应该增加学生的负担，让他们感到过于疲劳。但是，在课外完全放任孩子，没有一点脑力活动，这样也是不行的。

早在学龄前时期，孩子们就已经养成了做早操的好习惯，正式入学之后，有一件很重要的事，就是让学生把这个习惯保持下来。我十分确信，学生做早操的习惯一定要在童年时期养成，并巩固下来。家长们应当训练孩子每天早上在固定的时间起床，然后让孩子们在室外做完早操，再进行梳洗。童年时期的营养供应也十分重要，因为这决定着学生身体成长以及身形的匀称，决定学生的骨头和肌肉组织成长，尤其是胸腔是否能够正常发育。多年的研究观察表明，如果学生的食物里缺少矿物质和维生素，就会使得骨骼和肌肉的某些部分发育不良，对体形造成终身性的影响。

我曾经在几年之内对学生的饮食进行专门的观察，调查结果得出一个令人担忧的结论：刚上小学不久的新生，有25%的人不吃早饭，他们给出的理由是，早上的时候不想吃饭。还有30%的学生匆匆忙忙吃了早饭，但是早餐无法达到正常的营养标准，甚至连一半需求都达不到。还有23%的学生，早餐的分量吃得很少，只有标准分量的一半左右。在这些学生中，只有22%的人早餐饮食合乎标准。试想一下，学生们在学校连续上了几节课，早上没有吃饭的学生会感到身体不舒服，甚至是头晕。等下课放学之后，学生们回到家里，尽管已经好几个小时没有吃东西，胃里空空如也，但是仍然对食物提不起兴趣，没有胃口。对此，家长们经常会反映，孩子们不爱吃健康食品，尤其是那些看起来很普通的食物，比如粥、牛奶、菜汤、甜菜汤等，他们非常挑食，他们只想吃一些"好吃的东西"。

学生们没有食欲，对健康而言是非常严重的威胁，也是身体感到不舒服以及生病的根源。其中的主要原因是，学生们连续几个小时在教室里坐着学习，从事非常单调乏味的脑力活动，缺乏到室外进行体力活动，这种情况下，他们的头脑处在一种缺氧的状态中，学生们坐在气闷的教室里，整天呼吸着大量的二氧化碳，会引起内分泌疾病，而内分泌对消化系统影响非常大，同时这类问题会慢慢转化成慢性疾病，没有任何办法可以迅速根治。消化系统产生问题，还有一个原因就是，很多家长为了让孩子有食欲，就拿各种零食给他们吃，尤其让他们吃大量的甜食，这反倒引起消化器官的疾病。在学校减少学生缺氧的状态，建立一个合理的室内外活动转化的制度，这也是关心学生健康的重要途径之一。

在学生身心全面发展的过程中，一切因素都是相互关联的。学生的健康情况，往往也取决于教师给他们布置了什么家庭作业，他们是怀着什么样的心情，在什么时候完成这些作业的。学生们回到家里，进行独立的脑力活动，他们的心情和情绪在写作业的过程中起到很大的作用。如果学生不愿意写家庭作业，带着厌烦和排斥情绪拿起书本，那么不仅严重削弱他的精神力量，同时也对他的内脏器官产生不良的影响。我曾经了解过很多这样的事例，一个学生怀着厌恶和烦躁的心情去写作业，就会对他的消化器官造成不良后果，最后导致肠胃疾病。

学校的各种假期，我们都是去户外，去大自然举行活动，我们进行远足旅行，到树林中去，在旅行中休息，做各种各样的游戏。和大自然直接进行接触，对学生的身体健康，以及对他们的智力发展都有很大的好处。八月份的时候，我们的一年级学生都是在农庄果园和牧场上度过的，二年级的学生在瓜果园里度过。在夏天和秋天过渡的时节，农村的空气中富含植物杀菌素，如果家长们想让那些身体很弱，容易患感冒、肺病和风湿的孩子得到强有力的锻炼，就让他们在暑假期间都在室外活动吧。

我从孩子们一入学开始，就十分重视他们的体育运动。我们的学校有运动场，还有一些秋千架，我们准备足够数量的球类，从小学二年级起，孩子们就学习打乒乓球，有些学生喜欢扔铁饼和铅球，有些学生喜欢爬竿和跳绳。

有一点特别重要，体育运动可以锻炼学生们的身体，让他们对各种感冒产生抵抗力。很多年来，感冒这种疾病一直困扰着学生们，每当季节转换，天气发生急剧变化的时候，班上几乎有一半的学生打喷嚏，即便他们没有得重感冒，体温没有升高，但是在这种状况下，也让他们无法正常学习。医学已经证明，有很多感冒并非传染性疾病，只是孩子自身的机体十分敏感，对周围环境急剧变化产生了相应的反应。

每年校医都对学生们的视力、心脏和肺部进行检查。我的班级在一年级时有4个学生视力减弱，到了二年级就只剩下两个学生，三年级时所有学生的视力都恢复正常。这些事实证明，学生视力减弱并不是真的患有眼科疾病，而是因为他们的身体和精神无法协调发展所导致的一个后果。

阅览室，思考的阵地

一个人一辈子能够读完的书，或许不会超过 2000 本，而其中相当大的一部分都是在学生时期阅读的。所以，我们会帮学生严格挑选他们阅读的书籍，目前给学生们挑选的图书共有 360 种。真正意义上的阅读，可以开发学生的智慧，启迪他们的心灵，激发他们对世界万物以及对自我的思考，使得他们可以尽快认识自己，并对自己的未来有初步的规划。如果缺少这样的阅读，一个人必定会感到精神空虚，因为世上任何东西都无法取代书籍对人类的影响。为什么一些学生在写完家庭作业后无法待在家中呢？为什么很多学生很难安静地阅读几个小时？为什么学生不喜欢一个人独处，而是总想跟别人在一起呢？为什么在学生中很少遇到这样的情况：他读书读得入迷，经常如饥似渴地读书，经常感慨时间不够用呢？这都是因为学生没有学会真正的阅读。

因此，教师们必须教给学生们如何读书，教他们在阅读的同时认识自己，让他们从书籍里受到深刻教育，让他们沉溺在书籍当中，生活在书籍的世界里。

如果学生们喜爱一本书，一本好书成为学生的朋友，那么他读书越多，就会越清楚明白地意识到：如果想更多地了解世界，就要更加努力学习。

我十分希望，所有的学生都走到那个摆着名人传记的书柜面前。我们在那里摆放了几十种英勇伟大、意志坚强的名人传记，有一些宁可牺牲生命，也不愿违背真理和信念的英雄人物，这些名人和英雄传记是学生们进行自我教育的最佳参考书。

一些书籍里渗透着对道德和政治的教育。尤其在一些历史书籍里，历史知识可以影响人的精神世界，为学生们形成信念打下良好基础。当学生阅读充满道德和政治观念的书籍时，就会跟自身进行比较，往往可以让他树立良好的信念。因此，教师们应当让学生阅读英雄人物事迹以及名人传记，同时让他们跟自己进行对照。

这里存在一条十分微妙的教育心理学规则：那些不需要熟记、也不需要深度分析的内容，往往更能让人代入，与自己进行对照，然后在自我的精神生活中反映出这些内容。这条规则在青少年时期体现得更加明显。

我们努力地让每个学生都有一本自己非常心爱的书籍，让他可以反复阅读，反复对这本书进行思考。这样做的目的，并不是让他把读过的内容全部记住，或者用来回答老师提出的问题。而是为了让他对自我的命运进行反思，并因此而感到激动不已。我十分确信，青少年学生进行自我教育，就是从读一本好书开始的。同时他可以用书中的精神尺度来衡量自己，尤其是那些忠诚的、英勇的伟大人物的思想和精神，可以深刻地影响他的精神世界。如果学生的精神生活只有听老师讲课、背诵课文、思考教科书，那么这种自我认识、自我衡量和自我教育就不可能产生。

让阅读引起学生精神亢奋，这是一个强大的工具，借助它可以让学生把更精深的知识攻克下来。学生的精神受到振奋和鼓舞，就会使他们的情绪高涨，会有更多的知识进入他们的大脑。在一学期的学习过程中，教材内容上所规定的知识，总有一些需要学生进行紧张而牢固的熟记。而我们的学生，会花更多的时间在阅览室里阅读他们喜爱的书籍。

我们还特别留意，让书籍成为开发反应迟钝学生大脑的工具，为此，我们挑选了一些与数学、物理、化学相关的科普读物。在这些读物里，有一些表现力极强的情感和情绪因素，当学生阅读这些书籍时，他们对知识的渴求受到鼓舞，从而产生创造性的思考，以此理解抽象的真理和定义。这些书籍对于学生来说，并不仅仅是真理的仓库，更是内心情感体验的源泉。

我们教师认为，如果一个学生还没有如饥似渴地迷上一本书，还没有在阅览室里找到他最喜欢阅读的那个书架，那就意味着，我们还没有寻找到通往他心灵的途径。让学生生活在书籍的世界里，并不是只让他们规规矩矩、努力认真写完家庭作业。一个人可以以优秀的成绩从学校毕业，但他可能并不知道什么是智力生活，也没有体验过跟书籍交朋友的巨大快乐。所谓的"生活在书籍的世界里"，就是指让他们去接触最美妙的文化和精神领域。

我十分坚信，青少年学生中之所以出现一些令社会感到不安的现象：酗酒、打架、流氓行为、浪费光阴等等，主要原因在于青少年在学生时代，他们的智力兴趣处于十分狭窄和空虚的状态。而毕业之后，这种精神空虚、思想狭隘以及智力发展的局限性，变得更加严重。现代人的生活，每天都要涉及与他生存相关的一些领域，这就要求他在这些领域中，必须受到细心而持久的教育。而教育常常采用的最好手段就是：好的书籍、音乐和美术作品。如果一个人在一生当中没有持久地进行这种潜移默化的理性和情操教育，那么想抵制和抗拒酗酒、违法、流氓、打架等行为，就会力不从心。

学生从学校毕业后所进行的教育，主要是自我教育。只有当他在学生时代爱上书籍，学会从书籍中认识世界、认识自我，他才有可能在毕业后进行自我教育。如果在学校里没有打下良好的基础，如果一个学生离开学校后不知道什么是阅读，或者只限于读一些浅薄的小说，那么他的精神世界是极为粗糙的，他就会去寻找一些远离人性的刺激享受。如果一个青年不能每天在业余时间里坐下来好好读上两三个小时的好书，那我则不可能相信他的精神生活是美好的。

建议八十二：

给我们的"家长培训班"的建议

父母所受教育素养如何，决定着家庭教育的成败。要想实现孩子身心全面发展，家长的素养在现实生活中至关重要。教育体制的完善，以及教育社会性的不断强化，这并不意味着家庭的作用只占一星半点，反倒是家庭的影响在逐渐增强。只有在这样的理念下，才能实现孩子身心和谐全面的发展。

我十分确信，教育学应该是所有人都要深刻了解的一门学科，无论是教师还是家长，都应该深入研究教育学。正因为如此，我们努力让每一个家长都能在最低限度内掌握一些教育学知识，为此，我们开办了"家长培训班"。在学生入学的两年前，家长们就报名参加，定期在培训班听课，直到孩子高中毕业为止。家长培训班主要讲授心理学和教育学，共有 250 课时（顺便说一下，这比任何大学的教育学和心理学课时都要多）。培训班的家长们分为 5 个组，是按照他们孩子的年龄进行划分的：

1. 学前班组（5 岁到 7 岁的儿童）。

2. 一、二年级组。

3. 小学高年级组。

4. 初中组。

5. 高中组。

每个月举行两次活动，活动的主要形式是由校长、教导主任和经验极为丰富的教师进行授课，把心理学和教育学的理论知识跟家庭教育的实例紧密结合。

培训班的教学大纲，涉及师范学院课程的各个方面，但是我们尤其重视幼儿心理学、个性心理学、体育、德育、智育和美育的理论讲解。我们竭尽全力地做到，让每一位父亲和母亲在培训班学到理论知识，能跟自己家里的孩子的精神生活紧密联系。授课期间，需要教师们具有高度的智慧和敏感度，无论什么时候，我们都不能把学生心灵深处的底子全都翻出来，也不要去讨论家庭生活中那些容易伤害感情、敏感尖锐的问题，对于这一类问题，只适合在个别谈话中进行讨论。

没有"家长培训班"，我们就不可能获得齐备的家庭教育。

父母如何统一行动教育孩子

家长和学校对孩子共同实施教育，那么他们的教育理念就应当与学校的教育方向相统一。同时，父母的要求也应该达到统一，这里首先是父母对自身的要求必须统一。想要做到这一点，教师应该向学生家长表明，父爱和母爱应该处于一种明智的状态，并且二者各有分工。仁慈和严厉、温柔和刚猛要达到和谐统一的程度。在这方面，我们要做得有分寸，不能触及个人隐私，或者是存在病态行为。我们努力防止家长在这个最敏感的精神领域中出错，家长在教育过程中，如果不够明智，父爱和母爱的滋长就会造成儿童精神和情感畸形发展。从现实中具体的事例来说，那种极度的溺爱或是暴君式的爱，还有只提供物质和金钱的爱，都会给孩子带来巨大的伤害。

在家长和孩子的关系中，最可悲的就是过度的宠爱。这看起来是一种出于本能的爱，但也是不够理智的爱，有的时候，甚至好像是母鸡型的爱。在溺爱的过程中，孩子的父母为孩子的一举一动都感到欢欣雀跃，却从来不考虑他发出什么样的行动，会造成什么样的后果。在这种溺爱态度下培养出来的孩子，他不会懂得，人和人之间的关系中有"可以""不可以""应当""不应当"这些概念，这样的孩子会觉得，对他而言，世界上一切事情都是可以的。慢慢地，他会变得十分任性，会走向极端和病态，生活中出现一点点困难，他都会觉得是无法承受的重担。在溺爱态度下培养出来的孩子，性格往往是自私自利的，而且达到无可救药的程度，他根本不知道自己对父母承担什么义务，而且也不想劳动，他不仅目中无人，内心深处也无法感受到周围人的愿望和要求。他不知道自己的父母、祖母祖父也有各自的需求，也有他们自己的精神愿望。这样的孩子认为，只要他活在世界上，只要他还在，就已经给父母亲带来无可比拟的快乐和幸福。

教师要跟这样的父母同时进行沟通，才能真正预防溺爱的发生。这里所针对的，是家长的情感教育误区。教师对年轻的父母进行情感教育，一定要请学龄前儿童（也就是我们未来的学生）的父母来家长学校，参加系统学习，同时还要参加特殊的实践课程。在低年级（尤其是一、二年级）学生进行集体公益劳动时，年轻的家长们也要参与其中，他们跟教师一起指挥学生劳动，教会孩子们进行自我控制，在劳动的过程中不能去干其他的事情，让孩子们的愿望服从于劳动，同时服从纪律和集体的共同意志。通过对儿童进行教育和引导，家长自己作为教育者也在不断地进行学习。

教师还应当提醒家长，防止出现另外一种本能的、不够冷静的爱。产生这种爱的源头，是因为一些家长十分自私、不讲文明，他们看待自己的孩子，就好像对待专属物品一样，"这张桌子是我的，我想把它放在哪里就放哪里。""这个孩子是我的，我想怎么批评就怎么批评，我想要求什么就要求什么！"我认识一个父亲，他这种暴君式的爱，简直发展到无可救药的地步。他给女儿买了一双时髦的新鞋，还有一件非常漂亮的连衣裙，他吩咐自己15岁的女儿，一定要把皮鞋放在写作业的桌旁，还要把连衣裙挂在旁边，并且告诉她："如果在这个学期末，你各门功课都高于4分，你就能穿这双鞋和连衣裙。只要有一门功课得了3分，你就没资格碰这些东西！"

年轻的教师们，社会当中有一些人，就像暴君一样活着，他们对于管辖别人、控制别人十分陶醉，并且能从中获得极大的乐趣。所以我们要知道，同这种教育现象做斗争是十分复杂又困难的，但是我们必须跟它斗争到底。

另外，我们也不能让家庭里出现责备、抱怨、吹毛求疵、歇斯底里、刻薄刁难的情况，因为在这样的家庭环境中，孩子的性格会变得异常古怪。而且我认为，这种环境对少年儿童的心灵存在致命的打击。教师在讲课或与家长们谈话中，一定要指出，挑剔和吹毛求疵会把一个善良的孩子变成肆意任性的人。这种任性和肆意，一定会抹杀正常家庭中小孩子应该拥有的善良本性，而且会抹杀由谨慎和谦让而引起的内心感动。孩子们心灵中出现的感动，往往来自父母的爱抚。一个孩子在童年时期从未受到父母的爱抚，那么他在青少年时期会变成一个粗暴冷酷、无情无义的人。

你们可能会见到这样的情况，有的家长焦虑不安，不停抱怨："孩子小的时候十分善良，又温顺又听话，长大后却变得非常任性和粗鲁。"为什么会发生这样的事？

教师该如何对家长进行解释，给家长提一些什么样的建议呢？我已经获得无数次的证明，并且十分确信，出现这种现象的原因，在于家长不善于使用他们手中的权力。如果出现这样的状况，教师就要跟孩子父母双方同时进行谈话，因为家长的权力是父亲和母亲的结合体，是父母两个人智慧的统一，也是他们共同的意志、愿望、情感的统一。父母是两个成年人，他们都深爱自己的孩子，如果不把他们的智慧结合起来，在教育过程中产生作用，那么家长的权力往往会变成专制和蛮横。一个孩子如果发现，父亲说"可以"，母亲说"不可以"，父母对应当或不应当这样的概念，存在不同的看法和意见，那么即便是最合理的事情，在孩子眼中也会是一种强制和暴力，甚至是对他自由意志的践踏。等到那个时候，父母就会惊讶地发现：如果不用打，不用皮鞭和棍棒，根本无法教会孩子如何生活。

这是因为，他们的孩子已经把最合理最简单的要求，看成是一种压迫，是对他自由意志的限制，是父母专制的一种恶势力。

另外，教师还要提醒家长，不要对孩子表现出另外一种不够理智的爱，那就是只提供给他物质和金钱。一些父母十分确信，只要满足孩子的一切物质需求，就是履行了做父母的责任和义务。孩子有衣服穿，有鞋穿，吃得饱，身体壮，不缺教科书，不缺文具，那他还缺什么呢？这类家长往往认为，父母对孩子的爱是可以用金钱和物质进行衡量的。造成这种情况的，往往是一些在道德和情感上都铁石心肠的父亲，从本质来说，这些父亲并不懂得什么是父爱，而在母亲当中，只要她们日常生活与孩子的精神纽带紧密连接，就几乎不会出现这样的人。一个父亲在道德和情感上铁石心肠，对儿女冷酷无情，并非父亲教育水平低下的结果。这样的父亲，往往把教育儿童看作是完全独立的某种现象，与他的社会义务毫无关系，将来子女在社会上怎样生活，并不是他的责任义务。

为了防止这种不理智的爱，教师要向家长表明，尤其是要向父亲提出教育子女的建议：教育子女体现了家长承担的社会义务，他们理所当然要对子女的未来负责任。

如果在一个家庭中，父亲认为他的教育义务仅限于满足孩子的各种物质需求，而当母亲不能成为孩子精神生活的核心力量时，对于孩子而言，他会经常处于精神空虚、情感匮乏的状态。孩子生活在人群中，却无法理解人群，是一种十分可怕的现象，因为在孩子的内心深处，他并不了解人和人之间的细腻情感，无法理解人们对他表达的情感，其中包括感情上的体贴、身体上的爱抚，以及关心、同情、仁慈的情感等。这样一来，孩子就会在情感上变得十分冷漠，最终成为无知无感的人。

如果学校里大多是这样的孩子，那么教育工作的负担可想而知，就会变得十分繁重。而这类孩子就需要进入某些教育机构，接受特殊的训练，专门针对他们的情感进行教育，而这些都是实践教育方面涉及的问题。然而十分遗憾的是，在目前的教育理论当中，还没有完善地提出这方面的内容，也没有专家特意研究如何培养孩子的情感，尤其是怎样培养教育这类儿童。当他们在道德和情感方面陷入空虚，因为家庭环境的影响缺乏个性时，该如何教育他们，这是尚未解决的难题。

如何让家庭教育与学校教育同步

教育的成效取决于两个方面：家庭影响和学校影响。而且这二者之间要有一致性。那么，一致性如何体现，又如何去达到这样的一致性呢？

我们学校历时 20 多年之久，研究出了一套让所有老师和学生家长都可以使用的方法，这套方法客观实用。接下来，让我给大家介绍一下这套客观方法的根本特点。

在我们看来，父母、亲戚是最早教育孩子的人；尤其是学龄之前的几年时间里，即在孩子们开始受到老师影响前的很长一段时间，便教给他们一些有关人的本质特点。孩子自 2 岁至 7 岁，从周边世界和他常常接近的人那儿得到了很多的知识，这些知识犹如地基一般都长进了他的心里，可以促进他的心理发展。在孩子个性当中的精神资产，就是那些被教育工作者称作钻研精神、好奇心、思维敏感度与渴望学习的这类东西，很大程度上都是由孩子 2 岁至 7 岁这段时间所处的环境来决定的，我们一直致力于使家长们明白这些道理。

15 年前，我们学校就开始创建"家长学校"。它的使命是为了持续地提升父母们的教育素养。我们深信，教育学的内容，犹如法制内容一般，是全体社会成员一定要了解的。我们办的家长学校是分为几个小组的。在第一个组（在我们看来，这个小组是最为关键的）中进行学习的是 2 ~ 5 岁孩子的父母，学习时间为期 2 年，由有教学经验的老师进行授课。这个小组讲授关于这个年龄段的孩子身心规律的一些问题。我们也会给父母们提供一些具有可持续性的建设性意见，告诉他们如何在家给孩子们创建一个舒适健康的环境氛围。

关于学龄前的孩子，我给他们的家长编辑了一些关于意见的资料，里面阐明了如何按月按年给孩子呈现这个多姿多彩的世界，这里面包括大自然、艺术、劳动、人与人之间的关系等，这些内容会慢慢激起孩子的认知意愿。在持续两年的时间里，我向学龄前孩子的家长们传授如何使孩子通过了解每种现象来养成敏捷的观察力、注意力与求知欲望。与此同时，尤其还要注意在它们的互相关联中如何去促进语言与思维的发展。有几节课是讲"如何让孩子学会看世界"。在这一课题中，我提出，在让孩子知晓大自然时，如何让孩子学会观察那些暗藏起来的东西，如何给孩子们指明事物之间的因果关系。我们一直在强调，孩子智力发展的关键性标志，就是他们能否对周边世界、对不明白的东西提出一些疑问。对于不明白的东西，孩子提出的疑问越多，他的认知意愿的发展便越加有力。

我给家长朋友们编写了一本书，叫《人的世界》，当中有关儿童读物、童话的篇幅占据了非常大的比例。我向家长们阐明，应该给学龄前孩子讲些什么样的童话故事，家庭应该放什么样的儿童读物，如何给孩子阅读，如何去解释。总而言之，为教育孩子，图书绝对应该在家庭精神活动中占据最关键的位置。对家长学校的学龄前小组而言，这一问题是有特别的关键作用的：父母亲应该多看书、多思考，以便满足与促进孩子的求知欲望。在家长学校举办活动的时候，我们引领父母们去参观放有科普书籍与教育书籍的陈列台。看，这里是一本有关自然界现象的书籍，它不但值得阅读，还应该买一本放在家里。那里，是些有关动物、花卉、观赏类植物、果树的书籍，还有有关大气云层中诡异现象的书籍，有关地表深层的书籍，有关远方国家的书籍等。这里还有本有关祖国的书籍……这些都应该是六七岁孩子要知晓的。

在家长学校学龄前小组举办的活动当中，有关养成孩子未来可以顺利学习所需的技巧与本领这个问题是非常关键的。我们学校已然形成了一个传统：满 7 岁的孩子在上小学一年级的时候，已经具备一些写和读的能力，甚至可以画画了。在读、写、画的教学过程中，家庭有着非常大的作用。6～7 岁（有一些是 5 岁）的学龄前孩子，每天都要在我们预备班中学习两个小时。我们将这样的预备班称为"蓝蓝天空下的学校"。其主要工作就是教孩子学会思考。在预备班中，还会帮助学生们学会写与读。假如缺少家庭教育，我们让孩子学会阅读是非常困难的。所以，在大多数家庭当中，都弥漫着一种重视书的氛围，学龄前孩子大多都拥有自己的小书橱，在家长的指引下，很多孩子都形成了每天阅读的好习惯。

进入学校的前几年是奠定道德基础的阶段。在家长学校的学龄前小组，我年年都要讲一讲以下这些课题：《如何养成儿童爱憎分明的态度》《如何养成关爱他人的品格》《如何打好尊敬长辈的基础》。在讲课的过程中，我举现实中的例子来阐明，应当如何束缚儿童不合理的欲望，与此同时还要促进有益的、没有恶意的愿望产生。因为我非常了解各个家庭的特征，所以我可以提些具体的意见：每个孩子应该对长辈（父母、祖父母）尽哪些义务。我们和家长共同商量，确定应该使儿童做什么，以及给儿童提供些什么。

我们一年两次将7岁的孩子——将来会是我们的学生——召到学校里，给他们做身体筛查，提供给家长一些关于体育训练、饮食等方面的意见。如此，我们一年会有两个"健康日"，在这两天中给儿童们提供健康筛查，尤为重视他们的呼吸系统、心血管系统和视力情况。家长学校的学前小组要完成的最为重要的一个任务，是要让孩子进入学校的时候身体健康，学习开始后不会生病。在给6岁孩子检查身体的时候，要确定夏天应该将哪些孩子送去专为身体弱的人所创建的休养所去休养。

我详细地记录下家长学校学龄前小组的工作情形，是因为这个原因：孩子们在接受学校教育之前的准备工作，在非常大的程度上，决定了他们日后在少年阶段与青年初期的智力、审美与道德方面的发展方向。我们尽学校的所有努力去丰富与充实孩子在学龄初期的精神活动。假如我们发现少数孩子出于某些原因而在家中缺少可以养成人性与理智的良好环境氛围，我们便来营造这样的环境氛围：想尽一切方法使孩子进入幼儿园，假如无法进入幼儿园，我们便让孩子天天去预备班。在招收6～7岁孩子的预备班中，年年都会有两三个3～5岁的小孩子。教育这些孩子，不需什么教学提纲，我们只有长辈的关爱与影响。

除学龄前小组之外，家长学校还设有三个小组：学龄早期小组（等同于小学组）、少年阶段小组（等同于初中组）、青年阶段小组（等同于高中组）。每月每个小组开展两次活动。让95%～98%的家长都能加入家长学校的学习中，这点我们做到了。大概有25%的家庭，孩子的父母都来学习。导致这种结果出现：孩子家长在学龄前小组学习2～3年，在学龄早期小组学习4年，在少年阶段小组学习3年，在青年阶段小组又学3年。假如缺少这套针对家长的启蒙教育知识与提升其教育修养的体系，那我们学校想要顺顺利利开展教育工作，是完全不行的。

家长学校的教育教学纲领中，不仅包含共性的教育学方面的问题，还包含学龄前期、学龄早期、少年阶段与青年阶段在教育方面的个性问题。我们最为关键的一个核心问题是教育目标的问题。"我们想要培养怎样的人？"——在家长学校的每个小组中，都是从这个课题开始讲的。我们力争让家长们（也和我们老师一样）有个明确的想法，也就是：目前刚进入学校或在学九九乘法表的学生，再过几年的时间，他们便要迈入社会，开始工作和生活了，那这种人应当有着何种精神面貌呢？

在我们看来，极为关键的一点是不但要让"设计人"这项工作变成老师的事业，还要变成家长的事业。我们在剖析教育过程的时候，举了一些现实例子来阐明：学生自家长那儿获得了什么，自老师那儿获得了什么，又从所处的环境中获得了什么。家长们能意识到：女儿或者儿子是先向父母学习的，好的品格与坏的品格，孩子们都可以从父母身上学到。

在家长学校的每个小组中，我都要特意安排一堂课用来讲这个问题：孩子是如何耳濡目染向长辈学习的。我在谈及长辈或者家长的某个特征时说，这个特征像在悄无声息的新条件之下"膨大"起来，成为孩子个性中的一部分。恰恰是这么细腻的剖析（什么样的品格是自什么地方来的，是如何传播的，儿童的道德特点是如何发展的），变成了我们对孩子家长开展日常工作（全员听课、分别沟通）的具体内容。这对形成家庭影响与学校影响的一致性是非常关键的。即要让家长从孩子身上看见自己的样子，可以辩证地看待孩子的发展。

我们力争使孩子自小便量力而为给家中的长辈创造精神与物质双方面的福利，而且在创造的过程当中可以寻找到快乐。几年前，我们和家长们商量了，并且决定：每个家庭在规定好的一天，都让孩子种棵树，送给自己的父亲、母亲、祖父和祖母，之后让孩子去照顾这些树。在果树开花结果时，孩子将首次结的果实孝敬家里年长的成员。这已经是一种不变的传统。它不仅可以树立对劳动的崇敬之情，而且对孩子的美育、体育和德育都具有非常重要的影响。

在家长学校的每一个小组中，我们都向孩子的父母说明，如何给子女灌输这种理念：劳动不但是一种崇高的义务，还是一种快乐。我们告诉家长们：假如你们想要使子女变成关爱体谅他人的人，使他们将父母当作世上最爱的人，那么就一定要让他将一切生活都以劳动为基础，并且最为重要的是，要用崇高的想法与目的去鼓舞这样的劳动。

在家长学校的每一个小组中,我们都要特意讲一讲家庭影响与学校影响在教育方面的一致性问题。这样的教育影响的目标是养成关爱人、照顾人、诚信待人、对所有生命都怀有善良之心等之类的美好品格。假如孩子无法在家中进行现实活动去深化与促进这些道德品行,只靠我们学校是难以获得任何明显效果的。我们和每位父母都商量好了,要求他们的子女在家中做什么事情(照顾动物、栽树、种花)。

家长与学校教育影响的一致性,对养成孩子的自尊与自主意识有着非常大的意义。

现在再来说说藏书与读书之间的问题。依据多年的教学经验,我们所有老师拟定了一个家庭必备的最低限制的藏书目录,方便家长、学龄前孩子、学龄早期、学龄中期、学龄后期孩子读。我们所有老师坚信,这不但是开展智育,还是开展美育、德育与情感教育的最为关键的措施。缺少书的家庭,好一点说,根本不会有助于学校教育;坏的方面说,这种家庭氛围会让孩子变笨、变迟钝,会束缚孩子的智力发育,而学校却必须尽更大的努力花费更多的心思去弥补家庭智力爱好这方面的缺陷。

我们坚定地认为,家里要储备一些藏书,而且要不断地丰富它,这不但为了使孩子有书读,还为了家长也能读书。因为家长的智力爱好和学生自己读是一样重要的。非常关键的一点就是,要让家长知晓些有关人的基本学问:人的身体变化、智力发育、心理变化的规律。每个家庭都应该有这方面的书(遗憾的是,这一类书籍出版得太少了)。我们还非常关注名著,使每个家庭都有塞万提斯、莎士比亚、屠格涅夫、雪夫琴柯、海涅、雨果、普希金、罗兰、歌德、拜伦、果戈理、但丁的作品。我们期望家长能在反复阅读这些作品后,再交给自己的子女。

我在 20 年的时间里,每年坚持做卡片,一共做出了 1200 张卡片,卡片中记载了孩子在少年阶段与青年初期(一直到中学毕业)的精神发展状况。我在剖析了这些资料之后,得到了一个结论:但凡道德素养高的、有自觉性的工作者,在他们的家庭环境中,对书都非常尊重。

关于美育教育,我们认为学校与家庭应该具有一致性,我们想方设法让每个家庭都有最基本的审美修养。在家长学校的学龄前小组中,我们通过相关的讲座,让审美修养的每个要素在家中先慢慢"被习惯",之后再开始发展。我们给家长们提出了具体意见，如：应该使学龄前期、学龄早期、学龄中后期的孩子听什么样的音乐，如何促进孩子的音乐兴趣。

在家长学校中，我们还经常单独地和父亲们或母亲们举办一些活动，这些活动一般经常用来探讨和青春期相关的一些性教育问题。比如，在单独和父亲们举办的活动中，我们会告诉父亲应该如何将自己的生活智慧传授给儿子，应该如何在生活中坚持始终如一的精神，如何保持坚强的毅力，做孩子的好榜样。

乡村学校的重要使命

乡村学校与大城市的学校教育方式有着很多不同，其实乡村的学校承担着极为重要的教育使命。乡村的学校已经在当地成为最重要甚至是唯一的文化聚集地，它对当地人的才智教育、精神文化等产生着举足轻重的影响。

但是目前情况而言，农业物质生产活动迅猛发展，已经大大超过了乡村的精神文化生活。如果我们比较城市和乡村所拥有的图书量，以及再考虑到受过高等教育的人有多少人之后会留在乡村进行农业生产，又有多少人留在城市里生活，那么结果显然是城市独占优势的。

从乡村中学毕业的青少年学生，一半以上会永远离开乡村，不再回这里。而农村受过高等教育的人才，则有百分之八九十可能会成为城市的居民。仔细考量一下，这种现象包含着令人焦虑的危机：如果农村的青年持续不断地离开农村，那么农业生产总有一天会面临阻塞。对于整个社会发展利益的需求来说，应当让一些在智力上获得发展的、教育程度较高的青年参加农村的生产文化建设，否则就无法谈及农业科技进步，也不可能充实农村智力和精神生活。

这样艰巨的任务究竟应该由谁来完成呢？首先我们想到的就是乡村学校。乡村学校跟城市学校相比，具有独特性，它的教学工作在很多人看来，应该是劳动教育。在乡村学校中，教师应该教孩子们如何在土地上劳动，让他们从小学会劳动，乡村学校的教学任务就基本完成了。然而事实证明，一所乡村学校缺少智力生活，而当地的精神生活无法满足青少年的需求时，农村的孩子长大之后，就会想尽一切方法离开乡村。

乡村学校如果无法提升自身的智力活动水平，而乡村的家庭不能提升精神文化水平，那么在乡村学校进行教育改革，完善教学工作，改善学生的智力活动，这些都是天方夜谭。

我认为，乡村学校应该营造一种学习的氛围，可以让学生在校园里踏实学习。同时，让学生们重视阅读，让书籍进入乡村家庭和乡村学校，并占据统治地位。总体来说，乡村的生活世界不应该只有劳动，也要充满阅读书籍的气氛，人们要进行思考，要尊重知识和科学，所有人都应该努力朝着这个方向发展进步。然而现实令人遗憾，我们在乡村里可以看到这样的现象：很多家庭有电视机，有摩托车，却连一本书也没有（或者只有几本书）。这些现象说明，在乡村生活中没有人重视书籍，阅读书籍并没成为乡村精神生活的重要支柱，乡村学校也没有起到带头作用，不能像火把一样放出明亮的光芒，知识和精神生活的力量，没有在乡村学校的学生心灵里树立起来。

乡村迫切需要那些精神丰富、智力全面发展、可以驾驭知识和思想的青年教师。令人担忧和痛心的是，我们还有许多的乡村学校，学生在那里学习，却从未踏出过教科书的框框。

关于教师的教育素养

教育的关键因素是由哪些方面组成的？首先教师应该对自己所任教的学科有清醒和深刻的认识。有一点十分重要，如果教师所教的是科学类的基础学科，他就应该清楚地掌握这门科学最复杂的问题，能够分辨出哪些思想是处于科学前沿的问题。譬如如果教师教的是物理课，那么他就应该对基本粒子掌握了解，懂得一些"场"的理论，能够设想出未来能源发展的前景。而教生物的教师应该懂得一些遗传学，相关的历史以及现状，熟悉各种生命起源的理论，了解细胞内部发生的各种生化过程。所谓的教育素质，就是从这里开始并且逐步建立起来的。可能有人会质疑：为什么教师要懂得一些课堂上并不讲的内容，跟中学教材没有直接联系的东西呢？这是因为，学校教学大纲的知识内容，对于教师来说，应当只是他知识领域中最基础的常识。只有当教师的知识领域和视野比教学大纲更为宽广，达到教学大纲无法企及的程度时，教师才能成为真正的教学能手、教育艺术家和教育诗人。

我认识一些这样的教师，他们都是教学能手，从备课的环节就可以看出他们的教育功底，他们备课的时候参考教学大纲，而不是使用具体的教材。他们上课之前，先把教学大纲梳理一遍，经过仔细思考之后，再把教科书的相关章节拿出来，通读一遍。这样做的目的，是换位思考，将自己代入学生的立场，用学生的思维和眼光来备课。这些都是真正的教学高手，他们自身掌握了丰富的知识内容，比教科书教的东西多出很多倍。这种情况下，他们在备课的时候，不必将课堂上讲的新内容全写出来。在他们的备课计划里，对课程内容也没有详细的描述和讲解，而只是写一些为了启发学生进行脑力劳动所必须进行的课堂教学环节，以及教学过程中的某些细节。

教育工作中有一些教育高手，他们对课堂上所讲的基础知识了解得极为透彻，以至于在他们上课的时候，在给学生讲解教材的时候，他们的注意力并不集中在教材内容上，而是集中在学生的脑力活动、学生的思维以及他们在学习过程中遇到的困难上。教师们留意观察一下，有一些只知道教给学生教材内容的教师，他们会十分认真地按照教科书把要讲的内容全都准备好，甚至把讲述内容的顺序全部记住。而这样会造成一种状况：在讲述教材新内容时，应当用一些直观的例子或者说明性材料（比如在历史、地理、生物课上，可能会使用到文学作品中的艺术形象），而这样的老师，当他们使用材料时，好像人为刻意地附加在教材内容上，所有的材料都不接触学生的思维，好像是从学生思想表面掠过去了。上课的时候，有些教师甚至忘记他们准备了课外材料，他们挑选的课外材料都使用不上。为什么会有这样的现象呢？因为教师在上课时，他们的全部注意力放在教科书上，并没有关注课堂的教学过程，对教育学生的过程和细节完全把握不了。这样的教师上课时用尽全部力气，只是想着教材上的内容，回想什么地方应该讲述，他们全神贯注关心教材，学生们想听懂到底讲了什么，是非常费力而又困难的。因为整个课堂上，没有哪些内容能引起他们思考，可以让他们不经意地记住，而教师在讲述教材时，使用的语言毫无情感。如果一个教师上课时使足了力气，只想集中精力搞定教材内容，如果他的讲述中没有真情实感，那么学生就会失去兴趣，而对于不感兴趣的知识，是不可能出现理解性记忆的。

教育功底中有一个十分微妙却又重要的特征：一位教师越是能灵活自如地掌握教材，他的讲解就越充满感情，学生在下课后就不需要花多少时间死抠课本。教学能手一定是充满丰富的情感的，而对教材知识理解很浅薄的教师，往往在课堂上营造一种虚张声势的假象，夸夸其谈，不求甚解，试图用这种办法来加深学生的印象。这种做法产生的后果严重，十分可悲，因为教师讲课一旦喜欢虚张声势，就会空话连篇，那些华而不实的漂亮词语，对学生没有教育意义，只会腐蚀心灵，让学生愈发感到精神空虚。

教学素质有一个重要的标志性特征，就是教师在讲课时，可以直抵学生的理智和情感。一位教师如果真的拥有知识财富，他在讲述教材时就好像是跟学生进行交谈，发表自己的看法一样。他并不是拿着教材向学生宣讲真理，而是好像与少男少女们闲聊谈心。他提出一个问题，请大家对这个问题进行思考。在这种课堂上，大家都会感受到教师和学生之间已经建立了一种亲密的沟通关系。如果恰好有校领导去听课，也会被教师的思想牵引，甚至已经忘记是来检查教师教学工作的，会感到自己变成了学生，跟这些15岁的少男少女在一起，共同探索并发现真理，并对此感到欢欣雀跃，而且在教师提问的时候，也会情不自禁在心里回答问题。我知道曾经有一件有趣的事情，发生在一所学校里：校长去一位老教师的课堂上听几何课，他的思维完全投入到教师的讲解中，当教师向学生们提问："谁能回答这个问题？"这位校长毫无意识地举手说："我能回答！"这样的教学技巧才是真正的教学能力，也是我们常说，可以直抵学生理智和情感的教育境界，达到这种境界的前提是，教师必须具备深厚丰富的专业知识，他的知识要博大精深，以至于他上课时，注意力并不在教材内容上，而是在学生们的脑力活动上。

而在另外一类课堂上，教师与学生之间没有沟通和互动，教师专心地扎在他的备课计划里，而学生们有时看一看天花板，有时看着天空中飘着的云彩。那么作为听课的人，你此时会有什么感受呢？你会在学生面前感觉十分不自然，甚至还会为教师觉得尴尬，替自己和整个教育制度觉得羞愧。你十分后悔来听课，等下课之后，你也十分犹豫，不想跟教师进行交谈，你心里想，或许应该推迟谈话，改到明天吧？或者多听他一节课之后再考虑？

由此可见，如果一名教师在他教的学科方面没有掌握丰富的知识，他就谈不上有教育素质。那么怎样才能让一位教师不仅懂得教学常识，还要知识渊博，深刻了解本门学科呢？

办法只有一个：读书，读书，再读书！教师的教育素质全部取决于读书，要把读书当作精神生活的第一需求，就好像饥饿者需要食物一样。对于教师而言，不但要对读书感兴趣，还要尽可能扩大阅读面，博览群书，而且面对书本时还要能安静下来，对书籍内容深入进去，融会贯通。

读书应该成为每一位教师的精神需要，怎样才能做到这一点呢？很难具体指出特别有效的方法。因为对于读书的需求，其实是全体教师日常精神生活的需求，是由此培养出来的。

然而，教师的精神需求如果是读书的话，就肯定有一些具体操作的、可以灵活掌握的前提条件，便于教师进行自我检查。首先，要让教师有可以自由支配的时间。如果一名教师没有空闲时间，每天十分忙碌，被各种计划、会议、总结占用时间，那么他很快就会在面对学生的时候，没有什么东西可教。我们学校的教师始终遵循一条原则：除了教学工作计划，以及备课计划以外，不写任何总结、报告和计划。备课计划必不可少，能反映出教师个人的创造性教学情况。但是备课计划是对学生将要学习的理论教材进行教学加工，因此不必有固定格式（可以提出一定要求）。一位教师的教学工作具有创造性，那么他所做的备课计划，就是针对课堂上要发生的或者可能发生的状况做出一种提前预判。

每位教师都有创造性的实践积累，这种积累一年比一年更丰富，这也是教学素质的一个非常重要的体现。这里指的是教师工作的技术性，比如数学教师，他们逐年积累教学材料，有一些难度各异的应用题，还有师生制作的各种教具，在课堂上起到直观性作用。对于每一节课而言，教师们积累了大量教学素材，而且逐年增加，这样一来，他或许就没必要再写备课计划。又比如地理教师，每年不断扩充各种地理专题的直观教具；语文教师每年都编写用于词语教学的卡片，修订学生最低限度应该牢记的词汇表。

对教学素质提出的一个重要要求，就是教师要掌握各种观察和研究学生的方法，教学素质往往体现在，教师能否深入了解学生的脑力劳动和体力劳动，当学生外出参观时，集体做游戏时，参加课外活动时，教师能否细心地观察学生，并把观察结果转化为对学生单独的影响。对学生的认识和了解，是在教师观察的基础上形成的。我再强调一遍，教师对于学生的身心健康状况应该了如指掌，并熟悉学生的智力发展水平，以及身体发展的特点，有哪些因素影响学生的智力发展，无论是心理上的，还是生理上的，教师都要清清楚楚。甚至是涉及生理学、解剖学、心理学和教育学等相关书籍，教师也应该必备，有助于他的思考和创造性工作。一名教师来到学校以后，不断在其他教师的经验积累中提升自己，并且要研究心理学，经常去翻阅一些心理学著作，以便对学生行为进行深入思考，判断学生的脑力活动中存在着哪些现象。

一名教师如果缺乏扎实的心理学基础，就根本不可能拥有教育素质。很多教师认为，心理学极为枯燥，是一门理论性过强的学科，无法在学校里获得实践和应用。

然而，我们十分重视心理学，并且让它成为教师日常实践工作中的必要参考。在教务会议上，我们会定期介绍有关心理学的著作，以及心理学家各种研究成果。在教师休息室里，我们将心理学书籍摆放到新书陈列架上，让教师们一有空闲就去阅读，对心理学进行思考和研究。当然，我们大力推广这些心理学书籍，绝对不能让心理学只成为一种期待和愿景，在我们学校，包括校长和教务主任在内的每位教师都经常给学生写专门的"教育鉴定"，针对学生的精神世界，了解学生内心的复杂性，关注他们的喜怒哀乐。写这种"教育鉴定"依据的理论基础，就是心理学提供的分析观察和研究方法。

教育素质还体现在另外一个方面，就是教学过程中不能让人感到焦急和疲惫，而这涉及教师的语言素养。我在20年前曾经听过一位教师讲课，对于学生们感知和理解教材里的新知识内容，我进行了详细观察，然后发现一个现象，学生们在听课之后感到十分疲惫，下课时完全精疲力竭，没有精神。我觉得非常惊讶，于是开始仔细倾听这位生物教师的讲解语言，结果发现，他的语言表达很混乱，缺少逻辑关系，他对教材内容的讲解模棱两可，而那些第一次接触到这些陌生概念的学生，必须用尽全部力气才能听懂一点点内容。学生们下课后感到疲惫，原因正是如此。

那么我作为一名校长，为什么在听课时没有立即察觉到这一点呢？原因就是，我听的课是自己十分熟悉的教材，我在心里已经有了足够的预期。事实上，我的听课过程是用自我认知弥补教师讲课过程中的"缺失"。于是我又连听了几次课，教师上课讲解的内容，我都逐字逐句地记录下来，然后在教务会议上展示这些记录，我问教师们："请大家都仔细反思一下，如果一个学生事先对这类知识一无所知，他能听懂这些内容吗？请各位认真想一下，如果你们以前没听过叶绿素，对二氧化碳和光合作用毫无了解，那么各位，从我展示的听课记录中，你们能听懂什么知识点呢？"

问题很难回答，但是答案只有一个，那就是什么也听不懂。如果在上新课之前，学生们的脑海中还保留了一点东西，学习优秀的学生还能得到一个好分数，这只能说明学生课后努力复习、勤奋用功，才获得了这样的知识。但他们学会这些基础知识，究竟要付出多大的心血和代价呢？答案是，这些要以牺牲学生的健康为代价！因为事实上，他们并不是在教师的课堂上学会这些知识的，而是利用课外时间，自己反复细抠教科书，然后才获取知识的。

我们的全体教师都敢于直面真相，虽然真相是残酷的，后来我和教务主任又去听了几节课，进行详细记录，把历史、物理、化学课上的讲解逐字逐句记录了一遍，情况并没有像生物课那么糟糕，但是几乎在所有课堂上，授课语言都不符合教师语言修养所提出的基本要求。让全体教师感到忧虑的一点是：对于概念和定义解释得不够明白，教师力图用语言创造一些模糊不清的，甚至有些混乱的、无法清晰的形象。这样在讲解过程中，想让学生从简单到复杂，由远及近，从具体到抽象过渡，几乎是无法完成的。我们不得不深感痛心地承认，的确，教师们还不会用语言创造鲜明活泼的形象，而这些鲜明活泼的形象，是孩子们思维的源头和出发点。

从那以后，我们对于语言修养的重视，提升到跟其他重要问题一样，我们全体教师都开始关注语言问题。迄今为止，我们对于这类问题，研究时间已经超过 25 年，在课堂上，全体教师都对自己的语言表达提出要求：在仔细分析各科教学大纲和教材的前提下，深入了解那些抽象复杂的定义和概念之后，认真研究和考虑用什么样的语言，能够鲜明、生动、准确地讲解课程内容，可以让学生在脑海中建立起一些事物和现象的具体形象。比如讲到天空，讲到田野和草原、灌木和沙漠，以及火山、土壤、粮食等这些东西时，表面上看起来十分简单，但是当我们试图把每件东西都创造出鲜明的语言形象，让学生能够理解时，就会发现这件事十分困难。

一位教师想方设法解释天空这个概念，他伸出手指："那里就是天空。"但是真的可以一直使用这样的方法，让学生用可见的形象进行抽象思维吗？我们的语言显然存在一些缺陷，因为教师们不擅长使用语言创造生动的形象，所以当学生从形象思维过渡到抽象思维时，就会产生一些障碍和困难。要知道，抽象思维的基础是定义和概念，而定义和概念形成的基础，又是鲜明具体的现象和表象，这些需要用语言详细地表达出来。

于是我们开始学习，如何用语言描述一些可以看到和观察到的东西，然后慢慢地转移到解释一些感官无法直接产生联系的事物和现象，这些又是跟概念和定义息息相关的。接下来，我们又转向深入地分析教材的文章，找出其中的逻辑顺序、因果关系、物质联系、时间联系。我们逐渐发现，教师备课以及对教材理论进行加工，首先教师应该做到逻辑思维和语言修养的有效结合。

对于语言表达问题，教师们都开始进行自我反思，注意课堂上的讲述方式，这样一来，教师们上课时就会进行自我监督，这体现出创造性劳动的鲜明特征。我们越来越深刻地意识到，教师的语言素养对学生产生巨大影响，决定了学生脑力活动的效率。我们十分确定，教师如果拥有高超的语言素养和能力，就可以在课堂上合理利用时间，并且能够节约时间。教师们十分有必要找到一种语言外壳，让教材上的事物、现象和概念变得鲜明生动，让学生能够深刻理解，这样我们就不必在无数次复习上浪费宝贵时间。

关于教育理念保持一致的问题

我作为班主任又作为校长，我认为我的使命是，要让教师们在教育和教学的一些重大问题上可以保持理念和观点一致。保持理念的一致性，可以让每位教师的个人创造力得到最大的施展舞台。任何一名教师都不可能十全十美，不可能是所有优点的体现者。任何一位教师，都有独特的长处和优势，在某个精神生活的领域里，凸显出与众不同的特点，比别人更加突出和完善，而这正是每位教师的独特贡献。教育学生是一个复杂的过程，每个教师都是教育整体的一部分，其中包含了智力、道德、审美、身体、心灵、情感源泉。

我们的教育理念和观点是在教学工作中形成的，包含以下几点：

第一，每一位教师不仅是授课者，更是一名教育工作者。教师与学生集体在精神上保持一致性，因此教学过程不单是讲授知识，更应该表现为多方面的结合关系，拥有共同的智力、审美、道德、社会、政治方面的兴趣。每一位教师都应该跟学生结合在一起，而课堂应该是点燃学生求知欲和道德理念的火把。

第二，每位教师都应当对学生个人施加单独的影响，用某件事情引起学生的兴趣爱好，鼓励学生进行自我表达，激发他们展现独一无二的个性。每位教师并非只对学生展示抽象的教育理念，他们自身也都是活生生的个体。在教育过程中，教师要帮助学生们认识周围世界，同时也帮助学生们认识自我，在这个过程中，起到关键作用的是，在教师身上，学生们能看到他是一个怎样的人，对于学生来说，教师应该成为一个榜样，向他们展示丰富的精神生活。这是教育的前提，在道德上，精神丰富的教师才有资格教育学生。如果有一位教师聪明智慧、学识渊博、诲人不倦，学生会对他充满赞叹，教师也会对学生产生极大的吸引力，这些力量会激发学生努力进步。

在每个学生身上都隐藏着潜能，他们是未来的数学家、物理学家、哲学家、历史学家、生物学家、工程师、劳动能手，在他们身上隐藏的天才潜能，需要教师用"活水"进行灌溉，由此散发出蓬勃生机，缺少教师的引导和"浇灌"，学生们的才智会变得干涸，慢慢枯萎。智慧的大脑，需要用智慧来培育；道德的心灵，需要靠道德来熏陶。

第三，我们确信，教学必须在集体和个人丰富的精神生活背景下进行，才能取得圆满的智力教育的成果。一个学生在少年时代智力教育的发展和跃迁，不仅应该从形象思维过渡到抽象思维（当然，过渡的概念只是相对的，因为儿童也有抽象思维），而且少年学生在智力生活中还可以获得自我确认。在正确的教育方法引导下，青少年学生会感觉到，要把自己的智力才华给予别人，并从别人那里吸收一些智力财富，这是一种精神上的需求。在课堂上获得一些科学的基础知识，在上课的过程中取得脑力活动的基本素养，这在智力教育中都具有极为重要的意义，而这些也是丰富智力生活的组成部分。

学校集体智力生活的源泉和指明灯，以及倡导者和推动者，都应该是教师。学生的智力生活是否存在，取决于教师拥有的知识、思想、兴趣以及博学程度。学生们刚入学时，教师对他们来说，是一个可以打开世界大门的领路人，而在少年时代，教师则是照亮思想世界的启明灯。

第四，我们确信，一个正常的人应该拥有丰富的智力活动，可以享受完满的智力活动，并且从中获得幸福。因此，在课堂上，无论教师所用的教学法多么出类拔萃、优秀完善，都无法让学生拥有完备的素质教育。在课堂上，学生接受的是基础知识，如果他觉得学习困难，教师就不要把他的智力活动局限在基础知识上，这一点十分重要。因为只有当学生认识了解的东西比他需要学习的东西多到不可计数的时候，他在学习新知识时，才有可能享受到其中的快乐。

教师们谨防学生成绩落后，谨防他们对知识不感兴趣，或对科学、书籍和学校充满冷漠态度，主要的方法并不在于没完没了地催促他们学习，试图拯救那些学业落后的"差生"，而是应该让每个学生进入集体生活，这是一个拥有丰富智力活动的世界。有的青少年在生活中饱尝无数伤痛、挫折，出现各种不正常的现象，其主要原因是他内心怀着这样沉重的想法：我做什么都不行，我在学习上一无是处，别人能做的事，我永远也做不到！如果一个人在自我意识和自我价值确立的时期，他心灵里存在的是这样一种残酷的真相，那么在他身上，很有可能会发生悲剧。他会对善良失去信心，会变得孤僻，有很重的疑心病，对人十分刻薄。而这时如果有人不断嘲讽他："你是个懒惰的家伙，你是一个放荡堕落的人！"那么他就会变得更加冷酷无情，甚至最后真正变成一个懒汉，或是放荡堕落的人。如果读书对学生来说是一种痛苦，而不是产生快乐的源泉，那么就会造成精神空虚，产生巨大的灾难。

第五，我们有理由确信，青少年时期进行的智力教育和教学任务，与儿童时期截然不同。在青少年学生面前，教师不仅要教他们关于自然界、社会的各种规律，还要让他们认识自我，了解自我本身。而这里所说的，不仅是建立和提升心理素质，也是在课堂上学生进行脑力活动的基本性质和主要方向。学生们要认识世界，与此同时也要认识自我，在学习自然界和社会规律时，逐渐树立一种观念：我朝前迈进了一步，我学会了一些新东西，而且我每天都变得更聪明了！

怎样听课和进行课程分析

课堂是教学工作和整个教育过程的主要场所，教师们每天在课堂上培养学生、教育学生，让学生获得全面发展，上课的质量不仅决定知识的巩固程度，以及所获得知识的深度，同时也决定了能否培养学生对科学知识的热爱，对人类精神财富的重视。课堂上要发展学生的认知能力和创造能力，培养学生的科学思维能力，增强学生对书籍的热爱。课堂是学生进行智力活动的主要阵地，在这个阵地里，具有丰富生活经验的教师们，跟刚刚踏入校园生活的学生之间进行精神交流，而教师个人树立的表率作用就显得十分重要。

课堂上教师不单单是用知识内容教育学生，同样的课程内容，在一个教师的讲解下，能够达到最好的教学效果，而在另外一个教师的讲解中却徒劳无功。这是因为知识的教育作用在很大程度上与教师个人的精神世界紧密联系。教师为学生树立个人榜样，最重要的是，他拥有个人信念的力量，他对科学精神充满激情和热爱，他拥有坚定的道德立场，用他的聪明才智和丰富的知识，为崇高的理想而服务。

有一位经验丰富的校长说过，他最关注和重视的核心，就是课堂教学。经验也证明，听课和分析课程是校长工作中一项极为重要的任务。因为有很多内容，包括教师和学生集体生活中呈现的丰富的智力活动，教师的上课技巧，学生的需求，以及多方面的兴趣爱好，都取决于听课和分析课程能否达到一个较高的科学水平。如果校领导对各门课程都进行过深思熟虑的分析，使得课堂教学工作能够获得不断提升和改进，那么就可以提高整个学校的教学水平。从课堂本身可以生发出许多不易察觉的线索，从这些线索可以观察到课外活动，联系到学生的自我教育，以及教师个人的创造性积累，联系到教师之间的经验交流，以及全体教师与家长之间的沟通工作。对于听课和分析课程，下面我向各位校长提出几点建议：

1. 应该听谁的课？什么时候去听？听多少课程？

校领导应该掌握足够的客观事实，进行过足够的观察和分析，才能在教学工作和教育过程的领域中获得高质量的成果。一位校长经常听课，经常分析课程，才能了解学校里究竟发生了什么。一所学校可能有 15 位教师，或者是 50 位教师，无论哪一种情况，校长都应该了解每位教师的教学工作内容。为了实现这个目标，校长们应该经常按时地去听课和分析课程。多年的教学经验让我确信，虽然学校领导人工作繁忙，有各种各样的活动，但听课和分析课程应该摆在工作的首要位置上。

从教育学的角度来说，校长分析教师们教学工作的最佳形式，就是定期定时地听所有教师的课程。既要听那些拥有二三十年教龄的老教师的课程，也要听刚刚进入学校工作的新教师的课程。有些学校的校长误以为，针对那些具有多年教学经验的老教师来说，可以少听几节课，然而教学工龄的长短并不一定决定教学经验是否丰富。只有通过不断的进修和自我提升，教师才能成为真正的教育工作者。我个人认为，一个教师的成长，取决于他在教育学方面的不断深化和质变。在教学工作方面的进修提升，首先表现为教师今天对于某一个教育现象和真理的看法已经跟昨天完全不同。一位教师不断努力提升自己，不断调整理论与实践之间的关系，这就好像用教育学理论的光辉照亮自己前行的道路，也是他个人成长和教学经验积累的主要基础。

校长听课和分析课程的工作，应该从开学初开始，一直到学期末的最后几天不间断地进行。既不要在开学初的时候匆忙进行听课，借口是避免浪费时间，也不要像有些学校那样，一学年结束之前两三个星期已经停止听课。因为有些人认为，学期就要结束了，一切课堂效果已经有了定论，校领导对于教学工作和教育过程如果再进行干涉，已经毫无意义了。而事实上，正是在学期结束的时候，在最后几节课堂上，听课和分析课程反倒能提供许多有价值的内容。不仅有助于对知识内容进行价值评估，同时也能够看出教师是否在不断改进自己的教学工作方法。

在校领导的工作任务当中，除了定期听课以外，有时也应该集中听取一系列课程。这是为了从中了解和分析教育现象的本质，以及其背后的因果关系，揭示出教学过程的主要关联——学生是如何牢固而深刻掌握知识的，或者学生对知识浅尝辄止的原因。总之，校长听课和分析课程的主要目的是分析、研究和拓展教师的教学经验，把个别教师的创造性经验变成学校集体的教学财富，从而丰富全校教师创造性教学活动。

2. 如果教师的课堂没有明确目标，教学任务是否能完成？

许多课程都存在一个明显的缺点，就是在课堂上并没有明确提出课程目标，也没有让课堂上进行的一切工作成为课堂目标的组成部分，服从这一目标。主要的问题并不在于教师是否在备课计划中写清楚了本节课的目标，这种形式有些教师可能是照做了，但是他并没有意识到，本课的真正目标是什么。教师们漫无目标地上课，其实是浪费时间，不仅让学生感到疲劳，还会让他们养成一种松垮的、满不在乎的习惯，最后形成懒惰的不良品质。

听课之后，我分析了教师的教学工作，以及学生的学习状况，关注的正是这些课堂上出现的问题。现在教师们对于教学工作中课堂目标是什么，已经有了一定的认识。多年的教学经验告诉我，有一些教学工作看起来非常简单，确定目标似乎没有任何困难，而正是这样的课程，真正确定教学目标反倒最不容易。

人体肌肉如果离开锻炼和劳动，就会变得萎缩无力。智慧如果离开不断的动脑，离开紧张的思考，离开独立的探索精神，就无法得到发展。持之以恒地训练下去，总有一天成绩最差的学生也能学会独立解答应用题。

我想对校长和教导主任提出一些建议：你们去听一些数学课（包括小学、初中、高中各个年级），对这些课程进行分析，专门观察和研究学生思维和脑力活动是否具有独立性。特别需要留意的是，在听课和分析课程时，认真考察每个学生是如何进行学习的，教师在课堂上是否提出相关的教学目的，让每个学生都能独立进行脑力思考，而且毫无遗漏。

3. 怎样检查学生对知识的掌握？

很多课堂存在的严重缺陷就是：在上课的第一个阶段存在浪费时间的问题。这段时间教师检查家庭作业，最容易忽略课堂的主要目的，教师用了 15～20 分钟提问三四名同学,然后给他们进行评分,但是,在这段时间内,全班其他学生却无所事事。每一天重复这样的进程,就会让学生逐渐松懈,变得十分懒惰,课堂上前 1/3 的时间里,他们放任自流,无事可做,然后这种懒惰的氛围就会影响课堂的后面几个阶段。教师在课堂上检查作业,进行评分,变成了课堂的主要目的,而教师对学生进行提问,也变成了只给他打一个分数。校长在听课的时候,请一定要留意观察,思考这样的现象:当教师让学生起来回答问题时,班级其他学生是什么反应?他们在做些什么?

在有些课堂上,教师检查全班作业的时候,极有可能把学生引向重复学习黑板上所写的内容,这样的过程极为单调机械。比如说,在语文课上,学生被教师喊到黑板跟前,让他把自己造的句子抄在黑板上,然后教师就让全班学生照着黑板,把这个现成句子抄写下来。这种做法不能激发学生独立思考。因为在课堂上,只有让学生的脑力活动具有个体化的特征,才能确保脑力活动都是积极而主动的。而有经验的语文教师在检查作业时,会要求每个学生独立进行造句练习。

这样,在听课和分析课程的时候,就要留心分辨教学工作是怎样推进的,教师在检查作业和评分时,所有学生的知识是否都能得到深化和拓展。在课堂上让学生积极进行脑力活动,途径是多种多样的,善于思考和总结的教师总能发挥出创造性的才能。

在课堂上检查家庭作业的做法,往往会浪费时间,这是因为教师所提的问题,基本上是重复课本中的某些题目,这样做的话,无形中会让学生去死记硬背,背诵那些课本上已经读熟的内容。这种做法显然是错误的,但是曾经在一些学校中非常流行。尤其在语文、历史和社会常识的课堂上,教师用 20 ~ 25 分钟的时间,让学生大段复述课本内容,经常一课接一课进行背诵,结果造成学生智力下降,头脑变得迟钝。对于这类教师,我们提出的建议是——课堂上应该有效提出问题,激发学生的脑力活动,而不是让学生死记硬背。重点要做的是,激发学生独立思考的能力,培养他们对学科的兴趣,教师提出的各种问题,都要让学生深入思考,对教科书做到理解性地阅读。在小学的各年级段里,课上检查作业和学生知识掌握情况,形式往往比较特殊。在这样的课堂上,我们没有必要专门花时间去检查学生对语法规则、算术规则的掌握情况,因为可以让学生完成实践作业,在这个过程中进行检查。小学教师在课堂上让学生主动运用知识,同时也是在检验知识是否巩固,那么听课的人就能分析课堂上出现的复杂教学现象。下课之后，听课人跟教师进行沟通，尤其应该注意一点：学生做练习时运用了哪些知识？学生运用知识的时候，在智力发展和知识巩固方面有什么样的益处？

4. 教师是否教会学生怎样学习？

课程目标如果是教学生怎样学习，采用什么样的方法和形式进行学习，这种课程更应该引起校领导的特别关注。在课堂上，学生能够获得智力发展，主要体现在两个方面：第一，他要学习关于自然、社会、人类精神生活的各种知识。第二，在教师的教导下，学生能够独立掌握这些知识，培养掌握知识的能力。这两个方面是否得到和谐的发展，决定了学生的考试成绩、学生的知识视野，还有他们对书籍以及科学的热爱。

在小学阶段，培养并掌握学习能力，具有极其重要的意义。有一个问题应该引起校领导的注意：学生观察周围世界的能力，他所拥有的思维能力，培养的阅读能力和书写能力等，究竟处于怎样的相互关系中？小学课堂上听课和分析课程的时候，首先要做的是研究和统计一下，课堂上教师花多长时间专门教学生掌握知识？朗读时间是否足够？是否培养阅读能力了，阅读有没有被谈话取代了？学生课后朗读了多少内容，教师是否了如指掌？多年的观察和研究结论是：学生想要学会快速阅读，阅读时富有感情，理解阅读内容，小学生要在 4 年之内保证朗读时间不少于 200 小时（一、二年级时，每天至少朗读 10 分钟，三、四年级时，每天至少朗读 15 分钟）。针对这项教学任务，教师必须在时间上进行统筹安排，而校长则要观察分析，教师怎样引导每位学生进行独立阅读。

在小学各年级听课的时候，我和教务主任提出一个专门目标：听学生在课堂上朗读。我们还设立了一项任务：每年评估每个学生的阅读能力，观察学生的速读能力，以及阅读课本之外，还读了哪些书籍。一个学生阅读能力较差，在以后的学习生活中，几乎就是一个后进生。在小学阶段，他如果没有学会怎样快速阅读，日后继续学习时，就会遇到很多难以克服的困难。学生能够快速阅读，富有感情地阅读，理解阅读的内容，可以防止智力惰性，防止学习成绩落后，这也表明一个人沿着阅读的小路，朝智力文明的高峰进行攀登。如果学生无法掌握阅读技巧，他就不是一个真正受教育的人，在道德上也会懵懂无知。同时，让学生学会快速书写、字迹清晰，正确地进行书写表述,这个任务也应当在小学阶段完成。要在小学阶段提高学生书写的速度，并且做一些专门练习。校长在听课和分析课程的时候，不仅应该研究每个学生掌握知识的内容和进度，还要研究他的学习质量。

培养学生的思考能力，也具有极其重要的意义。这里指的是，学生能进行比较、概括、分析、解释因果关系，以及其他联系。在听课和分析课程的时候，校长要重点观察，学生解决了哪些思维能力方面的任务？这些任务是不是已经跟掌握知识的过程有机统一起来？

在初中和高中还要培养一项具有重大意义的能力，就是学生进行自我监督和自我检查的能力。经常听一些课程，对一系列课程进行分析，校领导就能积累足够的客观资料，判断学生是否掌握了这种能力，是否获得了目标明确、比例恰当的训练。

知识的首要来源和最重要的源泉，是周围的现实世界。拓展学生的智力和才能，教师应该擅长利用周围现实世界。教学经验丰富的教师们，他们进行教学工作的时候，首先要训练学生对自然界、劳动和社会生活现象等进行深入观察和思考，并把这些作为学生思维活动的主要对象。校领导的听课任务中，要看教师是否将学生引入知识的源泉，学生是否通过观察周围世界，了解劳动过程产生的联系和作用，掌握分析、总结、抽象以及概括的逻辑思维方法。校领导在小学阶段听课和分析课程时，要特别留意，教师有没有带学生去大自然，在那里发展学生的语言能力。

如果缺少这类教学环节，就预示着出现了一个危险信号：教学工作脱离了智力训练。那么就应当及时告知教师，让他带学生去自然界上课，在大自然里引导学生进行思考。

5. 学习新内容时，学生怎样进行脑力活动？

有一点十分重要，对于学生脑力活动是否积极主动，要进行一个正确评价。想得出这一评价和结论并不容易，对于校长和每天给学生上课的教师来说，都是如此。教师在课堂上讲授新知识，通常使用叙述和讲解的方法，这个时候，要考察学生的积极主动性，评价他们的脑力活动，尤其困难。

因为教师在讲解的过程中，难以检验学生如何感知新内容，他们的脑力活动过程是怎样进行的？积极主动性的程度如何？针对这一点，教师和校领导都要明确一个问题，了解学生脑力活动的过程，是教学工作十分重要的环节。这个环节涉及在学习新内容的时候，学生进行积极的脑力活动，需要一个极为重要的条件，就是要确保反馈的关联性。在教师讲解和叙述还没结束以前，教师就应该可以判断出，学生对教材的新内容理解到什么样的程度，本课教的新知识进入到学生的头脑中，是否跟他们已经获得的知识、概念、规则产生了关联性。

我在课堂上听教师的讲解，从讲述内容中就能够看出教师是否在促进学生积极思维，教师所提出的问题，能否引导学生回顾已知内容，并用旧知识加以运用，去解释未知的新知识。教师采取了何种特殊措施，促使学生能够集中精力进行脑力活动。经验丰富的教师总是牢记亚里士多德的名言："思维活动始于疑问和惊奇。"这些教师讲课时，经常从学生已知的知识开始讲起，善于从已知内容中逐渐深入，启发学生进行提问，因为疑问具有鲜明的情感特征，能引起学生的惊异感和好奇心，激发学生对奥秘进行探索。学生内心产生强大的愿望，形成一股推动力，成为思维力量和情感意志的源泉。还有一点极其重要，针对学生的智力活动，教师应该善于引导他们的思路，让他们专心致志，去观察思考那些不容易发现的事物，揭示出隐藏在背后的奥秘，要让学生渴望从随处可见的普通事物中看出一些不寻常的内容来。

让学生积极进行思考，其中一个重要的手段，就是让学生独立完成家庭作业。独立完成作业，应该作为学习新知识内容的重要组成部分。经验丰富的教师通常把学习新知识的过程，与学生独立完成作业紧密结合，课堂上讲解教材新内容时，能够判断学生对教材的掌握程度，他们在理解新内容的时候，遭遇哪些困境。当所学的某种规则和概念十分复杂难懂时，让学生随堂完成作业就显得十分重要。课堂的教学技巧，并不在于让学生的学习过程变得轻松，掌握知识的过程毫无障碍。真正要做的是，在学习知识的过程中，当学生遇到困难时，只有让他独立克服困难和解决障碍，他的智力才会获得发展和进步。教师应该为学生挑选一些脑力活动的任务，让他费些力气，集中精力运用已知的知识内容，去认识和解释未知的内容，以便能让他取得一定的成绩。教师要意识到，学生如果不付出辛勤的劳动，就无法体验到克服困难后所获得的快乐。

在教师的指导下，学生可以独立对事实和现象进行研究探索，这也是激发大脑、促进智力活动的一种重要途径。校领导在听课和分析课程的过程中，尤其要关注一点，在课堂上，学生是否进行独立钻研，这样的精神是否能帮助学生掌握新知识和新内容。教师在课堂上讲解的各种概念、理论和规则，这些内容都来自周围的世界，从各种事物、现象和事实中抽离出来，在各种相互关系中产生的，这些事实和现象，应当成为学生独立钻研的内容和对象。在这个过程中，尤其需要直观性，在一个经验丰富的教师看来，直观性的教学手段并不仅仅是为了展示给学生看，不只是为了让学生形成对某种事物的清晰印象，而且要让学生对这些现象进行独立思考和研究。其中包含着一些重要的教学目的：学生独立进行思考研究时，头脑中会产生一系列疑问，他会发现，在日常普通的、随处可见的事物中，存在着各种复杂的东西，这一点足以使他兴奋，能够推动他去思考现象背后的本质。这些也是一种积极的情绪，对学生的意志进行刺激。没有这种情绪刺激，思维活动的萌芽很快就会枯萎。

独立进行思考研究的做法，可以包含多种形式，比如画图、示意图、进度表、草图、模型，以及语言中使用词句等等。教师要掌握一种教学技巧，不能把现成的东西交给学生使用，而是作为一项脑力任务，给学生们布置任务，让他们去解决问题。

有的教师刚讲完教材新内容，立刻进入"巩固阶段"，叫一些学生复述刚刚听过的内容。而这个时候他叫到的学生通常是学习成绩最好的。事实上，这样迫切地让学生回答问题，是毫无意义的，讲完教材的新内容，要给学生留出一些思考时间，让教室里保持一段时间的安静，让学生认真思考教师讲过的内容。不同的授课内容，思考方式也不同，可以采取多样的联系形式，比如读书、编写提纲、绘图等等。给学生留出思考时间，这一点很重要，能让每个学生独立自主地理解教师所讲的内容。一些有经验的教师坚信，让学生花时间思考并理解教材内容，是课堂讲解过程中的重要步骤。

6. 学生所学的知识能否得到拓展和深化。

在课堂教学过程中，能否让学生的知识得到拓展和深化，这是教学和教育工作中极为重要但又研究较少的一个问题。学生在课堂上学习和了解知识内容，学会了一些规则、公式、真理、概念等，并不能算是学扎实了，牢固掌握知识了，只有在课后进行思维活动时，不断地实践运用，把这些知识作为掌握新知识的工具和手段，才能逐渐巩固知识，彻底掌握知识。

校领导听课和分析课程时，还应该注意的是，要观察学生以前获得的知识是否成为获取新知识的工具，这是教学工作中称为"知识巩固"的最重要的环节。其中的教学技巧是，学生已经掌握的、具有规律性的知识，要在一段较长的时间内不断进行运用，这样就能够将复习旧知识跟学习新内容有效结合起来，也就没必要专门花时间进行复习。经验丰富的教师可以熟练掌握这种教学技巧，他们不必布置过多的课外作业，不必让学生回家复习教科书，但同时也能达到复习教材的目的。

尤其重要的一点是，教师在语文、数学、物理、化学课上不必专门留出复习时间，让学生巩固和深化知识。原因在于，学生在课上学习公式、规则、概念等知识，掌握了这些内容，在独立完成实践作业时可以加以运用。校领导在分析课程的时候，应当留意教师布置实践作业的方式，通过哪些方法让学生巩固并深化已学的知识，把以前学过的规则、法则、公式和概念进行反复运用，学生完成作业，是否跟他学习教材的新内容息息相关。

要想巩固和深化知识，教师还要让学生进行课外阅读。学生在家里读什么书？他在浩如烟海的书籍中找到了哪些书籍？有没有读一些科普书籍和小册子？学生在课堂上学到的知识，有一些需要刻意熟记，巩固在记忆中，就要在课后不断了解新的事实和现象，不断地思考和理解，加深印象。对知识进行巩固和深化，其实就是让学生对事物和现象之间的因果关系和相互联系进行反复思考、深入理解。

7. 让全体学生都牢固地掌握知识。

课堂的实际效果，以及教师的教学工作成效，不在于教师提问个别学生做出完美回答，而在于让全体学生都能牢固掌握知识。在课堂上经常会出现一种现象：让学习最好的学生回答出完整的答案。听课的校领导可能被这种表面上的皆大欢喜迷惑住，但是应当关注的是，教师是否单独给个别学生布置了作业，让他们去独立完成，是否能让全体学生都把作业做完，能让全体学生无一例外地独立做作业，并取得一定成绩。这才是促使学生进行紧张思考，从事脑力活动的主要动力之一。有经验的教师（包括数学、语文、物理、化学教师），他们在布置作业的时候，一定会要求每个学生都独立自主地完成作业（为了实现这个目标，教师就需要布置好几种不同的作业题目），教师在课堂上留出时间，让学生们进行思考和理解，并对最差的学生也进行预估，让他也可以把作业做完。教师不必急于提问成绩最好的学生，当教师把全体学生独立做作业的效果当作积极脑力活动的重要指标时，那么提问好学生就毫无意义了。对于那些成绩好的学生，他们很快完成作业，那么教师就应该准备一些补充题目，这些题目难度更大一些，可以使成绩好的学生认真努力地动一动脑筋。同时，也要让中等生，尤其是差生从开头一直到结尾彻底完成作业，让他们没有办法指望别人帮忙。在数学、语文、物理、化学课堂上，教师对全体学生的讲解最好少一点，让每个学生安静地、聚精会神地、无声无息地从事脑力活动，这样的时间尽量多一些。

校长和教导主任也应该了解小学生的实践技能和学习技巧的情况，我和教导主任整整一学年都在小学听课，重点检查学生的阅读和书写能力。我们私下里给每个学生打分数，分析他读写能力的总体状况，并且跟教师们进行商量，需要做哪些教学工作来改善学生的读写能力。要具体分析每个学生的实践技能和学习技巧，这是引导教学工作和教育过程的重要因素之一。

8. 教师怎样布置家庭作业。

校领导还要努力做到一点，就是让教师不要把课外的家庭作业作为课堂作业的增加和补充。课外家庭作业应当是知识的巩固和深化，是对学习能力的提升，是对于掌握课堂知识的预备。应当尽量让学生在课外观察自然界事物和人类劳动现象，拓展个人爱好和兴趣，从多方面满足和发展个人智力需求。

教师布置学生阅读教科书内容时，应该同时给学生提出一些问题，让学生们一边钻研一边思考。而实践作业（包括练习、应用题、画图等）更应当是知识的巩固和深化，因此布置这类家庭作业时，教师一定要告诉学生：怎样把理论规则的思考与完成实践作业紧密结合起来。其中有一点十分重要，在做这一类课外作业时，首先要让学生在课内做过类似的练习和作业。

让学生从事分析、研究和比较这类积极的脑力活动，也应当出现在家庭作业中，因为这类的家庭作业可以把阅读、观察、劳动相结合。

家庭作业也应当个别化，这一点要予以特别的重视。如果教师不给一些学生布置个别化的作业，那么就说明他并没研究过每个学生的能力和接受力。通过对学生脑力活动特点进行深入研究，教师一定会发现，有些学生记忆力不好，遗忘知识特别快。学生对知识的遗忘，尤其是对学习技能的遗忘，是那些经验丰富的教师特别关注的一个问题。在每个班级中总有那么两三个学生，教师需要经常给他们布置一些难度不大，专门为防止遗忘的家庭作业。在听课和分析课程的时候，校领导应当留意，教师是否忽略了这方面的工作。应当经常跟教这个班级的所有教师进行商量，专门探讨这个问题，让教师们给同一个学生布置一些防止他遗忘的家庭作业，以及还要分析是否他的家庭作业负担过重了。

9. 在分析课程的过程中，需要进行总结。

校领导会找出一些教学工作和教育过程的重要规律，对于这些规律的认识，能从具体的教学法和教育进程中反映出来，也能从全体教师的教育信念中体现出来，同时还会在优秀教师的教学经验中获得发展，从而丰富年轻教师的教学技巧。多年的教学经验证明，在听课的过程中，应当把客观实际的资料加以概括总结，整理成关于教学工作和教育进程的某些问题的综合报告，然后针对这些报告进行讨论和辩论，鼓励创造性的教学实验和探索，这一点有利于形成学校集中统一的教学理念。

引导全体教师进行创造性劳动

　　我认为,教育和教学过程来自这三大源头:教育科学、教学技能和教学艺术。一个人堪称教学和教育过程方面的优秀领导者,意味着他需要全面地掌握这三方面的全部内容。教育在广义上来说,是一个教育工作者和受教育者在精神上都不断丰富、跃迁的过程,这也是多层次多方面的发展过程。与此同时,在这个过程中具备一些特点:在各种教育现象中存在着深切的差异性,某一条教育原则和真理在一种情形中或许是完全正确的,在另一种情形下则有可能微不足道,而在第三种情况下甚至可能是荒谬不经的。因此教育工作的性质就在于——要想对学生进行引导,意味着我们要不断革新,进行自我升级,在思想精神方面,今天要比昨天更加丰富充实。对于校领导而言,每天提升教学和教育技能,这是学校工作中最本质的内容,只有将教育和教学以及了解学生摆在首要位置时,才能成为一个优秀教师,成为博学而有威信力的教育工作者,成为全体教师的指导者。

　　如果你日后想上更高台阶,做一名优秀的校长,甚至想让自己成为一个优秀的教育家,那么面对自己班级的学生,面对社会和家长托付给你的全校学生,你更需要成为一名优秀的教师,以及是一名优秀的教育理论家和教育工作者。如果一个人在校长的职位上,只做一些行政工作,认为这样就可以胜任了,那么就不可能成为一名优秀的校长。

　　校领导必须成为教师的指导者,这样才是真正的教育领导者,教师和学生才会信任你、尊敬你。要想真正成为教师的指导者,必须每天深入研究教学和教育过程,对于每一个微妙的细节都不能放过,只有那个时候,我们称之为"塑造人类灵魂"的精妙艺术,才会在你眼前逐渐展开全新境界。

我回想自己当校长的那些年，印象最深刻的东西是什么呢？首先是那些在日常平凡、沉重的教学工作中出现的众多琐碎的事情，其中存在一些令人烦躁不安或是痛苦的探索。在这些教学工作中，有些进展会像耀眼的宝石一般，闪出幸福的亮光，让你备受勉励，特别是让同事和教师们都受到这种影响。可以确信的是，这些创造性灵感的出现，能够消除教师们对工作的消极态度，击退因循守旧的情绪，从而激发全体教师的创造力热情。担任校领导的诀窍之一，是能够激发全体教师进行探索钻研，让大家有分析教学工作的兴趣。如果一位教师精益求精、不断分析自己教学课程中的优缺点，对自己跟学生相处关系中产生的问题反复琢磨，那么就已经在教育进程中获得大半的成功。

回想我自己当校长的头几年，当时并没有深思是不是懂得这一点，但我的确是感受到：激发教师们从事创造性劳动，不能光靠喊口号，必须想一些切实有效的法子。我去课堂上听课，对课程进行分析，经常反思一件事：学生们回答问题时，为什么语言总是苍白无力，而且词语贫乏，脸上毫无表情？为什么这些答案里缺乏学生个人的灵活思想？从那时候起，我便记录学生的回答，认真分析他们使用的语言和词汇，考察语言中的逻辑和修辞问题。后来我才发现，学生们回答问题用的许多词语，跟周围世界中的鲜明形象，跟具体事物和现象没有紧密的联系，甚至连他们自己都没意识到。

学校精神活动中，最复杂细致的事情就是关于了解学生的思维过程，而我们在学生的思维教育指导方面，究竟存在哪些问题和缺失？我针对自己的教学工作，首先进行了反思和分析，在我自己的课堂上，学生是怎样回答问题的，比如：学生要讲关于"一滴水的旅行"，按正常的情况，他应该讲到春天来临，雪水融化变成小溪，然后讲到春雨和彩虹，讲到复苏的河水拍打岸边的声音。总的来说，学生在讲这些故事的时候，应该把自己当作活生生的人，是富有生命力的自然界的一部分，以这样的心境来描述他感知的周围世界。但是学生讲出来的都是什么内容呢？基本上是一些生硬的词语，笨拙的比喻，死记硬背下来的句子，有些句子的意思，连他本人都不太理解。那么，为什么学生的思维和语言如此贫乏苍白呢？对此，我一遍遍认真倾听他们说话，并且进行反复对比和思考，渐渐在我心中形成一个结论：因为我们这些教师没有教给学生如何进行思考。当学生最初进入学校的时候，教师们就在他们眼前把通往迷人的自然界的大门关闭了，从那以后，学生再也听不到小溪的流水声，听不到春天雪水融化的滴答声，也听不到天空云雀的歌唱声。他们只能背诵一些句子，形容和描述这些至善至美的事物，而那些句子都是枯燥乏味、毫无个人情感的。

我把这些想法与教师们进行沟通，并把自己的观察结果分析给他们听，希望能激发教师们对自己的教学工作进行反思，产生创造性的见解。我们共同思考一些问题：教师们自己的言语是否丰富？这些言语是如何进入学生的头脑中，然后从学生的词汇表达中反映出来的？

几个星期之后，我们特地召开教学会议，让每个教师都谈一谈自己的观察，以及初步的想法和认识，这样一来，教学研究和教育工作中存在的某个问题，就交给教师们，让他们有兴趣进行钻研并分析。我十分确信，指导学校教学工作时，这种做法是至关重要的。如果没有一个具体的引导者，如果校领导没有亲自进行创造性活动，要想领导学校的教学工作，那绝对是不可能实现的。

表面看起来，这些活动似乎不是校领导该干的事，但实际上，这跟校长的日常工作息息相关，校长在引导全校教学工作时，一定要成为开端和源头。我的眼前呈现出教学技能的丰富境界，极为美妙动人，那就是要教给学生如何进行思考。对我而言，这是一个重大发现——它不断地鼓舞我前行，让我可以在创造性思维过程中，体验到一种难得的幸福感。后来，我逐渐把自己的观察和发现，向教师们做了详细介绍，然后他们也来观摩我的课堂——在自然界上的思维课。我自己写了一些小作文，拿出来读给教师们听。后来在秋季的某一天，我跟教师们相约，一起去了橡树林。在那里，我们欣赏到树木的美丽多姿，不但看见大自然的美，而且竭尽全力用鲜明活泼、具有表现力的方法，试图将这种美描述出来。

我十分尊重科学，也非常敬重科学家，同时，我感受到自己始终是一个教育实践的工作者，是一个进行教学工作的人民教师。我和其他许多教师都认为，应该将科学精神变成我们创造性活动的丰富经验，让科学跟实践相结合，这是一个极其复杂而漫长的过程。每位校领导，以及课外活动的负责人，都应该成为科学与教学实践之间的桥梁和中介。我们不仅应该宣传科学知识，把科学知识推广到实践教学当中去，同时还要用自己的创造性灵感和思想，把全体教师组织联合起来。

我向教师们介绍研究词语教学，以及发展学生言语能力的工作状况，这好像是把灵感的星星之火传给了他们。教师们对于到"思维源泉去旅行"的方法饶有兴趣，他们也开始带着学生们去参观，外出旅行。在小学的各个年级里，词语教学跟学生的观察活动息息相关，开展课外活动，将词语和思维进行统一，这种认知逐渐被全体教师所接受。我们经常聚会，谈论这件激动人心的事情。当然，很多真理在教育学上早已被揭示出来，但是对于教育工作者而言，这些却是我们自己的创造性发现。事实上，言语是非常重要的教育手段，是任何东西都无法取代的，而语言思维取之不竭的源泉，就是自然界，这里也是智力发展的起源地。不要对学生进行消极的督促和推动，而是让他们主动产生创造性活动，产生积极有效的认识。只有在十分精细的思维活动里，才能找到活水的源泉，让智力不断丰富和发展。

这些理念逐渐发展完善，成为我校全体教师的基本信念。这一点十分关键，在小学的各年级里，每个教师都有一个进行记录的小本子，在各个季节里，分析学生到自然界的观察情况，他们能掌握什么知识，学习了哪些词语，然后我们把观察过程中的一些特殊词语记录下来，这些词语都能引起学生积极有效的思考，包括名词、形容词、副词和动词。接下来，教师们不定期地进行总结交流，互相介绍自己的实践情况，充满趣味性的活动等。这些介绍令大家兴奋、激动不已，同时在思想上也受到了极大的勉励。

对学生的思维奥秘进行深入研究，能把教师们紧密团结在一起，再通过集体的智力劳动，把教育学的理念转为有效的实践教学工作，这种做法已经成了可能。到目前为止，我们从事这种有意义的集体智力活动，已经持续了15年以上。以前在教师群体中存在的因循守旧状况，如今已经不复存在，大家都对自己的教学工作有浓厚的兴趣。目前，我们正在探索一个新课题：思维与情感之间的关系问题。我们打算深入课堂，从教学理论方面研究课堂的细微之处，研究教学阶段的各类思维方式。

进修经历，以及办学经验

教育工作和教育孩子几乎成了我的天职，一开始我就选择在小学里工作，先是做了两年的小学教师，同时兼任少先队辅导员，后来我考进了师范学校，并且函授学习了三年，又全日制学习了一年。那个时候，我心里已经有了坚定的信念：在学校当教师，对我来说，是最有价值、最值得坚持的工作。

热爱学生，这不是从学校和书本里学到的内容，这是一个人参加社会工作，与别人产生相互联系，在这个过程中培养出来的能力。就教师工作本身的性质来说，教师的日常教学任务——每天与学生打交道，是能够加深对人的爱心与信心的。而对于教学活动的志向和兴趣，则需要在学校生活的整个过程中逐渐建立和锻炼。

我从语言文学系毕业之后，怀着兴奋而激动的心情踏入了中学校门。当时我教的是高中学生，但我心里觉得离开年幼的孩子，我是无法生活的，于是我又担任了一个小学少先队的辅导员，协助总辅导员进行教学工作，并经常带着孩子们外出去旅行。

如今，当我认真思考教师的工作任务时有一些体会：只有你自己喜爱学生，离开他们时感觉无法生活，只有在这样的接触中，你才能感到幸福和快乐，学生们才会信任你、依赖你。事实上，在我刚从事教学工作的前几年，对于这个问题，我根本没有过多地思考，只是单纯地喜欢孩子们而已，每一个学年结束之后，我都会带领孩子们一起去远足，去旅行，到田野中去，到树林中，到河岸边。跟孩子们在璀璨的星光下度过夜晚，跟他们一起煮粥吃，给他们讲神话故事，讲一些课外书内容，这些事情对我而言，都是非凡的幸福体验。大概正是因为这一点，孩子们才愿意跟着我，心满意足地背着沉重的书包，跟着我不顾炎热，在太阳光下徒步旅行。

后来我被任命为校长，我激动和兴奋，因为终于可以和全体教师一起来实现我的教学理念了。这个时候，全校学生也都成了我的学生。当时，我已经有了5年的教师工作经验，而事实上，我这一辈子都无法与儿童教育分开了。

我国对科学技术、知识教育重视的风气，是由整个社会制度和生活氛围引发的，然而培养学生热爱学习，对学习产生愿望，在一定程度上取决于教师。学生们掌握的知识，应该给他们带来快乐而充实的精神生活，而让学生对知识充满热爱的第一个源头，就是教师。同时，这也对一名校长的超凡智慧和素质充满考验。校长如果不懂得教学计划中各门学科的基础知识，那么就不可能领导全校的教学工作任务。在我担任校长的第一年，就开始系统地学习物理、数学、化学、地理、生物、历史等，我花费了将近三年时间，自修学完了学校所有学科的课本，以及主要的教学法和参考书，我尤其在数学上花费很多精力，我把学校数学课本中的全部习题解答过一遍，还从习题集里找了很多题目进行演算。慢慢地，直到如今，我的每一个习题本中每年还会不断补充新的题目。这极大地锻炼了我的业务能力。

然而，这仅仅是一个开始，我为自己制定了一条原则，就是不断关注与教学大纲有关的学科的最新前沿成就和进展，尤其要了解数学、物理、生物、化学和电子学的最新科技成就。在我自己的实验室里摆放着成堆的笔记本，里面有成千上万条从报纸杂志摘录和剪切下来的资料。我的这些兴趣爱好直接或间接地传给了我的学生们。

比如，我有一段时间对研究土壤的生化过程十分沉迷，国内外已经进行了许多试验，在提高农作物的收成方面具有极其广阔的前景。这个话题非常有趣，我经常与爱好植物和园艺的教师们谈论这些，慢慢地，生物教师和一些教低年级的教师们，都对这个话题产生兴趣。他们会给学生们讲土壤的情况，讲述在土壤中制造养料的微生物的情况。这个话题也深深吸引了孩子们，他们去生物实验室、绿植实验室、教学试验田和温室里做起了各种实验。对于我这个校长来说，这是我跟学生们进行精神交流的另外渠道，也是通往学生内心世界的一条捷径。

此外，我还带着强烈的兴趣研究遗传学、自动学、电子学、天文学等方面的学术著作。学校里的物理老师们都知道，任何一本科学新著作都不会被我们轻易放过，我跟物理教师们进行的每一次谈话，都要谈一点新内容，制订一点新计划。我喜欢到实验室和专业教室去，因为那里有少年自动化和无线电爱好小组，有少年无线电工小组、少年天文学家小组，我和学生们一样，怀着激动的心情，带着浓厚的兴趣装配各种仪器和模型，组建我们的听音室，我还和学生们一起建造气象台和天文台，跟他们一起兴奋地观察星系和行星，谈论着遥远的太空世界。

我是一位文学教师，我赤诚地热爱自己的学科专业。我在文学方面的教学工作体系中，主要是要培养孩子们学习阅读、理解和感悟文学作品。在我们的学校里，教师都认为在文学教育方面要想获得卓越的成效，其先决条件就是要热爱语言，让学生能感受到语言的内在美感。全体教师都在努力提高自己的语言修养和文学水平，如果有人说话条理不清，言语表达不明，言辞乏味笨拙，在我们看来，这就是无知的表现。"你要能够正确地遣词造句，因为每一个词都有它自身的含义。一个人不会挑选词汇，就相当于在绘画课上拿钉子来当作削尖的铅笔。"在教师的休息室里有一块小黑板，我们经常会写上诸如此类的话语，或者粘贴一些拓展语言的资料简报等。

无论是栽种一棵结满果实的葡萄树，还是朗诵几首抒情诗，都能给我带来极大的享受和快乐。我也进行创作，但并不是为了发表，而是为教学生如何使用语言。在我从事教学工作的这么多年中，我写过1000多篇作文，有些是描写自然风光的，有些是抒发情感和内心感悟的。我把自己写的作文和小诗读给学生们听，非常愿意跟他们交流关于周围世界产生的思想和印象。我发现当学生们从我的作文和短诗中感悟到他们也曾有过类似的体验时，这些作文和短诗，就会让他们特别兴奋和喜爱。当我的作品能触动他们内心的那根弦时，他们也会拿起笔来，努力表达自己的情感。我认为，对语言的感受，这种渴望用词汇来表达内心感情和活动的行为，才是一个人拥有文明素质的重要途径之一。

对于语言的教学工作，我认为，如果学生没有到家乡各地去参观和旅行，没有对自然景物进行细致长久的观察，他是无法用语句来表达自己的思想和感受的。我们经常在河岸边、在田野中，我们夜晚围坐在篝火旁，在滴答的秋雨声中，我们坐在帐篷里，我教给学生怎样描述他们对世间万物的看法。让我十分高兴的是，我把对语言的热爱传授给学生们，让这些热爱充盈着他们的思想和内心，让他们由此可以深刻地感受到语言的美妙和细腻的色彩，他们跃跃欲试，开始写一些关于自然界的小故事，甚至可以写一些美妙的短诗了。

当我看到周围到处都有我的学生，有一些在我身边，也有一些在学校工作、在医院工作，有的参加集体生产，我感到格外高兴。我们有十个毕业生，在读完大学之后又回到母校工作，而当地医院里有三个医生都是我以前教过的学生。

　　我也非常高兴地看到，有的家庭里培养出好几个上过大学的专家。有一个工人家庭里，四个儿子都是从我们学校毕业的，他们都考上了大学，最后都成了工程师。还有一个普通的农村家庭，大女儿成为医生，二女儿和儿子都是工程师。这样的例子，我可以举出很多。

对和谐教育的一些观点

高中生米哈伊尔是令全体教师感到头疼的学生，他在家里是独生子，个子高高的，长着一双蓝眼睛，像水银一般灵活机敏，目光里总是带着嘲弄的笑意。就是这一双顽皮天真、十分好奇、充满不信任目光的眼睛，经常把老师们惹得勃然大怒。五年级的时候，这个男孩就名声在外，教师们都说他是一个不可救药的、极其狡猾的懒惰学生，整天游手好闲。他勉强跟着其他学生升入高年级，但是仍然留过一次级。后来这个男孩慢慢长大，变成了少年，又变成了青年。

高中还没毕业，米哈伊尔的母亲来找校长，他母亲说："不要让他再上学了，家里想给他找个工作。"米哈伊尔看起来特别沮丧，没有说一句话。

他在学校里遇到的最大困难和障碍，就是写作文。他与语文老师之间发生了一场难以解决的矛盾冲突。在他眼中，作文是一种难度极大、高不可攀的脑力创作过程，而女教师在教学日志里不断给他打两分，后来米哈伊尔再也不交作文了。在语文老师的课堂上，他搞出各种各样的花招和小动作，把女老师气得脸色发白，课间到教工休息室时双手都是颤抖的。教师们都十分愤慨："究竟要忍到什么时候才是尽头！"当大家知道米哈伊尔要辍学离校，参加工作时，教师们都对语文老师表示由衷的祝贺。

由于教师们日常工作焦头烂额，教学工作要操心的事儿很多，大家渐渐忘记了米哈伊尔。有一次，女教师家里的电视机出了毛病，她打电话给电视修理部，请他们派一名高手师傅来修理电视。她再三强调，不能随便来一个技术差的、干活马虎的修理工，而是要真正派一位经验丰富的老师傅，因为电视机已经修过三次，但现在还是不好使。修理部回答她："一定会派一位真正的高手来，他是我们这儿鼎鼎大名的技术高超的师傅！"

女教师从学校回到家里，就听见敲门声，而站在门外的正是米哈伊尔，他穿着朴素的工作服，但看起来十分好看，手里提着一个工具箱。当时女教师手忙脚乱、惊慌失措。

"你是来找我的吗？"

"是的，因为您的电视机的事儿，您给修理部打电话。"米哈伊尔有点窘迫。

"是的，请进来吧。"女教师有些尴尬地请米哈伊尔进了家门，她把电视机上的花瓶拿下来，又扫了扫灰尘，虽然电视机上没什么灰尘。

我不想详述米哈伊尔修理电视机的过程，而在这个过程中，女教师经历了心情复杂的两个小时。米哈伊尔修好了电视机，画面呈现极好的清晰度，并且他说"保用三年"，然后他开了发票，说出应付的工钱。女教师当时十分羞愧，满脸通红，额外多给他三个卢布。但是米哈伊尔把钱退还给她，他带着激动的心情低声说："这又是为什么呢？您可不是这样教育我的。虽然我的作文写不好，但是我已经学会了如何正确生活。其实当年我也非常喜欢上您的课，的确，比任何别的课更喜欢，而且您的课会永远留在我心里。"

米哈伊尔匆忙收拾好工具，然后离开了。

"当时我手里握着那三卢布钞票，坐在那里就哭了。"过后女教师对其他教师说，"他在修理电视机的时候，我非常惊异地看着他，当时心里想，这根本不是我在课堂上教的那个学生啊。他的眼睛和对我的态度跟当时完全不一样，那时有一个想法在头脑中折磨着我，我们当教师的，为什么没有发现，当我们认为一个人完全无可救药，完全是一个看不到任何希望的懒汉时，在他们的心灵和双手中，说不定还隐藏着天才呢。不仅隐藏着一个能工巧匠式的天才，更隐藏着我们没有发现的大写的'人'。的确，各位亲爱的同事，我们总是发现不了学生身上大写的'人'，这是教育的失败。"

这是一件小事，但是隐含着极深的内涵，好像一股强烈的光芒，一下子将我很多年无法想通的问题照亮了。

为什么我们经常看到一个孩子来到学校以后，刚过两三年他就不爱学习了？为什么对许多学生来说，就像有的母亲在信中提到的那样——"学习简直是活受罪"？为什么学生不爱学习，给在学校的全部精神生活打上深刻烙印，让他受尽失败和挫折，让他与周围的人产生冲突和矛盾，并把他推到街边跟坏人结交，甚至造成教师无法正常工作？为什么我国已经普及了初中教育，每年却还有数不清的少年中途辍学？出现这些现象的根源究竟是什么？其中究竟隐藏着什么样的奥秘？尤其让我感到不安的是，有一部分青少年学生对自己的学习成绩抱有满不在乎、漠不关心的态度，当教师说："你得了一个'2分'。"学生就会回答："得两个'2分'也没关系啊！"然后得意扬扬地一笑，好像带刺的尖刀一般刺进教师的心。教师变得无可奈何、无能为力，被学生气得声音发颤。但这些17岁的学生，他们竟然时常对教师表示愤慨和不满，或者毫不在乎。究竟是怎么一回事？为什么会有这样的事情？该如何来解释这一切呢？这里不仅需要解释，还要采取一些措施消除不良现象，以防止在教师内心深处引发极大的痛苦。

我非常确信，只有当教育工作者每时每刻都真正关心一条大河中的每一个支流，才能防止出现淤积、干枯、腐烂甚至发臭的状况，也只有在这个时候，集体生活才能成为精神和个性发展的活水。有一个不太常用的词语叫作"可教育性"，在我看来，这个词语以及所包含的理念应该成为教育学基本理念之一。

我们应该努力使每一个学生都成为"可被塑造的"，也就是说，可以让学生接受教师的影响，尤其是集体教育对他的影响。如果一个13岁或者16岁的孩子，他说"得了两个'2分'，这也差不多吧，这也没关系吧"，那么就意味着，他已经丧失了"可教育"的可能性，而这种可能性已经被很多事实证明非常普遍，这在每一个迈进学校大门的人身上，一开始都存在，而他之所以最终却变成了一个"不可教育"的人，那是因为：从那时起，集体生活在他身上已经无法起到教育作用。

这种"不可教育性"，学生无法接受教育的根源究竟隐藏在哪里，包含着什么样的秘密呢？对这个问题进行深入思考，是非常必要的。令人感到惊叹的是，普及了初中教育之后，教育学家和理论家们讨论更多的是教学大纲和教学法，把学校教育的成败都归结于教学大纲编写得如何，各门课讲得如何。

每当我读着现代学者的著作，看到书中讨论如何让人们（在这里，我不说"学生"，而说"人们"一词来替代他们）在课堂上不浪费一分钟地进行思考、记忆、理解，如何让所有人都掌握知识时，我就会想起一个古老的世代相传的故事，关于一个倒霉的农民爷爷奥麦尔柯的故事：奥麦尔柯爷爷有一亩地，他想用精选的种子种春小麦，于是整整一个冬天，他跟老伴儿玛利亚奶奶坐在炕头，一颗一颗地挑选种子。

直到播种的时候，他才发现只关心种子，却忘记耕地了，他想去播种，地却荒芜了。

很多教育学家和教学专家提出看似非常有益的、聪明的建议，其实很像奥麦尔柯选种子一样，很多时候这些理念只关心种子，却忘记了耕地这回事，那就意味着当他们撒下种子时，直接就喂给麻雀了。那么，教育工作者究竟该怎么做呢？我们不仅应该思考该做些什么，更重要的是考虑我们做的这些事情，要如何在学生的心灵里获得体现，并且折射出来。

所谓和谐教育，说到底是要达到一种平衡，要把人类活动的两种基本机制有效合理地结合起来。一种机制是，让人认识和理解客观世界；另一种机制是，让人可以展现自我，可以表达自己的内在特质，让自己的世界观、信念、观点、意志力、性格等，都可以在积极的劳动和创造中，在集体的相互交往关系中进行表现和展示。也正是在这一点上，人类应该进行深刻思考，并朝着这个方向去努力对教学工作进行改革。目前我们在教育上存在很多弊病，根源就在于让个人的表现出现片面化和畸形发展。在许多学校里（也可以说在绝大多数的学校里），人的自我表现唯一能呈现的领域，就是给学生打分，这是一个人在学校所规定的目标上所能达到的最高标准。我这样说，并没有脱离现实基础，目前已经形成一种固化的、难以破除的观念：只有当一个人成绩好时，他才是好人，成绩不好就是没有出息的人。

我这样说，并不是赞扬考"2分"的学生，也不是对他们表示同情，更不是蔑视那些学习成绩好的学生。考得好成绩，是艰辛劳动的成果，而对于劳动，我们必须加以爱护和珍惜。我这么说也不是为米哈伊尔那样的学生感到庆幸，我的理念是：要无一例外地让所有学生（包括所有青少年儿童），都能真正地热爱科学、热爱学习、热爱学校，让书籍、科学、智慧、财富成为学生最重要的爱好和兴趣，让青少年学生把追求智慧、丰富的精神生活作为自己的终身理想，让每个学生毕业后都能带走渴慕知识的火种，使它生生不息地燃烧下去。

对于教育工作者来说，必须做的复杂而困难的工作，就是让青少年学生相信：知识对他而言是必不可少的，这不仅仅是为了让他将来找工作，也不只是让他高中毕业后考上大学，更是为了让他在工作劳动中能够享受到充实的精神生活，无论他将来当教师，还是做一名拖拉机工人，他必须成为一个具有文明素质的人，他也要成为培养子女的教育者，让子女们精神丰富、充满智慧。

如果教师和学校仅凭分数对一个学生进行判断，说他是好或者坏，那么他很难去努力成为一个好学生。因为上课掌握知识、考取分数都只是精神生活的一部分而已，仅仅是生活很多领域中的一个领域。但是偏偏在这个狭窄的领域中，很多人都遭受了巨大的失败和挫折。

如果一个人的精神生活仅限于分数这个领域，当他只能在掌握知识、考取分数中表现自己时，那么极有可能，在他面前会出现更多的失败和挫折，他的全部生活也会遭遇更加沉重的痛苦。事实的情况也是如此，当一个孩子的心还没有包裹冷漠坚硬的外壳之前，任何一次不理想不及格的分数都会让他感到无比沉痛，对他而言都是极大的灾难。有一位母亲写信说："我女儿一边哭一边打开写满2分的作业本，她恳求我说，妈妈，我们搬到没有学校的地方去吧……"而说这句话的是一个10岁的孩子。

各位尊敬的教育工作者，任何时候都不要忘记，有一件东西在任何教科书、任何教学法中都没有进行规定，那就是孩子们的幸福，以及让他们如何获得丰富而充实的精神生活。我这里所说的并不是天然的幸福，比如说深爱他们的父母遗传给他们的天性，这里说的是从劳动中获得的幸福。我们必须引导孩子们获取这样的幸福，然而引导并不是那么容易的，但如果不引导孩子获得这种幸福，教师的工作等同于没有任何效果。没有让他们在劳动中获得幸福感，教育也就不复存在。让所有孩子都能成为幸福的人，让他们的心灵在劳动中获得幸福、愉悦。

我深刻地确信：一个人的天赋、能力、爱好以及可能性都是无可穷尽的，甚至不可限量的，而每个人在这些方面的展示和表现都具有独一无二的特性。世界上没有任何一个人，我们有权力说他"干什么都不行"。任何一个人都能找到自己的位置。

增强美德的吸引力

　　所有学生都渴望追求光明的东西，因此，教师就要保证让自身拥有崇高的道德标准，让自己的伦理原则放射出夺目的光彩。有些教师自认为道德原则已经非常完善了，所以不需要特别的传讲方式，更不需要进行"粉饰"。然而，事实的情况不是这样的。一个人的道德原则越是高尚，他的言谈举止就越应该展现高尚的一面，在行为的表现力方面更应该光彩夺目。如果教师只是没完没了地重复宣扬道德标准，要求学生正直、诚实，对待虚伪毫不姑息，毫不妥协容忍，这类的话重复多了，就会变成唠叨和聒噪，成为最让学生厌烦的道德说教。学生对说教的态度，就好像他们对待鱼肝油一样，虽然有益健康，但味道令人难以下咽。教师们宣扬的正直、诚实、反对欺骗言行等，应该是身体力行表现出来的，这些高尚的道德行为是激动人心的，同时充满诱惑力，能深深吸引人（我特意指出，美德观念与行动相结合，是实践教学的主要任务之一）。每个班级都应该做到这一点：让男女青少年学生独立完成作业，他们不抄课本，也不偷看答案，不然的话，他们自己都会觉得丢面子。假如教师不停地重复教导："你们要靠自己的本事做作业，这才是优秀的好学生；那些抄书的、剽窃别人劳动成果的，都是道德低下的差学生。"那么，一切善意的道德教导都会变成令人厌恶的说教。我们应该启迪学生，让他们用行动来表明他们拥有美德，他们的道德行为是美好的、鼓舞人心的。

　　我们为夏季野营盖了一些草棚，或用树枝搭窝棚，让学生在炎热的夏天用，称为"蓝天下的学校"。学生从年幼的时候开始，到了暑假，都在"蓝天下的学校"里住上几天。在这里，学生不仅要独立料理一切，还要自己准备必需的食物。到"蓝天下的学校"之前，学生们把食物装进纸袋和金属罐里，送到一个秘密储藏室（为了增添浪漫和神秘色彩)。秘密储藏室没有任何登记，每个人去送食物时，也没有其他人在场。但是这里从未发生过欺骗的勾当，因为这种事是无法想象的。学生们都能感到，他们共同用心血和劳动为集体创造快乐。如果有人存在欺骗集体的想法，大家都会认为，这是企图偷窃所有人的快乐。

在少年童年时期，学生们都有自己的书籍财富，那也是属于集体的图书。当班集体升入高年级时，他们会把图书转交低年级的后辈。有的时候，也可以把书籍转赠给低年级的某一位同学。这种事会让男生和女生们印象深刻、牢记于心。

我们的学生，也竭尽全力帮助那些丧失劳动能力的人，并且为鳏寡孤独者带来快乐。每逢到了春天，高年级学生都要帮孤寡老人开垦几个小花园。他们付出的劳动具有浪漫精神，也展现出助人的美德。学生们在劳动时，心里会这样想："我们每个人都会变老，将来等我们老了，更年轻的一代也会这样关心我们。"一个人在青少年时代能产生这样的想法，这是十分重要的。因为这种想法能让男生变得高尚有责任感，他会真正成为男子汉大丈夫。这种想法能让女生做好准备，将来履行母亲的职责和伟大使命。关心老年人，用劳动表达出来的浪漫精神，是极具吸引力的，这也是最必要的、最崇高的行为。教师要寻找这样的机会，能够触动孩子的心灵深处，在那里埋藏着他们对老年的思虑和关怀。关心老人，是一种对人的悲悯之爱，是最令人感动的行为。如果对老年人态度冷漠，就意味着社会道德遭到严重的破坏，人心也将变得冷漠无情。

劳动素质与全面发展

劳动素质的培养，要与德育、美育和智育紧密结合。我们一般认为，教育的使命就在于：要使劳动素质培养进入到个性化的精神生活当中，并渗透到集体生活中，要让青少年热爱劳动，并让劳动成为人格与个性中最重要的品质之一。在培养劳动素质方面，我们的教学工作遵循以下标准和原则：

第一，培养劳动素质要与学生的全面发展（即道德、智力、审美、体质的发展）相结合。一个人具有劳动素质，不仅包含他应该熟练掌握完善的劳动技能和技巧，学会某些手工技艺，同时也包含劳动在个人的精神生活中占有重要地位和作用，包含劳动中要产生创造性的成果，让智力得到更充实而完满的发展，让道德发展更加丰富，使他成为一个合格的公民。

劳动素质还能让人达到一种高级的精神境界。一个人深刻地感受到：如果缺乏为社会和公共事业进行工作或劳动，他就无法生活。劳动具有一种高尚的道德力量，鼓舞并充实着每个人的生活，从而在精神层面上也让集体生活变得更为丰富。

第二，一个人要在劳动中展现和发展自我个性。在培养劳动素质的教育理念方面，我们要让每个人在青少年时期就寻找到一种劳动方式，在这项劳动当中，可以充分、鲜明而又舒展地表现自我，展示天赋和才能，并能在精神上带来一种创造性的幸福感。我们在评价一个学生对劳动生活是否做好充分的准备时，就要考虑到他在劳动中可以为社会贡献什么，以及劳动本身能为他的精神世界提供什么有益的东西。

第三，劳动具有高度的道德意义，并指明对社会和公共服务的方向。我们的教育目的是要为全社会谋福利，培养合格的劳动者，让他们产生一种乐意劳动的主观愿望。因此，我们要让孩子们参加一些能创造社会财富的劳动（比如给土壤施肥、种植防护林、栽培果树等）。一个人在青少年时期为社会贡献无偿的劳动，他出的力气越多，在他的内心就会越加深刻地关注和珍惜外部世界，关心那些看起来似乎跟他个人并没有什么关系的事物。劳动具有高度的道德性，其本质在于：一个人可以将自己的智慧、才能、技艺，以及对工作事业的热爱，变成劳动成果，他会由衷地感受到光荣感和自豪感，并会为自己的成就而感到骄傲。

第四，在童年和少年早期应该多参加生产劳动，获得各种劳动体验，让孩子亲身体验并且能够理解：人们不劳动就无法生活。让孩子们从劳动中认识世界，只有在这个前提下，他们才能理解劳动的价值，才能从劳动中获得快乐，并且渴望进行劳动。让孩子尽早参加生产劳动，让他们对劳动产生兴趣，十分重要的一点，就是要在周围世界中营造各种具体的生产环境，找到一些孩子力所能及的劳动，同时具有一定的社会意义和价值。

第五，劳动的种类和内容要多样化。孩子天生喜欢多种类型的活动，他们所经历的劳动应该具有科学性，可以不断轮流、变换、交替着进行，因为不同的劳动类型和内容，存在各自的特点和优点，要求掌握的技能和操作步骤也有所不同。即便是孩子到了学校教育的中后期，他们对劳动的多样化仍然保持着高度的兴趣。高中生的劳动更要多样化，因为这是培养他们将来主动选择职业和未来工作的先决条件。

第六，要经常性且不间断地进行劳动。劳动中始终贯穿着创造性的目的，实现为社会谋求福祉的目标，也只有在经常性的劳动中，才能将一个人的劳动生活和精神生活贯穿和统一起来。

第七，孩子们的劳动中要具备成年人的劳动性质和要素。学生所进行的劳动，无论在社会意义层面，还是在劳动的具体技术层面，都要尽可能地具有成年人劳动的特点和因素，不应该在这方面限制他们的发展，尽可能让他们使用的劳动工具与成年人一样。当然，供孩子使用的机器、机械和工具要符合他们的年龄、安全、卫生等要求。要为儿童制造专用劳动和机器工具，让他们在劳动过程中尽可能展现出真正的劳动技术，并用这些技术从事真正的劳动，这是一个重要的教育任务。

第八，儿童和青少年的劳动要量力而行。在任何劳动中，可以有正常的身体疲惫，但不能存在过度消耗体力以及刺激神经系统的现象。要让孩子们量力而行，不但是指他们的体力无法承受过重的劳动，同时也要让他们的脑力劳动和体力劳动交替进行，不断变换劳动的内容和种类，要将生产劳动（比如植物栽种、饲养动物等）和科技创造劳动（比如制作模型、金属加工设计等）交替进行。学生在单一的劳动项目中可能难以胜任，但进行交替劳动时，完全可以胜任。教学经验让我们相信，当学生进行的劳动并不是琐碎零散的简单操作，而是具有意义的、在计划的基础上进行的长期劳动时，他们的身体力量和自身能力都可以得到较大的提升。

第九，劳动的内容与劳动技巧要具有连贯性。学生在中小学所做的一切劳动，应该在他们日后的劳动生活中继续拓展、深化并获得更加广泛的运用。有一件事十分重要，要让少年儿童时期的劳动生活成为他们在青年时掌握劳动技能和技巧的基石。我们全体教师都十分重视，让学生掌握多样性的劳动技能和技术，让他们能够符合综合劳动技术训练的标准。这么做并非把劳动职业技术化，也并不是过早地进行专业化训练，而是让所有学生都掌握基础的劳动技能。

第十，劳动要具有创造性，要注重体力和脑力的结合。劳动的创造性目标越有意义，学生对劳动的兴趣就越高，即便是最简单的劳动类型也是如此（人们在日常生活中无法避免简单的劳动）。学生们要不断地掌握劳动技艺，改善劳动技能和技巧，对劳动进行试验，并把所学的科学知识运用到劳动当中，这一切活动都应该让学生理解和体会到这是一种高尚的道德行为。

第十一，社会生产劳动应该具有普遍性，无论学生对哪一种劳动和活动表现出天然的兴趣和爱好，他在学校期间参加生产劳动都是必需的。所有学生都要进行体力劳动（尤其是那些并不吸引人的、比较劳累的体力劳动），对于一个集体培养健康的精神和思想力量，这是基本的保证。

第十二，劳动必须与全方位的精神生活相统一。人的日常生活并不是只有劳动，只有当一个人可以享受到其他快乐和精神文明财富时（比如文艺、绘画、音乐、旅行、运动等），他才能感受到劳动带来的快乐。这些精神文明的财富可以提升人的境界，发展崇高的精神品质，可以让一个人更加深刻地体验和理解创造性劳动的幸福。在青少年时期，精神文明的源泉充盈着人的理智和心灵，参加更多的劳动，就能更大程度地感受到高尚的道德感。

第十三，要让学生理解和体会到，一个人所获得的生活和精神财富是与他参加集体劳动密切相关的。生活经验让我们确信，一个懒惰而没有责任心的人，根本无法体会到热爱劳动、勤奋工作的人所能享受到的快乐。学校和家庭应该共同努力，竭尽全力让每个学生都能够深刻地认识到，劳动者的生活中是充满着欢乐的，而一个无所事事的人，则根本无法享受到这种无穷无尽的精神财富和文化宝藏。

学生的个性表现具有规律性，要让每个学生在他们心爱的劳动任务中取得优异成绩，让他们掌握劳动技能和技巧，并且达到一个和谐完美的境界。通往成功之路无法一帆风顺，都要经过长期的探索，而一个人应该在各种不同的活动中不断尝试自己的能力。如果一所学校中存在着热爱劳动的大氛围，学生就能从中寻找到一项跟同龄人相比，更加突出表现自己才能的活动，从中获得成绩，并为自己的劳动技能感到骄傲。

对于那些拥有天赋，但是还没有展示才能的学生，我们更加留意，我们会重点培养和挖掘他们的才能、兴趣和爱好。我们十分确信，每个人都有自己的价值，都有可能通过某种劳动成为诗人和艺术家，因此，我们想方设法让学生在某个领域中全力以赴，挑选一项劳动并且深入细致地对它进行研究，对它探索，到达成功的彼岸。

教师的权威表现在哪些方面

人对人的权威，长辈对后辈的权威问题，是教育领域中十分细微又缺乏研究的一个重要问题。教师拥有一些教育手段，其中对学生的权威，是最普遍、最重要，同时也是最尖锐危险的手段，它包罗万象，又像一把手术刀，可以进行细致入微的、潜移默化的手术，但它也可以狠狠刺痛伤口。手术刀不安全，但却又是不可或缺的工具。这个工具考验教师的意志力与克制力，确立教师的勇气、精神与智慧，但同时也能深深伤害学生的内心。

总而言之，一切问题都取决于教师怎么使用这件工具，他怀着怎样的内心愿望和动机对待学生。随着时间的流逝，我越来越确信，在学生面前树立权威，是教师面对的一项最艰难的考验，也是他教育工作水平的指标和衡量标准。

亲爱的朋友，当你迈进学校大门，下定决心把一生献给培育人才的伟大事业时，请一定要记住，你可能时常陷入一种危险：无法控制矛盾的情绪。你要将热烈与冷静相互融合，将情感与理智平衡处理，不能草率随意地做出某个决定。这是一种教育艺术，如同永不干涸的泉源。如果这个泉源的水干涸了，一切关于教育学的书本知识都将灰飞烟灭。

当一个人处于无限信任别人的状态中，就在某种程度上变得毫无自卫能力。在多年从事的教育工作中，我始终思考这个问题，学生对一位优秀教师的信任，恰恰是无上限的。一个孩子进入学校大门，成为你的学生，从那时开始，他对你充满无限的信任，你说的每句话，对他而言都是神圣不可冒犯的真理，在他看来，你就是智慧、真理与道德的化身。教师一定要珍惜这种来自孩子的信任，换个说法，就是要重视孩子这种无力自卫的状态。我非常希望，这条教育经验，能够成为教师自我修养的一条建议。如果教师自己存在局限性，想方设法把孩子的无力自卫变成一个笼子，力图关住小鸟，并随意逗弄这只小鸟，那么，对于教育工作者来说，这就是一种愚昧无知。教师不理解孩子的无力自卫，最终就会在孩子面前丧失权威，处境也就越来越差。有一点要清楚，把人当作小鸟一样，永远关在笼子里，那是绝对不可能的。

孩子对教师产生无限的信任，由此而生发出无力自卫的状态，并以信任和无力自卫状态为基础，建立起教师对孩子的权威。当你能够理解和体会这个过程时，才有资格做一名教师与教育者。这种无限信任极其珍贵，教师要用心研究和理解无限信任到底是怎么一回事。你大概会想，或许，孩子的这种信任只是一种盲目的信任，或许，孩子只是在有意识地放弃他的一切。

不是的，其实完全不是这样的。一个孩子的信任，无论多么无限，依旧都饱含着这样的期待：他想追求丰富多彩的生活，想获得精神财富，想得到深刻的印象和思想，想体验美的享受，想与别人进行有趣的交往。孩子都希望有一个年长而充满智慧的、生活经验丰富的人关怀他，维护他的利益。所以，教师要像珍爱宝物一样，呵护孩子的这种期待和愿望。只要他的内心拥有这种期待和愿望，就会向你敞开通往他心灵的道路。一个学生是否拥有上进心，其力量源泉也在这里，因此，一定要珍惜他渴望你成为朋友和导师的心愿。

学生一旦无限地信任自己的老师，他心里就会认为，这位年长的朋友，无论在任何困难的情况下，都会有办法帮助他。

珍惜学生对你的无限信任，这一点是非常必要的。教师与学生之间，要想永远保持和谐一致的、充满人情味的、相互关心的关系，教师就必须成为一个充满智慧的、热爱学生的、保护学生的人。另外，教师对学生产生的权威，应该是明智的，你时刻都不应该忘记，学生像你一样，也是健全的人。珍惜学生对你的信任，因为其中饱含着学生对你的热爱，而这也是你在学生面前树立一种明智的权威的核心关键。因为这种信任，学生们想要从老师那里寻找愿望，并获得保护。这就像一个无价之宝，你要悉心爱护。只要学生对你满怀期待，并且相信你，你就是真正的教师和指导者，你也是他们生活的导师，你是他们的权威、朋友、伙伴，是生活智慧的化身。

一定要记住，信任是十分脆弱的，很容易破碎。这些东西一旦被打碎，作为一名教育者的身份，也就寿终正寝了。到了那时，你仅是一个监护者，而非一名教育工作者。

提倡教师做一些科研工作

教师不仅应该传授给学生知识，还应该对学生的内心及精神世界、繁杂的智力活动的过程，以及他们的个性发展与形成进行一些研究。教师只有善于分析教学工作，才能成为一个经验丰富的、工作得心应手的教师。在各种教学工作中分析教育和教学现象，是攀爬教育智慧高峰的第一步。对教师而言，科研工作并不是高深莫测、不可企及的东西，不要一提到科研就心惊胆战。对于教学工作本身来说，教师的劳动其实就是一种富有创造性的工作，它已经十分接近科学研究了。教育和教学工作类似和接近科学研究，主要是因为它们都要以分析事实为基础，并且存在着一定的预见性。一名教师要善于对事实和现象进行深入思考，挖掘背后的本质，探索事实现象之间的因果关系，这样，他就可以预防教学工作中出现的各种困难和挫折，避免出现在教育过程中十分常见但又非常严重的弊端，就是那些令人烦恼又毫无办法的意外情况。在学校里经常会出现意外情况，破坏教学和教育工作任务的正常进行。比如一个学生平时看起来表现很不错，但突然出现流氓行为。又比如，一个学生在四年级以前都是乖孩子，学习成绩非常好，突然成绩开始滑落，甚至连及格都达不到了。如果一名教师可以根据事实和现象对这些进行深入分析，能够预见学生在日后，在一年以后，或三年以后发展成什么样子，那么这种意外的落后状况就会大幅度减少。在教学工作中，如果缺乏预见性，对于教师本人来说，教学就会成为极为艰难困苦的工作。

我要向教师们指出，在日常的教学工作中就可以进行一些创造性的研究，当然这也是校领导的重要任务之一。任何一位善于对事实进行思考和分析的校领导，都必须胜任这项工作。我建议教师要学会从事创造性的科学研究，校领导应该指引教师们，从观察、分析、研究事实和现象开始着手，而事实和现象都是教育和教学过程中客观存在的，是具有规律性的现实反映和体现出来的。其中包含：（1）生活本身有无限的内容，要善于从生活中观察和提取（切记：孩子们来学校之前，是具有客观特性和个性特点的）。（2）教师自身所做的工作。（3）教学工作的结果。在这三者之间存在一定的客观规律性。对于教师的劳动和工作来说，无论是自身的逻辑，还是教育本身的哲学基础，抑或是其创造性特征，这些工作都必须带有研究性因素。因为教师工作所面对的每一个个体，在很大程度上都是充满情感、思想和独特趣味的人，他自身是独一无二的特殊的存在。如果想让教师的工作获得一些乐趣，让每天上课不至于成为单调乏味的苦差事，校领导就应当引导每位教师从事一些科研工作。因为这是一条充满幸福和快乐的道路，在这里，校领导鼓励每位教师开拓属于他个人的无限宽广的科研园地，在这里有科学发现和收获，也有充满痛楚的快乐。如果一个教师感受到自己是科研人员，那么他就有可能变成教育和教学工作的行家里手。

然而有一点需要补充说明，我这里所说的并不是严格意义上的科研工作。每位教师都可以进行创造性工作，但是这里不是指他要从事那种由事实得出科学结论，具有重大意义的研究工作。我们这里说的研究，只是针对一些问题，这些问题虽然在教育学理论上已经得到解决，但是教师一旦从事创造性工作，就会成为理论和实践之间的桥梁和中介，因为这些问题经常以新形式和新面貌出现。所以这里所说的研究工作，本身的性质是有必要进行教学方面创造性的研究，这些研究也可以丰富全体教师的精神生活。

一位教师不进行研究，不积累分析事实，就会出现严重的问题——对教育工作缺乏热情，或者墨守成规。只有不断对事实进行研究和分析，才能让教师们从极其平凡普通的事物中，发现新的内容，能够从司空见惯的事情里，看到新的特征和新的细节。而这是保持创造性心态的一个重要方面，同时，也是一个人产生兴趣和灵感的重要源泉。如果教师不会分析事实和现象，那么日复一日，年复一年，那些重复发生的普通事情在他眼中就是极其枯燥乏味的东西，他将会对自己的教育和教学工作索然寡味，并且失去兴趣。而当教师对工作没有兴趣，那么当他教学生时，对学生来说，学习就会变成枯燥乏味的事。教育和教学经验的本质就在于，教师自身每一年都要有新的发现，也只有在这种不断发现新事物和新特征的志趣中，教师的创造力才得以发挥出来。

小学女教师妮娜进行创造性的研究工作，已经持续了10多年，她在校务会议上做过几次报告，后来都发表在学术刊物上。在开始从事教学研究的时候，对比其他教师，她并没有什么特殊的根基，而在实际的教学工作中有一个重要问题，让她非常关注，即儿童的学龄前教育，以及家庭中智育和德育的相关问题。有一些孩子在上学前语言极其贫乏，眼界十分狭窄，这给小学教师带来了不少烦恼。但事实上，产生这些现象的原因，是十分复杂而模糊的。我曾建议这位女教师，针对一些事实进行研究，分析学生在入学时所表现出来的特点，研究他的思维特征，同时也要观察学生家庭的精神生活状态，了解他的生活环境。当他在成长时逐步获得意识时，他所处的环境对智力、道德和审美有什么影响？

女教师初步研究、观察和对比各种事实和现象，这项工作进行了几个月，她把每一个学生的智力发展状况，跟学生父母的文化素养、兴趣爱好、知识水平等进行对比，当这项观察研究进行到学期末的时候，这位女教师已经得出学生智力发展依赖于家庭文化素质的结论。这些结论可以证明，在孩子入学之前，必须尽早关注他的智力训练。于是女教师找到一些孩子家长（他们的孩子在第二年要入学），女教师跟家长们谈话，内容涉及如何让家庭精神生活丰富起来，同时扩大孩子认知概念、兴趣范围等。家长们接受了女教师的意见，在家庭里购买图书，让学龄前儿童阅读儿童读物。在小学新生快要入学时，女教师把这些孩子召集到学校来开展活动，带他们到田野中和河边去，这是一项非常有趣并具有创造性的活动。它可以扩大孩子的眼界，同时丰富他们的词汇，并锻炼和拓展了他们的思维。对于这些经历和研究，女教师写成一篇文章，在一份杂志上发表了。

这位女教师一直没有放弃努力，现在这位女教师开始研究那些头脑反应迟钝、思维过程缓慢的儿童，她着力于观察、研究和分析事实，并且掌握了将本质内容与次要的东西进行区分的方法。通过对事实进行分析和研究，女教师在思考和得出结论的过程中，获得了丰富的材料，这是真正的创造性研究，而这项研究，只要是愿意主动思考的教师，其实都可以做到的。

创造性研究具有深远的意义，不仅可以让教师发现、研究一些前人没有留意过的教育现象，以及教育过程中的某个问题，还能从根本上改变教师对教学工作的看法。教育和教学工作，在教师的眼里，不再是每天重复的乏味事情，也不会将它看作是每天完全一样的讲解，不会认为它只是巩固知识的枯燥表演。墨守成规、缺乏热情、消极应对等在学校工作中出现的不良现象，之所以会在很多校园中弥漫滋长，是因为那里的教师没有深入地去观察和研究，没有发掘教育现象中那种蓬勃和迷人的生命力，他们更不会认为自己是充满活力的教育者和创造者。

"差生"应该怎样教育

从我最早参加工作时，一直有一个困惑：那些智力上发展缓慢、学业比正常情况落后的学生，究竟是怎么一回事？这种状况有多大程度是来自天生的基因？又有多大程度是因为学生在年幼时受到环境影响？当我在教室里竭尽全力，希望他们可以进行独立思考的时候，这些学生的思想里究竟发生着什么样的变化？

每一年都会有这样的学生来到我们学校，教师规定了让他记住 10 个词语，即使经过很多遍的重复，他也只能记住三四个而已。教这些孩子，实在是一件费力不讨好的事儿。他们非常吃力才能学习到一些阅读和书写技能，但是再想进步就变得举步维艰。他们对自己学习不好、遭受挫折和困难也很是苦恼，但即便如此，他们最终还是会惨遭"淘汰"。

事实上，这些学生的确是处于智力落后的状况，心理学家称作"智力发展暂时受阻"，建议将他们送到特殊学校进行学习。但是我的态度却完全相反，我认为：应当让这些学生在普通学校中接受教育，因为一个完善的、智力生活环境丰富的地方，才是拯救他们最重要的基础条件之一。

我曾经在课堂上研究过这些头脑迟钝、智力落后的学生，探索他们的脑力活动发展状况，同时也对聪明好学、天赋极好的学生进行观察，得出的结论毫无疑问，学生脑力劳动的成效很大程度上取决于记忆力。然而我们是否能够得出一个结论，必须先要训练学生的记忆力，然后才发展他的智力呢？我们能否说记忆力是基础条件，而智力和大脑完善，以及机能性活动是记忆力的结果呢？或者说，能否先用某种特殊激进的手段来提升和改善记忆力，从而对智力发展产生影响呢？

日常生活不断地为我们提供证据，那些学习能力较差的学生，他们并不是单纯地在记忆力方面发展较弱。事实上，他们的思维经常处于一种静止不动的、受到压制的、似乎已经僵化的状态中。曾经有过这样的状况，我努力尝试用直接提升记忆力的方法来改善他们的思维能力，但这些尝试完全失败了。如果我们强迫学生进行背诵，再要求他们把背诵过的内容重现出来，用这种办法训练和提升记忆力是不管用的，甚至对学生是有害的。因为他们的神经系统和整个机能处于极度疲惫的状态，他们的记忆力只能变得更糟，还会破坏记忆与大脑机能系统中的其他功能的和谐。

用人为的强制手段来提升记忆力，无法确保大脑进行完善的机能活动。如果抛开对学生整体心理和精神生活的调整，促进智力发展是不可能的，这才是我们得到的主要结论。

在35年内我教育的这类孩子共有107个，他们确实是学习能力较差，甚至智力较为低下的学生。5～16岁的占人数的一半，17～19岁的另占一半，我们对这些学生进行了专门的教学和教育。对于他们智力发展不正常的原因，我专门进行了调查。为此我走访了2000多个家庭，对学生的遗传因素、日常生活、营养状况和精神状态进行调查，我终于发现，这些学生看起来智力发展不正常，原因是一个个特殊情况积累而成的。最初可能只有一个原因在起作用，然后这个原因基础之上又加了第二个原因。最初的原因可能只是孩子在婴幼年的时候生过病，比如风湿、脑膜炎、软骨病等，但是如果出现第二个不良的原因影响——如，孩子早期没有受到正常的教育，这个原因便加重了原有的不良状况。如果没有第二个原因的累加，不会走向这么严重的后果。而通常情况下，后一种状况才是导致孩子在智力方面落后的主要原因。说到孩子早期没有接受正确的教育，我指的是各种条件的综合结果，虽然不一定十分准确，但一些主要的原因，我认为还是有必要找出来。

造成孩子在智力发展上严重偏差最有害的原因之一，是孩子的家庭环境。在这些家庭环境中，家庭成员之间的关系不健康，经常发生冲突，有些家长有酗酒、赌博、暴力等毛病。在这类家庭里，孩子智力落后的征兆最开始并不明显，但是很快就会变得十分严重。此外，我还想指出，家庭成员智力生活的狭隘性和贫乏性，也是孩子智力落后的重要原因之一。我调查过几个这类不幸的儿童，孩子的父母亲和子女交往沟通中，使用的语言非常贫乏，大概只有200～300个词语。还有一些更让我痛心地发现，这些孩子听到人们从民歌中、童话中说到的那些词语，表达出一些灰暗的情感色彩时，竟然毫无感觉。

家庭的情感生活十分贫乏，也与造成智力发展的局限性紧密相关。有一些五六岁的孩子，他们看起来平静如水，从来不曾对任何事情表达过惊奇、快乐，甚至赞叹。他们也没有任何幽默感，看不懂一些喜剧化的情景和场面，从没见过他们放声大笑。对于别人开玩笑，他们也没有正常的反应，甚至经常会出现反常甚至病态的反应。这一种现象，也容易理解，因为笑是人们认识世界的重要渠道之一，是人们表达观点的方式，如果"笑"的渠道被堵住了，智力和思维就难以得到完善和发展。

此外还有一种情况，就是在孩子出生后，最初的 2～3 年中没有获得过完满的母亲教育。我通过对几千个家庭进行研究，发现母亲的教育对儿童的智力发展有着非常重要的作用，甚至可以说是依赖性。而这种依赖性，它会影响智力发展的其他条件。我得出的结论是：如果一个孩子在出生后 2～3 年内，没有通过母亲——这个最亲密的人，来发现和认识世界，如果他没有感受过母亲的爱抚和慈爱，没有接受过母亲担忧的目光，如果他没有体会过母亲语言中充满情感和细腻的音调，那么这个孩子的智力生活就会与那些经历过正确母亲教育的孩子相差甚远，甚至走向完全不同的道路。这也是一个教育学理论——母亲教育学，目前还是教育学中一块尚未挖掘的领域。

总之，当这些孩子来到学校，他们很快就会发现自己跟其他孩子不一样。我也很清楚地了解到，如果用教普通孩子的方法来教育这类孩子，难以避免的情况是，他们的学习成绩会很差，他们会变成不幸的可怜人，他们此后一辈子都会觉得"我做什么都不行"，受到这种痛苦思想的折磨。我们应当时刻保护这类孩子，因为他们非常脆弱，最容易受到伤害。儿童时期的智力发展，与道德观念的发展领域紧密相连，他们会把学习上的一次失败都当成是一种屈辱，认为是非常痛苦的经历。

由此可见，教师最重要的任务是，一定要对学习成绩不好、智力发展落后的孩子用正确的方法来进行教学。那么究竟什么是不恰当的教学呢？我这里并不谈论教学法（那是另外一个专门要谈论的问题），这里我们主要谈一谈原则问题，毕竟离开了原则，即便最高明完美的教学法，也是无源之水，都不会有效果。

我们在课堂上的学习，要求学生同时进行记忆和思考，但是对于学习落后的、智力发展缓慢的学生来说，他记不住和其他学生一样的内容。在学校给智力发展和脑力活动进行评分，往往依据学生记了多少内容，按照教师的要求再现了多少知识（总体来说，我们做出这样的结论是有充分依据的）。然而，学生在学校里背诵的内容，尤其是人文学科一类的大部分知识，是需要理解性记忆的。因此我们并没有找到评定学生脑力活动的正确标准，这才是真正的可怕之处，只是一味地让学生们死记硬背，这导致的结果甚至会把有天赋的学生也弄得反应迟钝、脑力衰退。我们竭尽全力让那些学习能力差的学生，通过更多的知识获取来训练他们的智力，增强他们的记忆力。同时，我们也不要让他们认为，他们的成绩优秀与否是依据记住了多少课本上的知识来评定的。每次他们回答问题，只有在取得进步的时候，我们才给他们打一个分数，这样做的目的是，不要让学生感到他们在班级里与其他人有所不同。

我给一个学习较差的学生布置了一道数学应用题，把应用题的条件重复讲解了好几遍，让他记住题目中的已知条件。他终于记住了，但当他开始运算的时候，又把讲过的条件都忘记了，因为他还没有学会记忆的同时去思考。

对于学习成绩落后的学生，一定要让他坚持独立地解答题目，有时候他需要花两三节课的时间进行思考，教师要耐心指引他的思路，而他成功解答出应用题，这个激动人心的时刻终究会到来。这将会给他带来无法言说的快乐、自豪感和自信心，他在那个时候所体验到的快乐情感比任何药物作用都更加强烈，学生会跟教师提出要求："请再给我出一道应用题，给我更难一点的应用题！"他甚至会十分生气地拒绝同学帮助他，因为他想靠自己的努力完成答题。

如果学生能够在认识中获得快乐，感受到取得成绩时的幸福感，那么他就会有求知的欲望，这种求知欲将会永远伴随他的学习过程。

一旦学生有了较为强烈的求知愿望时，那么对于丰富学生的智力和情感生活，就会产生强有力的作用。在小学的各年级里，我们都开设了专门的"思维课"，教师会带领学生们到自然界中去，去花园、树林、湖边、田野。然后学生的面前就会出现各种现象，乍看起来是难以察觉的，其实在现象背后存在着各种因果联系，于是学生们就会陷入思考，对生命的奥秘进行探索。

在这类思维课上，我们从来不让学生记住某些知识，相反我们把记忆力的任务暂时抛开，首要目的是让学生在新的事物面前产生新的发现，并感到惊奇和赞叹。在学生的头脑意识中，事物的依存性和因果联系越多，他的记忆力就会越强。

在针对学习落后的学生进行教育的这么多年中，我让学生们阅读了很多书籍（包括我编写的一本让他们阅读的文选）。上小学的时候，学生们一到傍晚，就会来我办公室，听我讲故事和编故事，而进行诗歌创作，也是巧妙的渗透性的训练，可以熏陶他们的情感生活。在我这里有爽朗的笑声、忧愁的情绪、快乐的感受，有对人的同情，有对丑恶的憎恶。在那些静谧美好的傍晚，我跟学生们仿佛变成诗人一般，我们曾经一起编过上千个故事，这个做法十分有效，当我们编故事的时候，学生头脑中不仅在接收和存储内容，也在不断地输出内容。

让学生进行一些创造性的手工劳动，也是特殊"教学大纲"的重要组成部分，这些手段可以更好地促进这类孩子的智力发展。

这107名原本智力发展上存在障碍的学生，后来都变成性情得以充分发展、有教养的人。人的头脑非常神奇，是大自然的奇迹，而这种奇迹通过教育才会发生。正如长期单调的播种活动，过程极其复杂而又折腾人，撒出去的种子往往需要好几年才能长出嫩苗。这项工作尤其强调尊重学生的人格和个性，这些孩子的不幸遭遇，都是因为受自然或不良环境影响而造成的，不能让他们觉得，自己是一个学习能力低下、智力发展较差的人。我们教育这样的学生，应当比教育正常孩子花费更多倍的耐心，要更加细致，更加富有同情心。

怎样让学生热爱劳动

我们学校的果园中间，有一片又高又绿的葡萄架，粗壮的葡萄藤足足长到两米高。少先队员把藤条固定在铁丝上，一排排收拾得十分整齐。沿着葡萄架看过去，那此起彼伏、绿油油的葡萄真是让人喜爱不已，这个葡萄园对学校来说，更是一个骄傲。在这个葡萄园里劳动，被大家看作是一种极大的乐趣，也是极高的荣誉，因为只有表现最勤恳、对劳动最热爱的学生才有资格进入葡萄园工作。我们从一群热爱劳动的学生当中，选出 10 ～ 15 人，让他们在葡萄秧间松土，或是把藤条缠到铁丝上，或是在秋天给每一棵葡萄的根部堆土，或是在冬天为根部堆上雪团，以保持水分和潮湿，而那些没被选上的学生就眼巴巴瞅着，感觉受了委屈，非常失望。这件事让我回想起 15 年前……

当时我做了很多工作，才说服一些高中生，运来了大约 30 吨农肥，给这块地施上含腐质的肥料。我觉得，当时学生们能完成任务，只是对我这个新校长表示尊重，而不是因为热爱劳动。给土地施肥之后，还要挖出一些深坑，这些深坑深达一米五。然后再把腐质肥料和肥沃的黑土掺和起来，再填进每一个坑里。

当时村子里没有人种葡萄，但事实上，在我们这个地区，有非常适合葡萄生长发育的充裕条件。我不停地给学生们讲，葡萄是一种多么美妙又好吃的水果，可是我觉得，他们的心并没有被我的话打动。记得当时谈到热爱劳动，我还引用了高尔基的话，一个高中女生向她的同学们眨眼睛，问我："您说劳动会让生活变美好，可是挖这些土坑的劳动很有趣吗？难道能给人带来快乐吗？高尔基大概是为了把诗写得美一点，才这样夸张。但在现实生活里，干拾粪这样的活儿，怎么可能会让人爱上呢？"

许多年过去了，可是那个女生提出的问题，我仍然没有忘记。要想回答这个问题，并不是那么简单的，然而却必须回答。我们要证明热爱劳动能让人体现自尊感，是人类文明的最高境界，而且还要说明怎样做才能培养一个人热爱劳动。生活本身就能做出回答，我们回到葡萄园的故事，我非常清楚，第一批为葡萄藤挖坑的学生，高中毕业后可以看见他们自己的劳动成果，或许到那时他们还会带自己的子女来学校，他们的感觉一定会非常美好。不过，我更多的是想到那些低年级的学生，他们在校的时候，能种植出三熟的葡萄，能够有三次机会看到自己的劳动果实。为此，我们甚至还举行了一个"劳动节"，来参加"劳动节"的，其中有运肥、挖坑的人，还有一些小学生，他们都是二、三年级的孩子，他们并不是来参观的，而是来劳动的。开辟一个葡萄园，这是一件隆重的大人干的事，让小孩子来参加，仅是这一点，就能让他们把劳动看作一件非同寻常的事情，当作一种既庄严又快乐的事来对待。这就是价值所在了。

在那一天，每个小学生都会给坑里填一些肥土，在葡萄根上沾一些营养溶液，然后给葡萄根埋上土，再浇些水。小学生的劳动量并不大，但他们情绪高涨，跟那些运肥挖坑的高中学生相比，他们表现出更浓厚的兴趣，更盼望葡萄藤能快点长出第一批嫩芽。为什么会这样呢？在最初的几年里，我还没有花费精力去研究这些，这其实是一种与心理学有关的奥秘，但是我有一个直接的看法：应该在孩子年龄很小的时候，就让他们参加劳动，并且还要让他们的日常生活中都贯穿着各种劳动，并把劳动变成他们感兴趣的事，用劳动来激发他们的想象力，如同他们想象到一个遥远国度去旅行，或者他们发现了一个新大陆。带小学生参加"劳动节"之前，我给他们讲一些故事，讲一棵葡萄藤结出成百串又大又甜的葡萄，我们能把葡萄藤培育好，让它一直长到学校楼房那么高。这些话拓展了孩子们的想象力，就像对他们谈稀奇的海洋动物一样，谈草原上的斯基福人的古墓里有无数宝藏一样。很快，他们就会着迷，十分认真地开始做事情。

葡萄藤上长出了一层发绿的叶子，新生的嫩枝朝着太阳不断伸展。在学校温室里，我们在花盆里装上含腐质的肥土，栽上一些葡萄藤条，冬天的时候它们就会生根，到了春天再移栽到外面的土壤里，一年后就结出了果实。

这个目标十分鼓舞人心。我还给孩子们带来一篮子成熟的葡萄，让他们此生第一次品尝自己劳动结成的果实。单单这一点，也能给目标增添极大的吸引力。试问，这样的话，还有谁会拒绝去提肥料桶呢？谁还会拒绝用鸟粪去制造追肥溶液呢？谁会排斥嫌弃这些又脏又累的任务呢？

　　春天来了，学生们把培育好的葡萄藤从温室里移出去。对于十一二岁的孩子来说，挖深坑，将黑土和腐质搅拌，混合成有营养的肥料，再撒进坑里，这个过程一点都不轻松。但是，他们心甘情愿地、认真专注地干活，这可能是因为有理想和目标鼓舞着他们。这些学生种了大约30棵葡萄，形成了一个小小的葡萄园，这里成为学校果园里景色最美、管理最好的地方。高年级学生在一年前种的葡萄开始结果，低年级学生开心极了，因为他们自己也曾参与了这项劳动，劳动节那一天的情景还历历在目。等到果实最终成熟，我把一串串葡萄分给孩子们，他们兴高采烈地捧着葡萄，把它们带回家，送给自己的妈妈和爸爸。

　　我们的劳动取得初步成果，孩子们从温室移栽出来的藤条上长出了绿色嫩芽。学生们如今已经知道如何培育照料葡萄藤了。我也感到非常兴奋：这样一来，每个学生都学会了栽种葡萄，他们每个人将来都有可能成为园艺家，这也是真正的热爱劳动。

　　然而，我的愿望并不顺利。过了一年，从温室移栽出来的葡萄藤也都结果了。我们再一次在花盆里培育藤枝，然后再把它们移栽到室外，再施肥和追肥。一些学生还在家里栽种了葡萄藤。但是我意外地发现：当一项劳动变得习以为常，成为日常的普通事情时，学生就越来越没兴趣。三年前那些二、三年级的小学生，为了给栽培的葡萄藤多施肥，简直是废寝忘食地干活。然而现在，似乎任何东西都无法吸引他们去温室和葡萄园。这该怎么办呢？我再找一批年龄小的学生，教他们从头干起吗？可是再过两三年，种葡萄这样的事，就让所有学生都觉得平淡无趣，就像他们早熟悉了种土豆，以及种植别的一些作物，都已经提不起任何兴趣了。怎样才能让学生对劳动始终保持浓厚的兴趣，让他们乐此不疲地热情追求呢？怎样让他们受到鼓舞，为他们揭示出某种新鲜未知的东西，向他们打开自然界奇妙书籍的新一页，而不是仅仅提着小桶运肥料呢？如何做，才能使劳动变得不再那么枯燥，而是变得更有吸引力、更让人喜欢呢？

　　也许，我不应该让劳动这样一件事情周而复始，因为太过枯燥，不免令人心生厌恶。可是，为什么三年前孩子们第一次拿着小铁锹栽种葡萄，给长满嫩芽的藤枝施肥时，他们的眼中明明射出那么热烈的光芒？为什么他们当时可以那么激动地寻找最好的肥料，并把种葡萄当成一件真正热爱的事，充满热情地去做呢？原因就是，对儿童来说，当时的劳动就是去发现一个新世界，他们在认识世界时，体验到一种令人激动的欢乐。还有一个原因，当时找肥料并不是最终目标，而只是一条路径，从这里能通往一个有趣诱人的、十分美好的目的地。这条路径可能艰难，全程也并非都令人愉悦，但无论如何都要走这条路，否则不可能到达目的地，藤枝上结不出碧绿的葡萄，他们也不会看到阳光在葡萄间闪耀。

当一件新鲜诱人的事情变成日常劳动的时候，学生就对它失去了兴趣。我们把年幼儿童曾经做过的事情，一成不变地让大一些的少年去做，他们基本上都对这类劳动丧失兴趣，原因可能就在于此。这样的判断大概是符合事实的，我们让一些年幼的儿童去做事，对他们而言是发现新世界，可对少年来说，那却是再也熟悉不过的旧书，没有任何新奇之处。然而，世界之大，绝非少年背熟的一页书所能穷尽。只要再翻开一页，他的面前就会出现全新未知的世界，我们必须在学生面前翻开大自然这本奇异丰富的书。即便是在种土豆或青菜这样司空见惯的劳动里，也能翻出很多新的篇章来，这些习以为常的劳动在学生们眼中，也可以成为意义非凡、极具价值的事情。因此，我开始关注一件重要的事，就是使简单的日常劳动，日复一日的重复劳动，不作为最终目标，而仅是一种手段和过程，利用劳动去翻开大自然的巨著，翻开一页又一页令人向往的篇章。对那些热情下降的学生，我不断鼓舞他们到温室来，但我并不求他们，而是吸引他们自愿前来。在这里，他们看到了十分惊异的事情，当时的温室很小，最多只能容下 10 人，所以令他们惊奇赞叹的那一件事，有很多学生都没机会看见。究竟是什么让这些态度冷淡的学生如此惊异呢？其实是一个试验，我将它称作"葡萄烟熏追肥法"，其实就是用乙烯烟熏葡萄藤。因为我们都知道，气体的吸收一旦增强，能加速葡萄的生长发育和结果。后来我们又用生长激素给葡萄加肥料，也出现了意想不到的事情：冬天在雪堆不远的地方，葡萄开花结果了，而且一串串的葡萄不是一天天长大，而是一小时一小时，以肉眼可见的速度快速长大。

学生们感觉受到了鼓舞，很快，我如法炮制，又准备了一次"意外"：从地下室搬了一些装沙子的木箱，这里面保存了很多短小的葡萄根，我告诉学生们下个试验要怎么做的时候，他们简直不敢相信我的想法：真的可以把葡萄嫩芽嫁接到葡萄根上吗？这样真的可以长出枝条，真的可以结出果实吗？学生们又带着孩童特有的好奇心和无穷尽的热情，再次拿起小桶，四处收集最好的肥料，用心去挑选最适合的土壤，以便到春天可以开辟出一个不同寻常的葡萄园：这将要产生一种新葡萄品种，将南方品种的葡萄幼芽，嫁接到北方品种的抗寒葡萄根上。最终葡萄会长出什么样子呢？新的品种能否平安度过寒冷的冬季呢？它能经得住干冷少雪的寒冬考验吗？许许多多的疑问萦绕在学生们心头，让他们感到寝食难安。

嫩芽嫁接在根上，终于长出第一拨的枝叶，我又向学生提出一个新想法：我们可以培育一个新品种葡萄，让根部均匀垂直向下，尽量在土壤里扎根扎到最深处，这样的话，即便是最艰苦的严寒天气，也冻不坏葡萄根。

"要怎样才能做到呢？"学生们十分好奇，急不可待地想知道方法。

"想做到这一点也不难，我们得想个法子，用什么东西吸引葡萄根，让它拼命朝下长，所以我们得用好吃的东西喂它。"我暗示学生们说。

学生眼睛里发出亮光，他们都明白了我的意思，知道应该怎么办了，只是具体的操作方法还不清楚。学生们一起摸索，寻找答案，而事实上，最初连我自己对这种操作方法都不是十分了解。一般来说，培育树苗就是直接把藤枝插进土里，而现在，我们先把藤条的根部穿插上一个装营养液的小管子，等以后把小管子拿掉的时候，藤枝已经长得非常直，而且营养液也留了下来。这样，我们就事先给葡萄根预备好了一个生长方向，朝着营养液滴下去的方向生长，于是它就拼命朝下，往地底深处延伸。

试验的结果让学生们欣喜若狂，接着他们不断提出新的想法和尝试。有一个男生叫维佳，在半年前，他已经对劳动厌烦了，态度十分冷淡，可他现在的态度已经完全不同，他甚至对我的想法提出了一些补充建议，这些建议都非常宝贵。他提出了一个想法：从那根垂直的长管子向旁边引几个分支，再加几个装有营养液的横管子。他提议说："如果葡萄根延伸到地底深处，然后再往旁边长出分支，这样的话，就更稳妥一些。"

我们商量了，要是这一次营养管子的试验成功了，那么就给集体农庄赠送100棵抗寒葡萄秧子。这个提议深深触动了学生们，他们都体验到了一种自豪感：他们要做的事情，都是以前没有人能忍受的。但学生们的眼睛里闪动着欢乐的光芒。我们急于扩建温室，然而这项劳动没有让学生们感到烦恼，反倒让我觉得，他们很受鼓舞。

我们要用营养管栽培 100 棵葡萄，需要搜集大约 20 桶的鸟粪，然后弄碎它，从中挑拣出植物需要的营养成分。这样的工作从来没人愿意干，但是此刻为什么学生们却是乐此不疲地做呢？主要原因是：这种劳动虽然不让人愉快，但它却是必不可少的，是必须经过的桥梁和道路，通往一个美好的创造性的目的地，到达那个目的地，是一件十分光荣而庄严的事业。

春天又要来临，如今我再也不用忧心学生们的热情会冷淡下去。所做的劳动已经足够多了，而学生们都通过自己的劳动获得了足够的精神力量。当然，这种精神力量需要不断进行补充，我这里预备了一些新设想，只要发现学生们稍有懈怠的情绪，我就用新设想给他们鼓鼓劲。

最终，营养管葡萄的试验获得巨大成功。我们在校园种了 10 棵，在校外集体农庄的田地里栽了 100 棵。在移栽葡萄藤的时候，我们还想出一个办法，可以让地底深处的根系长得更加粗壮，就是把每个坑挖到 1.5 米的深度时，往坑里加一些腐质肥料和黑土混合物。事实证明，这个方法十分有效。

在抗寒品种的葡萄藤上嫁接了别的植物，它们也长出一些幼苗，我们把这些幼苗也移栽到地里，而这项试验本身，就是一件举世无双的新鲜事。

最让我感到惊喜、兴奋而且激动的是：学生们由于取得巨大成功，沉浸在喜悦当中，而精神处于振奋的状态，这时他们就会产生新的想法。当他们发现，嫁接到葡萄上的嫩芽发育成熟，长出来叶子，既不像葡萄的叶子，也不像别的植物叶子。这时有几个好奇心很强的学生，想方设法把葡萄嫩芽嫁接到其他植物上……这样一来，他们的创造性劳动进入了新的阶段。他们产生了这种有意义的想法，而想要实现这个设想就意味着要向学生们提供更多新鲜、诱人的东西。既然这样，那种看似枯燥的搜集肥料的劳动还会令人厌弃吗？

我认为，就在这一时刻，应当在学生眼前翻开大自然奇妙的著作，这是一页新的篇章，可以激发学生热爱最普通平凡的劳动。我们一向认为，"跟粪堆打交道"的说法，是形容农民日常所做的繁重而单调的劳动，这种工作往往低效而令人厌烦。然而我下定决心，要从"跟粪堆打交道"这件事出发，从根源上解决学生对日常普通的繁重劳动的偏见。

我把培育葡萄时表现积极的学生都召集到果园来，给他们讲了一件事：科学家们在实验室里做一些有价值的实验，从土壤里寻找一些特殊物质，可以刺激植物生长发育和结果。用普通方法给土壤施肥，与这种在土壤中培育肥料的做法完全不同。如果能在土壤中培育出这种肥料，其中的微生物在土壤中能够存活一段时间，栽种了植物以后，微生物可以给土壤提供大量特殊物质，以刺激植物的生长发育，此外，微生物还能让土壤保持一定的湿度。

"那么同学们，也让我们继续来尝试一下，做一个这样的实验，在土壤里培育有机肥料，让1立方米土壤里可以培养出几百万的微生物，然后我们再去播种小麦，会得到什么样的结果呢？说不定，我们还会发现一些连科学家都没找到的东西呢！"

我的设想深深地吸引了学生们，他们既兴奋又惊奇，原来给土壤施肥上粪也是如此奇妙的事情。有时候人们上了很多粪肥，但是不但没有让土壤变得肥沃，甚至让土质更差了。然而，这些并没有让他们灰心。

我带领的这些"青少年实验家"终于爱上了土壤，爱上了栽培植物。这些十二三岁的少年，还有对这项事业也着迷的小孩子，那些八九岁的儿童，他们都在幻想着，要为每种农作物研发一类专用肥料：向日葵用的是这一种肥料，荞麦用的是另外一种肥料，黍子要用第三种肥料。学生们对每一堆粪肥都很珍视，把它们当成宝物一般，他们学会了鉴别土壤，一眼看过去就能分辨富饶肥沃的土壤，还是贫瘠的土地。

这是一种非常奇特又惊人的事情：跟粪堆打交道，竟然都成了有趣又令人着迷的事情！从表面上看，搜集粪肥仍然是年复一年重复做相同的事情，把粪肥和一些有机残渣搅拌起来，然后挖土坑或者耕地。然而，只有身在其外的旁观者才会这么认为，而我们的学生却觉得，这些活动具有神秘的色彩，可以指引他们去探索和发现自然界中一页又一页那些神奇的新篇章。

当劳动变成真正的创造时，那么每过一周，或是每过一个月，劳动中都会出现某种新鲜东西。学生们不断提出一些新的想法，以及令人向往的新的目标。自然界在他们面前揭示的奥秘也越来越多，他们对那些与土壤、植物相关的事物也变得更加敏感，更加容易接受。

比如，我们面前有一大片坡地，已经被雨水冲刷，满是沟沟堑堑。但是雨水怎么能这么容易把珍贵的黑土层冲走了呢？只是因为那里的坡地经常被耕作吗？但旁边还有另一片坡地，那里的溪水也很湍急，土壤同样也是耕种过的，可是那里并没有被雨水冲刷的痕迹。这又是为什么呢？让我非常高兴的是，学生们的头脑喜欢钻研和探究，他们已经开始执着地去探寻问题的终极答案了。

随着时间的推移，几个星期、几个月、几年过去了，学生们不断进行着新实验，运来许多吨的肥料，挖了几千立方米的土坑。每次进行新播种，每长出来一棵新的麦穗，都不再是机械简单的重复，而是对神奇的大自然一次又一次崭新的发现。

我回想起一些学生，他们在童年和少年时期就热衷于科学技术（机械制造、金属加工、设计装配）。究竟是什么让普通劳动（人们如今还习惯这么称呼）成为他们心中的理想，成为他们奋斗的目标？那就是：劳动早在他们童年和少年时期就已经成为一种创造性活动（因此它已经不是普通劳动了），并且进入了学生的精神领域。

类似的学生事例，我还可以讲述几十个。对这些学生来说，劳动就像读一本有趣的书籍、欣赏音乐、跟朋友聚会一样，都成为日常的需要。学生们热爱劳动，因为从童年起，劳动就进入了他们的精神世界，变成了他们的理想，并唤起他们心中最深刻的喜悦感——这让他们认识世界并对创造世界充满喜悦。

如何对抗懒惰

在本书接近尾声时，我才提到这个问题，这并非偶然。因为要想让学校里没有懒学生，就必须将前面所有的建议认真履行到底。想消除懒惰，绝不是一件轻松愉快的事。因为防止懒惰并不容易做到，同时，把懒惰变为积极努力、热爱劳动，难度更是增加了一千倍。所以，青年教师们，先让我们分析一下为什么会懒惰，如何防止懒惰。对此，我们需要先了解一下懒惰是怎样产生的。

懒惰的表象是游手好闲、无所事事。一般来说，一个懒惰的人，他在小时候往往受到长辈的过度关爱，任何事情都有求必应，而他自己作为一个孩子，只是不断提出要求，或者胡闹任性。对他而言，所有的一切都应有尽有，他感觉不到任何困难。这样一来，就会生出懒汉的幼芽。童年的环境无忧无虑，成长的过程一帆风顺，就会让孩子产生一种错觉，认为童年会永远持续下去。这样的环境最容易让孩子成为懒汉。长期处于这种环境，父母有一天会突然发现：究竟是怎么回事，不知不觉间，孩子已经长大了！以前他看起来那么胆小，如今却开始追求女人，在外游荡闲逛到半夜……

无忧无虑好像一道道波浪，懒惰是波浪上泛起的泡沫。这其实也是一种严重的精神问题，根源就是对任何人和事都无所用心。一个对什么事都漠不关心的人，对什么都没有兴奋，自然会变得懒惰。

懒惰的人，也往往缺少自尊心，他不在乎外界怎么看他，不管别人对他如何评价，他都不在乎。

事实上，游手好闲的懒汉生活在社会上，总是在浪费别人创造的物质财富。有的人认为，他有条件当寄生虫，他不劳动也可以享受更多的东西。然而，这并不能说明他的精神生活也很丰富。懒惰的主要根源之一是精神空虚、爱好贫乏。所以懒汉呈现出来的精神生活往往极其困顿又贫乏。而懒汉身上的问题，通常是别人觉得他可怜，但他自己却不自知。想要根治懒惰，重要方法之一，是让这些变成懒汉的人能够清醒地看到自己的不幸，他们只有正视自己，并从内心感到这确实是一种不幸，才会去改变。

当然，不要忘记，我们这里谈的是关于儿童的懒惰。消除儿童的懒惰，从环境上处理才是最根本的。只有努力消除滋生游手好闲和虚度时光的环境，才能够有效地防止儿童变得懒惰。有些家长很愚昧，他们甚至专门为孩子营造无所事事、游手好闲的条件，还自我标榜为"童年的夏季休闲"。这非常荒谬可笑。孩子们当然应该休闲，但是休闲应该是一种积极的休息，不是无所事事。也就是说，休闲是让孩子改变活动的方式和性质。比如夏季的城市闷热异常，那就可以把孩子送到乡下去，让他们在那里生活一段时间。或者在田间中、在草地上努力去做一些力所能及的事，锻炼自己的能力。

除此之外，节制欲望也是重要的防止懒惰的手段。教师要有一种意识，要让孩子们从小就亲身去体验，就清楚明白"不行""应该""可以"这些概念的真正含义，并且身体力行地与家长一起努力，让孩子们从小就能真正做到生活自理。

让孩子们从小就经受一些艰难，努力去克服困难，并为此付出一定的体力和精力，这些都是值得的。孩子们在经历这些艰难的时候，将体力与意志力相结合，共同发挥出力量，这对于培养他热爱劳动、积极努力、意志坚强都是极有益处的。

如果父母能够理性起来，能够想到孩子终将长大，可以想到如果把偷懒、懈怠、惧怕困难……这些毛病都带到成年时期，他将要怎样生活呢。如果每个家长都可以这样深谋远虑，那么，孩子就不可能懒惰。让孩子有担忧和操心的事，这也是防止懒惰的有效手段。如果一个孩子在进入青春期之前，从未亲身体会用自己双手的劳动来供给自己吃穿，不知道这是人生必须经历的事情，那他就很难真正养成积极努力、热爱劳动的良好品格。

此外，手脚行动的懒很可怕，还有一种更可怕的懒惰，那是思想精神的懒。当一个孩子总是希望让别人提供现成答案，懒得进行任何努力和思考，总是理所当然接受现成的答案时，这就是思想和精神上的懒惰。这种懒惰会彻底侵蚀人的心灵，摧毁人的精神意志。

教师之所以要不遗余力地努力促使学生勤奋好学、获得知识，就是为了从根本上防止思想上的懒惰。

　　培养孩子在精神上有丰富的追求和希望，可以有效防止思想上的懒惰。一个人在青少年时代，就要努力养成喜欢读书、热爱劳动的习惯，并且乐于与别人交往，愿意从事一些创造性活动。只有这样从各个方面培养孩子，才能让他的机体和精神获得免疫力来防止懒惰。这也是教育学上的一个极有价值的方法，这种方法可积极努力地去培养这些精神需求，并将这些需求看作极为珍贵的精神财富。

　　那么，如果一个孩子已经变得懒惰了，那该怎么办呢？这里有个现成的例子：一个妈妈来到学校，他的孩子叫斯捷帕，是五年级的学生，她十分无奈地向老师抱怨道："这孩子我已经完全没有办法了。他只要一回到家里，就把书本一扔，对作业完全不管不顾，吃完晚饭就开始玩游戏，一直玩到半夜，对大人的生气也不理不睬。"

　　这种情况确实较为棘手，我们该怎么办呢？

　　我向他的母亲提出建议："目前看来，你已经培养出一个小懒虫，现在还不算太晚，请下定决心将他改造回来！从现在起，要督促他每天必须做两个小时的作业。刚开始他会不习惯，甚至难以接受，但他终将一定会习惯的，因为做完作业会让他感到充实和愉快。在这个过程中，你不要斥责他，更不用惩罚他，而是应该让他感觉到善意和温暖，要有足够的耐心和坚定。他完成作业后，再让他帮你干两个小时的体力活儿。另外，每天早晨5点钟就让他起床，告诉他：'妈妈要给全家人做饭，这是一种劳动，你要去准备功课，这也是劳动。'当你这样要求他时，一定不要恼火，不要训斥，不要喊叫，更不要骂他是懒汉。只要他能在早晨5点钟起床，而且能一直学习到7点钟，那么从这一天开始，他就开始远离懒惰了，你应该去表扬他，表扬他热爱劳动。"

　　这种方法简单易行，需要的是坚持。只要坚持做下去，就没有改造不了的懒汉。消除学生懒惰的唯一障碍，本质上来说，是家长的懒惰。

　　在这里，我之所以会谈到要在家庭中对懒惰学生进行改造，我不是漫无目的地谈论这些。而是因为懒惰的根源来自家庭，它首先从家庭中产生的，也必须只能在家庭中根除。如果一个家庭中缺乏积极努力的气氛，每个人对劳动都唯恐避之不及，单单依靠学校和教师的努力，是不可能改造懒汉的。

　　因此，防止懒惰，只有学校和家庭共同努力，才可以将其扼杀于萌芽状态。对于学校和家庭来说，这也是极为重要的教育课题。

课堂教学工作与课外阅读活动

　　多年的教学工作经验使我坚信：学校教育产生的弊端之一就是，缺少那类占据学生心灵的阅读。而占据学生心灵的阅读才是真正的阅读。没有这类阅读，学生就不会产生学习意愿，造成精神世界的狭窄和匮乏。因此，教师要教给学生阅读方法。我们学校设立了一个"思考室"（也就是图书阅览室），这里是专门供全体学生阅读的地方，高年级学生不仅要到这里读书，还要针对推荐的书籍写出摘要。

　　我们竭力让每个青少年学生都找到一本属于他"个人"的书，这本书应该对他的心灵产生不可磨灭的影响，并留下终生的印记。帮助学生尽快找到他"个人"的那一本书，这是一门教育方面的艺术。阅读这类书，不仅是对自我的总结，是进行自我教育的开始，也是跟自我心灵进行面对面的交谈。

　　一个学生谈及受到书籍的影响时，他说："在我的内心当中，突然感到羞愧……最开始，我只是震惊于主人公的丰功伟绩，然而后来，我逐渐产生了一个想法：我自己究竟是怎样一个人呢？老师布置写作文，要求两周内完成，可我一直拖延，直到交作业的最后一天才开始写……我痛恨自己意志薄弱，我竟然真是这样的人……我在众人面前，感觉大家都已经看透了我。我决定，以后不做懦夫，不当懒汉，我要真正成为一个有用的人。老师又布置写作文了，这次我一回到家，就发愤图强，当天把作文写完。然后第二天一起床，再把作文誊写一遍。我想让周围的人看到，我正在比过去表现得更好……"

　　学生对所读的书籍理解得如何，取决于阅读过程中存在什么样的情绪：如果一个人十分渴望看书，阅读时能给他带来无穷的快乐，那么他读的内容就深深刻印在他的脑海里。大脑保持精神亢奋，阅读书籍时产生喜悦之情，这些都是强有力的杠杆（用形象的话比喻），用这根杠杆能撬起一大块知识。在这种情绪感染中，理解性记忆是特别活跃的。一个人在中小学时期读过什么书籍，书籍曾经在他的心灵留下什么样的印记，这些决定了人对情感的培养，也决定了青少年如何对待同龄人，如何对待长辈，以及如何对待生活。学生要生活在书堆里。这里我所说的"生活在书堆里"，跟努力用功、学好功课并非同一码事。一个人可能学习成绩优异，顺利从中学毕业，但是他却可能不懂得什么是真正的智力生活，也没有体会过阅读和思考可以给人带来的巨大能量和喜悦。"生活在书堆里"，指的是要竭力去追求思想的美好，享受精神财富所带来的滋养，让自己的道德变得更高尚。

教师们也不必担心将这么多的时间用于让学生读书会本末倒置，请放心地让书籍中的欢乐和热情去充实青少年的心灵吧！让书籍占据他们的青春时光吧！如果在学生心里，书籍永远充满了新奇感，他们总是想一个人躲起来，独自享受这份宝物，如果在青少年的群体中，有许多爱书成癖的"怪人"，那样的话，我相信社会上那些让人觉得难以应付的棘手问题都会很快解决。

而且一个人若想具有自学的能力，也需要拥有一些藏书。我们学校里的每个学生，在小学毕业时，平均每人有225本藏书，甚至有个别学生拥有500本藏书。我们一直特别关注一件事，就是要让那些由于家庭原因或者别的什么原因导致家中没有书籍的学生，那些精神上十分贫乏的学生，以及学习问题严重的学生，都必须拥有极为丰富的个人藏书。在学生的小学阶段时，每逢学生过生日、图书节、少先队周年纪念日、入队和入团的日子，学校、少先队、家长会、校长都会以各种名义给这些学生捐赠一些书籍。

我们学校里有一个"读者协会"，是由学生和成年人联合组成的，每周定期为成人和学生举办一次读书活动。这个协会旨在在居民中普及书籍。高年级学生还成立了"书籍合作小组"。

有一点对我们来说十分重要，每个学生都应该有自己的阅读喜好，都应该从个人藏书中找到自己最爱的书籍可以经常性地反复阅读。我们会在"朗读文艺晚会"上，或者在晨读会上，让学生朗读优秀的文艺作品，这样有助于培养学生对重复阅读的兴趣。

对于阅读的重视，教师们会持续关注，到了初中和高中，教师们要求学生的个人藏书中有大量科学书籍。孩子们可以通过广泛和独立的阅读，从多方面满足和提升智力兴趣，只有这样，才能以此为基础，进行更为深入的钻研。只有让一个人在青少年时期多阅读、多思考、多探索，他才有可能碰到某个自己感兴趣的专业领域。

对于学生在课后的脑力劳动，大部分属于个人的独立阅读，只有小部分精力花费在准备功课上。在我们学校，阅读课外书籍和准备功课，它们是两个价值相等、意义相同的智力活动。

学生们通常要在早晨上学前的一段时间内完成家庭作业，这样就能有一些空闲时间进行自学。在下午的空闲时间里，学生可以进行阅读，或者参加课外小组活动。午饭过后，稍事休息以后，都会去阅览室读书，或者在家里阅读，或者参加自己喜爱的活动。这些脑力活动对他们来说具有极其重要的意义，它可以培养学生自学的能力，还可以迅速积累课外知识。

我们努力做到，让每个学生都能深深喜爱上一门学科。这类爱好不会同时出现在所有学生身上，每个学生都可以通过自己的经历和途径而喜欢上某个学科，最终达到迷恋的程度。虽然经历不同、途径各异，但是学生普遍都在课堂教学中获得启发，然后在课外阅读各种科学书籍。从教室到阅览室，学生被某一个问题激起兴趣，于是读了第一本课外书，慢慢积累起更多的个人藏书。

如果一个学生发现自己竟然喜欢上了一门学科，教师应该尽力满足他的求知欲和探索精神。我们学校的每个教师都会利用暑假外出旅游，并且为学校的阅览室和一些特别的学生选购一些有趣的书籍，也会选一些书来丰富自己的私人藏书。每个教师都在努力做到，让学生有自己热爱的学科，掌握更加丰富的知识，这些内容往往比教学大纲多出好几倍。要做到这一点，需要课堂教学与一系列课外活动（主要以阅读和课外小组为核心）相互配合。而这些学生，身边都有很多与他热爱的学科有关的书籍。对于自己热爱的学科，他们会经常做练习，会做摘录笔记，这些都是非常有效的积累。

在我看来，某些青少年学生之所以对学习有兴趣，是因为他们喜欢某门学科，并在这门学科上取得优异成绩。这对他们来说，是一股强大的精神支柱：可以在喜爱的领域取得优异成绩，他就永远不会对自己的能力丧失信心。

我们一直有一个座右铭——要让任何一个学生都对自己有信心，相信自己在智力发展上是有绝对天赋的，相信自己学习上可以取得成功。在我看来，青少年中发生的许多悲剧，其根源在于：他们感到自己孱弱无能，就不可能幸福；他们内心深处没有幸福的感觉，就不愿意相信别人，容易形成孤僻的性格，甚至变得冷酷无情。我脑海中经常会出现这样的画面：在一些学校里，坐在教室最后一排的，总是一些似乎被遗弃的差生和留级生，他们性情烦躁，对知识没有丝毫兴趣。每次想到这些，我就会感到痛心。我们不能让这些学生对知识毫无兴趣，带着漠然的心情离开学校。如果一个智力正常的人，没有在任何一门课程上取得好成绩，他也没有喜欢上任何一门学科，那就说明教育是失败的。

提升教学品质的几个疑问

在课堂上，学生的脑力活动好像一面镜子，能反射出教师的工作素养。因此在上课的时候，教师要做的事情，不仅是考虑讲课的方法和进度，还要关注学生们的接受能力。比如，教师上课时面对学生，直到那一刻，他才开始绞尽脑汁想合适的词语，该如何表达，甚至有时会出现词不达意，那孩子便要十分费力地去理解老师所讲解的内容，无法完全领会。老师懂的知识应该要比传授给孩子的知识多上 10 倍甚至 20 倍——这样，在上课的时候，他才可以非常熟练地运用词语，孩子理解这些知识便不会很费劲。此时，老师的核心关注点并非自己的讲解，而是孩子的思维状况。

此时，老师从孩子们的眼神中便可以看出他们明不明白。假如必要的话，应该快速改变讲课方式。掌握学生的思维过程，并不是事先考虑好自己上课时的每一条思路，讲课时也不能只讲预先准备好的内容，而是要根据实际情况，在具体的情境下，讲解当时需要的内容。一名优秀教师的优势在于，他上课时能察觉出课堂气氛的走向，可以从本节课的某个逻辑点出发，依据实际情况继续讲解，而且他选择的这个方向一定是正确的。对于少年智力教育而言，这是一种诀窍。要想让学生在课堂上掌握复杂的思考方式，教师首先要有高超的教学技能，拥有敏锐性与洞悉力，随时调整课堂的教学方法。

青少年喜爱抽象思考，同时也喜欢对事情展开深思。为满足这一精神需求，老师在讲课中要大方地提供事情的真实情况，但是要吝啬地进行归纳。对青少年而言，最为有意思的课，莫过于特意保留一些内容，没有全部讲完的讲课方式。我们在讲事情的真实情况时，留给孩子剖析与对比这些情况的余地。经过研究发现，从形象思维过渡到归纳总结的抽象思维，是令人振奋的，让学生们充满激情和欢乐，好像登上了一座高山的顶峰，夺得了胜利。经验丰富的教师们在备课时，总是要竭尽全力指引学生实现智力提升，帮助他们"登上顶峰"，让他们转变成"小发明家""小思想者"。在备课的过程中，教师尽力在教科书中寻找各种知识材料，可以让学生进行思考、归纳总结。

比如，在历史课上，在讲到某些具体国家的时候，我便指引孩子归纳一下"国家是什么"。少年学生非常热爱思考从某一具体历史事实里得出的抽象内容，饶有兴趣地探讨：在被奴役的情况之下，国家没办法稳定的普遍原因有哪些，等等。

青年学生通常喜欢用"思维眼光"去了解事情真相，对于这种需求，教师应该予以满足。对学生而言，他如果无法独立思考，无法从中获得自豪感，那他是不愿意展开脑力劳动的。对于青年学生的智力需求，我们极力满足他们，时常用些"思维训练"的专用方法。比如上自然课时，这种训练可以激发孩子产生浓厚兴趣。生物老师在讲解关于动植物的某个新内容时，让学生对这个问题进行深入思考：这些东西是如何组成一个整体的？这节课所学的新内容与之前学的内容存在哪些相同之处？教师还让学生们探究一些课题，研究出本质上的共同点和差异性，等等。

何为掌握知识？就是让学生了解周边世界的现象、事实、事件与事物，让这些东西在某种程度上变成属于学生自己的东西。真正意义上的掌握知识，应该发生在这个基础上，也就是说：让学生感觉到，知识是他通过思考和钻研获得的，是他自己亲自努力，去学习知识，并且发现知识可以运用，然后他从抽象真理回归到学习新知识时遇到的具体形象和事实。学生弄清问题的本质，他就会突然领会到：黑夜忽然被光明照亮了。针对那些"笨拙"的、缺乏理解能力的学生，教师尤其要有耐心，无论什么时候，都不能批评他们头脑笨，也不能让他们死记硬背，因为这些根本没用。一个学生缺少思考与研究，智力中便会出现"漏洞"，头脑中记不住任何东西。在少年阶段，恰恰会出现记忆变差的现象，那是因为：在一个人应该努力动脑、认真思考的阶段，他却将思考"剔除"掉了。教师要指引那些头脑不灵活的学生，让他们靠自己的思维与理解能力去寻找真理。"发现真相"可以给他们带来兴奋和激情，通过自己的努力，发现某个真理，他们会产生惊讶之感，这是发展智力的重要推动力，也是确立自我的其中一个步骤：让学生体会到骄傲感，让他们尊重自己，感到自豪。

我们十分坚信：假如教师是一名真正的脑力活动引导者，出现在学生的少年阶段，就能教学生真正意义上的思维方式。所以，教师力争做到：每堂课上，对于青少年学生的脑力活动，一定要想方设法让他们领会抽象概念，这种思维活动要占据重要的位置。真正优秀的教育专家，一直会尽力让学生真正掌握抽象概念，让抽象概念变成学生自己的知识，变成他们自觉主动感知事物、获得新知识的方法与工具。

通过观察少年学生的脑力劳动，我们得到结论：假如课堂上随便用一些有趣味性的花哨东西，看起来很鲜明很形象的东西，便会让学生精神过度亢奋：教室里叽叽咕咕，始终有人做小动作、交头接耳。教师不得不提高声调，"镇压"学生蜜蜂般的嗡嗡声。但这样做的结果，反而会引发更大的亢奋和嘈杂。学生会持续这样的亢奋，让他们后面的几堂课都静不了心。这样一来，根本无法顺利开展正常的智力活动。毋庸置疑，用这么无知的方法去激起学生的兴致，其实是在细致的教学工作上展现愚昧。一些少年学生之所以很"难教"，这便是其中一个原因。

我们学校的初中教师们，每个月都要听一次心理学报告，专门针对课堂教学问题的。我们会一起探讨学生的心理问题，对教育学进行判断，通过观察、沟通得出结论。培养学生热爱学习的问题，其中一些与心理学的"已知"和"未知"关系问题紧密相连，引起我们的重点关注。实践证明：要让学生对某个学科产生乐趣，上课用的教科书中，应该包含已知内容和未知内容，二者有一定的"分量"和比例。我们总结得知，让学生主动揭示已知与未知之间的深层关系，是能让他们爱上学习的一个重要窍门。

课堂上，我们极力采取启发式教学。打个比方，这就好像教师把新知识的"砖头"交到学生手中，让他自己去掂一掂重量，然后思考如何将这些"砖头"用在建造的楼房上，而这个"楼房"就是正在学习的系统知识。比如，我在讲历史课时，谈到古代和中世纪，还有文艺复兴阶段，具体分析一些历史事件时，故意保留一些内容不讲，而这些知识学生可以自己解答，他们凭借之前所学的内容可以完全掌握。如果一个学生对我没讲完的问题不愿意独立找答案，他就没有自觉主动思考的热情。

在课上，我们引导学生进行脑力活动，一直千方百计设计教学环节，让一些知识内容成为掌握新知识的手段。无论是学生的注意力，还是他们对知识的掌握与爱好，总的来说都由这一点决定。在自然课与人文课上，我们会给学生留一些时间，让他们自己深思现象、事件与情况间的相互联系，这正是"巩固知识"的重要环节。巩固知识不应该在老师才讲完的时候，马上让学生站起来回答问题。在我们看来，给学生留时间思考，靠他们自己完成作业，让他们仔细钻研教科书，这便是对知识的巩固。

帮助学生掌握正确的记忆方式，可以避免他们死记硬背，学生阅读时，或者听课时，我们让他们对所学知识展开逻辑剖析。上课之前，对学生提出（一般开始于五、六年级）要求："你们在听课时，要学会思考内容的逻辑结构，不用费力从头记到尾，记住重要内容即可。"学生们对这个要求有浓厚的兴趣，原因在于，它与学生们渴望思考的意愿相契合。之后，他们又慢慢过渡到完成更加复杂的要求：在听课时，简单地做些记录，将重要的逻辑点和顺序记在笔记上。

有关学生分成各个部分的情形，我们是不会让孩子了解内幕的。他们看见的仅仅是老师在给别人安排作业：给有些人的作业较简单点（仅局限于大纲），给另外有些人的作业较难点（超纲）。老师安排这些不一样的作业，其目的是促进学生的才华不断发展。依据"各尽其能"的原则，教师们展开教学工作，能够较大程度提升学生的智力，并为此奠定良好基础。实施这项原则时，即便"差生"也不会失去信心，他们可以慢慢地学会一些本领，等到时机成熟，他们也可以在一门学科上获得好成绩。

我们从来不去做一些朝"中等生"看齐的事情，因为那样会让一些智力水平高的学生的发展受到阻碍，也会让"中等生"丧失前行的动力。假如有个初中生很喜欢植物学，那他就不会只读中学教材，还会去钻研化学、生物等学科，钻研土壤里的微生物。这件事也会在很大程度上影响到"差生"的进步。原因是，集体智力活动是个统一的整体。假如在一个班级中，有几名学生在学习教学大纲之外的内容，钻研前沿科学的问题，比如研究量子力学的发生器、电子仪器、半导体等，那么这个班级的学生基本上不会出现物理不及格的现象。班级里几名学习最好的学生在研究别林斯基的文学评论作品（教学大纲中没指定），撰写相关研究报告，并在台上宣讲，那么当"最差"的学生在课文中学到《别林斯基的著作》章节时，也会觉得轻松一些。

如果教师坚信，一切必要条件已经成熟，最优秀的学生就可以去准备学术报告，以及论文综述，"科学课外小组"出墙报，写书评，举办早会、科技晚会、演讲会，让学生自己担任演讲人。有很多教学大纲之外的问题，都能通过课外小组的活动去探究并解决。在这种情况下，"差生"也能学到很多知识，在他们的大脑里，知识一遍遍浮现，激励他们不断进步，集中精力完成自己的任务。通过这些活动，"差生"了解了很多知识内容，并不需要刻意牢记，也不用死记硬背，当他们再学习教科书时，就觉得轻松容易多了。比如上物理课时，如果学生在听老师讲原子组成之前，事先阅读过科普杂志中有关基本粒子的文章，那些都像是扣人心弦的故事。他们读的内容或许有很多地方不明白，但是也能加深印象，在课堂上学习教科书内容时，会增添很多趣味性。学习复杂的学科知识时，我们尽力让学生从课外选修阅读开始，让他们知道化学、数学、物理等学科里最复杂、最难解的问题。

我们学校在课堂教学方面，以及教学过程中，究竟有哪些独特之处呢？核心的要点是，把握好以下三者之间的关系：学生做完实践作业，对知识的最初感知，以及知识的巩固。

巩固知识不算课堂教学的一个环节，因为巩固属于长时间的过程，在这个过程当中，还包含了各种专项练习，以及实验室的操作、特殊的独立作业方式等，其中还有跟掌握新知识相关的内容。每种方法都是在运用知识，这才是对知识的理解，也是检查并考核知识的核心重要方法。

对于学生回答问题，有一些情况下，我们不给评分。实践经验表明，每次评分其实是具有偶然性的，对于学生而言，评分仅仅是某种"抽查"的环节。在中、高年级，我们通常定期考查完学生所有学习状况，包括课上作业、他们的家庭作业，以及创新性作业之后，才会进行打分。

学生在学习过程中，不断运用知识进行实践，这点体现得越明显，对学生掌握知识的专项考查就越没必要。一些需要长时间记住的知识，不能脱离实践作业，必须有目的性地完成一些事情，比如创作、实地测绘、解答应用题等等，才能进行有效的复习。

在小学阶段，学生要学习技能和本领，还要学习知识，二者要有机地进行融合：学生们先学读写，对现象和事物进行观察，表达自我的看法，这些都是必须掌握的技能和本领。在课堂上，教学工作的每个环节都应该包括自主性活动，让学生们进行阅读，书写，自编数学应用题，观察大自然的种种现象，并进行测绘，自己编写故事等等。

小学的课堂作业，应该包含教师的生动言语、具体直观的形象，还有实践活动，这些内容要相互融合统一，体现在作业当中，并占有相当大的比例。课堂上，教师竭尽全力讲解抽象概念和定义，试图将概念形象化，并且能讲清楚。事实上，每个小学教师都要逐年积累一些材料和方法，形成一本属于自己的"抽象概念词典"。对于一些抽象概念，比如起因、结果、大自然、物质、有机体等，教师需要不停地用新事实和新形象去进行阐释。